中学历史教学
研究文丛

初中历史项目式学习的
理论研究与学科实践

田红彩 著

天津出版传媒集团

天津人民出版社

图书在版编目(CIP)数据

初中历史项目式学习的理论研究与学科实践 / 田红彩著. -- 天津 : 天津人民出版社, 2021.11
(中学历史教学研究文丛)
ISBN 978-7-201-17884-4

Ⅰ.①初… Ⅱ.①田… Ⅲ.①中学历史课—教学研究—初中 Ⅳ.①G633.512

中国版本图书馆CIP数据核字(2021)第243175号

初中历史项目式学习的理论研究与学科实践
CHUZHONG LISHI XIANGMU SHI XUEXI DE LILUN YANJIU YU XUEKE SHIJIAN

出　　版	天津人民出版社
出 版 人	刘　庆
地　　址	天津市和平区西康路35号康岳大厦
邮政编码	300051
邮购电话	(022)23332469
电子信箱	reader@tjrmcbs.com

责任编辑	吴　丹
封面设计	汤　磊

印　　刷	天津新华印务有限公司
经　　销	新华书店
开　　本	710毫米×1000毫米 1/16
印　　张	15.75
字　　数	226千字
版次印次	2021年11月第1版　　2021年11月第1次印刷
定　　价	56.00元

序

　　最初认识本书作者田红彩老师源自她的天津师范大学历史学院专业硕士学习经历。本人与作者并非直接师生关系，是经由她的硕士导师、历史教育专家岳林教授而相识。在一段时间内，岳林教授时常提及师范大学早期在职教育硕士中的一些优秀的、有特点的学生，包括本书作者，说她踏实、好学……虽未谋面，不太熟悉，但已给我留下较深的印象。

　　直接接触作者，源自2017年前后，拜读了她的几篇历史教学论文，并围绕中学历史教学诸问题进行了比较多的沟通与交流。她的论文先后在《天津师范大学学报》(基础教育版)、《历史教学》(中学版)等核心期刊发表，其中也包括她研究初中历史项目式学习的论文。接触过程中，比较多地了解到作者的勤奋、努力，以及在中学教育教学工作中取得的优异成绩。她先后被评为天津市和平区首席教师、和平区名教师，入选和平区优秀人才库、天津市"未来教育家奠基工程"学员，被认定为天津市首批学科骨干教师……。2018年以来，作者加入天津市中小学教师继续教育课程开发研制工作；2020年疫情前后，作者参与教育部"铸魂工程"面向西部初中历史课程资源开发项目……期间作者都展示出了扎实的历史学科专业理论素养、雷厉风行的工作作风，以及出色的组织协调能力等。疫情期间，根据市教委安排，作者积极参与录制市级公开课(共四节)，并在天津广电网络有线数字电视、天津网络广播电视台IPTV、津云App及北方网四大平台播放，得到广大学生的点赞和家长、老师们的认可。在2020年春夏之季，她被选派甘肃舟曲县送教送培，为全县中学校长、书记作培训，直接指导藏族中学教师的教学，为推进舟曲教育教学改革发挥积极作用，深得好评。无论是学科教学工作、班主任工作、德育和教学管理,抑或是专业学习、研究、治学,还是参与课程开发、外地支教等,均体现出作者对基础教育事业、对中学历史教育教学与研究的热情、执着、探索和进取的精神,作为一个普通中学教师这些极其可贵。

基于上述学习、工作、研究的背景和积淀,近年来作者进行了初中历史学科项目式学习的理论研究和实践探索,并完成了本书的著述。积累与铺垫比较充分,应该是水到渠成。

本人对项目式学习并无多少研究。在最初的印象中,感觉项目式学习类似于20世纪末曾经比较火热的"研究性学习",即组织学生围绕一个与历史教学内容相关的、具有思考意义又与社会实际相连的问题展开课下研究、学习,最后形成一些结论、认识(成果),并进行总结交流,是一种单独的、个别的、以课外活动为特征的教与学活动,是常态课堂教学的补充性手段和形式。显然这是我比较初始的、片面的认知。按照目前的定义,项目式学习远远不止于单一的课外学习补充手段,而是具有丰富内涵的课程形式或课程载体。国内外研究者已经从课程的诸多视角和元素来展开相关的研究,即从课程形态、教与学模式、教与学方法等不同角度对其进行解读与阐释,并取得相应成果。

作者研究和阐述的项目式学习,以初中历史学科课程内容为依托,将项目式学习的理念、方法融入初中历史课程教学,围绕历史教育的核心内容与本质问题,进行学科与学科、学科与实践、学科与生活、学科与问题的联系与拓展,设计制作系列化的项目单元,并与系统的课堂教学相互匹配支撑,展开课程的教学实施,尝试使之成为历史学科日常教学的一种教育实践形态。研究的立意体现在三个方面:其一,从学生发展的角度,引领学生把握认识和理解历史的思路与方法,助力学生对历史学科知识和独特价值的理解与把握,同时促进不同学科间知识的交互融合,借以帮助学生在完善自我的同时为适应未来社会的发展奠定基础。其二,从教师成长的角度,引导初中历史教师在新课程理念下,将项目式学习的理念和方法应用于自己的学科教学实践,进一步促进课程与教育教学观念的转变,从立德树人的育人高度、课程的深度和学生学习的角度,综合优化历史教学的整体设计与实施。其三,从课程实施的角度,通过项目式学习的研究,从实践层面尝试变通当前历史课程形态中的课程目标、课程内容、教与学方式、课程评价等要素,并在一定程度上探索国家课程校本化和三级课程(国家课程、地方课程、校本课程)一体化的有效实施途径。因此,该研究无论对于基础教育课程改革理论,还是学科教学实践,均具有重要现实意义。

本书汇总了作者多年的理论探究和具体教学实践的主要成果,内容分为"理论篇"和"实践篇"两大部分。理论篇主要梳理了项目式学习的发展历程、内涵、特征、意义、设计与实施策略,以及中学教学应用现状述评,并以历史学科为载体,对初中历史项目式学习的内涵进行了界定,对其实施意义进行了分析;实践篇为本书主体部分,在明确初中历史项目式学习的价值取向和理论依据的基础上,规划了初中历史项目式学习的实践路径、实施流程、实施条件、关键策略,并结合自身实践,从四个向度上整体规划了项目式学习的系列单元,探索构建初中历史项目式学习实践形态,着重介绍了初中历史项目式学习中四类项目(学术类项目、实践类项目、生活类项目、问题类项目)的概念、设计原则、实施流程、实施中应注意的问题等内容。本书的基本出发点在于从理论与实践的结合上探究研究历史课程的项目式学习,使一线历史教师从理论上了解、在实践上掌握项目式学习,并能熟练运用其解决当前初中历史课堂教学中的问题,探寻深化初中历史课程改革与历史学科核心素养落地的有效途径,同时助推历史课程校本化和三级课程一体化,探讨育人方式的转变,以落实立德树人根本任务。

作者的研究具有尝试创新之处及某些特点,包括:从课程与教学的学术思想方面看,试图修正既有研究关于项目式学习只能作为历史课堂教学补充或应用于某个个案的普遍认知,呈现其与传统教学相辅相成、互为补充,共同促进学生发展的应然,揭示其在实践层面的实质是将项目式学习的理念、方法与历史课程教学相融合的一种教育实践形态;从课程与教学的学术观点看,初中历史项目式学习基于历史学科,又超越历史学科。其规划与实施明确指向历史课程的学习目标和价值,紧密围绕历史学科核心概念和本质问题,适当关联其他学科知识、结合相关社会实践、融合学生现实生活、关注学习生成问题,呈现学术类、实践类、生活类、问题类四种实施形态。其设计与实施,在某种程度上改变了传统历史课程形态中课程目标、课程内容、教与学方式、课程评价等要素,也在一定程度上带来了课程结构的变化(即国家课程、地方课程、校本课程之间的界限被历史学科的核心知识打破),尝试探究深化历史课程改革、落实立德树人教育目标的有效途径,以及国家课程校本化和三级课程一体化的可行路径。从研究视角看,本书属于"中观"研究,既规避初中历史项目式学习中个案研究难见全貌的顽疾,又跳出项目式学习基础研究宏大叙事的窠臼,以初中历史学科为载体,整体规划项目系列单元,探索构建初中学段的历史项目式学习实践形态。

诚然,基于项目式学习的思考与研究的课题,具有极其丰富的应用价值和学术内涵,而既有研究成果却难餍人望。尤其是项目式学习在中学学科教学中的应用研究领域尚未铺开,历史学科的研究相对薄弱。已有的研究往往缺乏系统和整体的考量,大多局限于个别内容的设计和步骤流程,项目式学习与传统课堂教学的关系、与社会实践及学生生活联系等的研究与实践,或者空白,或者孤立,都有待系统研究。就实践性研究成果而言,历史学科项目式学习不仅阙如系统性的学术专著,仅有的几篇论文,亦局限于单一主题的微观探索,虽有助于对某一个主题项目式学习的操作性借鉴,但往往因不成系统而难以展开比较研究,无从揭示项目式学习因主题、类型、实施方式等不同所产生的差异,制约了历史学科项目式学习实践与研究的深度和广度。由此看来,历史学科项目式学习,亟需进行系统性的理论梳理和系统的实践研究,也尚缺少一个适用于一般历史项目式学习的框架思路和实施模式。本研究正是基于这一状况而展开和进行的,试图尝试弥补相关的不足与空白,以推动这一研究领域的拓展与深化。

作为一种学科课程与教学实践体系或模式,历史学科乃至基础教育各学科的项目式学习,是一个非常有意义、有价值的课题,值得更多老师和研究者涉猎,进行更加系统深入的理论研究和实践实施验证。就历史学科的项目式学习研究,作者的研究与实践算不上"吃螃蟹者",但已经做出一定的探索与尝试,有了一个很好的开篇。

陈志刚

2021年5月于天津师范大学

目　录

理论篇

实践篇

理论篇

第一章　项目式学习的相关研究借鉴

一、关于项目式学习的发展历程

"项目"这一概念源于管理学,是指在特定时间内,为了实现与现实相关联的特定目标,把需要解决的问题分解为一系列的相互联系的任务,以便群体间可以相互合作,并有效组织和利用相关资源,从而创造出特定产品或提供服务。[①]随着项目这个概念逐渐被引用到教育学中,产生了基于项目的学习即项目式学习。

国外关于项目式学习的源流可以追踪到20世纪初期克伯屈(Kilpatrick)的设计教学法。随着1918年9月《项目(设计)教学法:在教育过程中有目的活动的应用》一文发表,克伯屈首次提出了项目教学的概念。他认为"项目"的本意是指学生自己计划,运用已有的知识经验,通过自己的操作在具体的情境中解决实际问题。在此基础上,克伯屈从目标、设计、实施和评价四个方面归纳了项目教学的基本流程,构建了项目教学的理论框架。设计教学法于1919年传入中国,成为民国时期最有影响的教学法。20世纪30年代以后,设计教学法逐渐式微。项目式学习作为一个学术概念,源于1958年美国医学院的一种做法。那就是把多科会诊治疗一例疑难杂症的病人当作一个项目,尝试解决真实情境中的非良构问题。这种项目的核心主要包括两大组成部分:其一是用来组织和推进真实问题的解决,其二是强调形成最终的问题解决方案或作品。后来,建构主义与学习科学的发展,为项目式学习提

[①]胡佳怡.项目式学习中"教"与"学"的本质[J].基础教育参考,2019(02).

供了新的学理上的依据,使得项目式学习在多个领域获得广泛的认同与推崇,如医学领域、教育领域、经济领域等。

20世纪80年代以来,项目式学习在高等教育、职业教育领域又有所应用。近几年,随着素养研究在国际范围内的兴起,项目式学习重新回到广大教育者的视线,也成为我国基础教育领域内研究和实践的热点。

二、关于项目式学习的内涵

什么是项目式学习呢?

对于项目式学习的内涵,各国研究者从不同角度进行了阐述。

美国巴克教育研究所的学者将其定义为一种教学方法,指出:基于项目的学习是指让学生通过对复杂、真实问题的探究过程,通过精心设计项目作品、规划和实施项目任务,掌握所需知识和技能的一整套系统的教学方法。[1]这里的项目必须是复杂、具有挑战性的任务,旨在利用项目任务构建一座连接学科内容与真实世界问题的桥梁。这种教学方法的学习过程侧重对所学知识的实际运用,同时强调学生作为学习主体,自主进行项目设计、决策、调查和开发,学习结果看中的是最终产品的开发与制作。

2014年,芬兰国家教育委员会(Finnish National Board of Education)公布了新的国家课程,并于2016年8月正式实施。这次芬兰新课程的实施,曾被国外和国内的媒体报道为"颠覆性的改革","将取消分科式教学,转为全面实施现象教学(类似于项目教学)"。[2]从这个角度上看,项目学习被理解为一种特殊课程形态。从根本上,这种课程形态的出现颠覆了原有的分科教学方式,把学生的认知作为教育核心,而非传授固定的教学内容。通过更多的互动教学,教学彻底告别了传统的知识灌输模式,变成了学生学习能力的主动提升过程。

中国学者对项目式学习也有不同的看法。

刘景福等人认为项目式学习是以学科的概念和原理为中心,以制作作

---

①巴克教育研究所.项目学习教师指南:21世纪的中学教学法[M].北京:教育科学出版社,2008.
②王岩,蔡瑜琢.芬兰新课改到底"新"在哪儿?[J].人民教育,2016(24).

品并将作品推销给客户为目的,在真实世界中借助多种资源开展探究活动,并在一定时间内解决一系列相互关联着的问题的一种新型的探究性学习模式。[①]这种观点将项目式学习界定为了一种学习模式。这一界定强调项目式学习以核心概念、关键原理作为载体,将知识获取和自主探究、问题解决相结合,让学生借助相关学习资源,经历一系列探究和思考过程,以此来获取知识、提高能力、发展素养。

黎加厚教授则认为:项目教学是学生通过参与一个以学习、研究学科的概念和原理为中心的项目活动,通过调查和研究来解决问题,以构建起他们自己的知识体系,最后运用到社会实际当中去。[②]这将其定义为了一种教学模式或教学方法。该观点强调项目教学行动导向的特征,认为其是学生通过参与一个完整的项目工作而进行的教学活动,认为学生通过体验整体性、综合性、探究性的项目,解决与生活相关的、具有挑战性的问题或任务,完成并展示相应的作品,有助于构建知识体系,提升多种学习技能,同时强调了其实际应用价值。

北京师范大学郭华教授则认为,在动态的实践层面,项目学习既是课程形态又是教学形态(教学策略),二者合二为一。在此基础上,他这样来定位项目学习:项目学习是在系统学科知识学习的基础上,学生综合运用多学科学习成就进行自主学习的一种综合性、活动性的教育实践形态。[③]这种教育实践形态与系统的学科教学相互映照、相互支撑、相辅相成。这一方面突出了项目学习是学校教育不可或缺的组成部分,另一方面凸显了项目学习基于学科又超越学科,有助于学生理解不同学科的独特价值及学科间的相互联系,具有帮助学生关注当下社会生活、融入现实生活的不可替代的价值。

基于上述关于项目式学习的定义可知:项目式学习既是一种教学方法,也是一种课程形态;既是一种教与学模式,也是一种教与学方法。不论选取什么样的角度来定义,项目式学习就是学习者针对某个具体的学习项目,最

①刘景福,钟志贤.基于项目的学习(PBL)模式研究[J].外国教育研究,2002(11).
②黎加厚.信息技术课程改革与实践.http://www.sste.com/download/peixun/peixun2.ppt.
③郭华.项目学习的教育学意义[J].教育科学研究,2018(01).

优化的合理利用学习资源来解决项目的相关问题,在主动探究和问题解决中获得较为完整而具体的知识,形成专门技能并获得发展性的学习。现有研究对其概念的界定往往侧重以下要素:真实的问题情境,学生对问题的自主与合作探究,运用各种工具和资源促进问题解决,最终生成作品或显性成果,在制作作品过程中完成对知识的理解与建构。

三、关于项目式学习的特征

关于项目式学习的特性,巴克教育研究所(2010)强调了以下四个方面的内容:一是承认学生内在的学习驱动心理,促使学生关注学科的核心概念和原理;二是注重能够引发学生对真实而重要的主题进行深刻思考的挑战性问题;三是督促学生使用基本的工具和技能进行学习、自我管理与项目管理;四是形成产品并强调解决问题、解释难题,以及演示通过调查、研究和推理所获得的信息。[①]由此可见,项目式学习的主要特点在于学生为中心,深度参与(深刻思考),团队协作,形成产品,问题解决,通过应用抽象的概念来解决现实世界问题,通过问题的解决内化、应用所学知识。

胡佳怡从课程关注内容、课程的范围与顺序、教师角色评价的焦点、教育特征、教学材料、教室环境、学生角色、短期目标与长远目标等方面将项目式学习与传统教学模式进行了比较,强调了项目式学习如下的基本特征:"真实性或接近真实的问题,情境合理复杂的任务,强调学生共同参与的项目活动,进行交叉学科知识的学习,需要运用多种信息技术和认知工具,强调合作的人际关系和学习氛围,评价手段是就作品进行分析和讨论,最终的作品或者问题解决方式要产生社会效益。"[②]

张爽认为项目式学习有如下特征:学生注重解决一系列相互关联的问题,学生能制作出具体的成果或产品,学生会以小组合作的形式解决问题,学生会扮演一定的角色开展活动,学生的学习是有一定时间限制的,学习过

①孙思佳.项目式学习研究的文献述评[J].科教文汇,2019(03).
②胡佳怡.项目是学习的本质、模式与策略研究[J].今日教育,2016(04).

程中需运用到多种认知工具和信息资源。①

从这些基本特征的分析,我们能很直观地感受到项目式学习是对传统教学方式的挑战,其运转过程呈现出以下六个方面的特征:

第一,学习主体上强调学生为中心。在项目式学习中,学生始终是学习的主体。具体表现为从项目主题的选定到项目计划的制定,再到项目的实施,以及项目产品的制作、展示,项目实施过程和结果的评价与反思,都要求学生参与其中,并发挥主体地位。教师则扮演指导者、观察者和参与者的角色。

第二,学习形式以小组合作为主要形式。项目式学习的有效开展方式是组建学习小组,借助小组的力量和智慧,共同协商完成项目研究活动。在项目式学习开展之前,要根据项目顺利开展和深入的需要,组建适合的项目学习小组,通过小组成员之间的沟通、交流和分享各种学习资源、学习方法、学习成果而形成相互影响、相互促进的学习共同体。

第三,学习内容体现知识统整的思想。项目式学习是一套完整的融合教与学为一体的学习模式,项目本身就是教与学的中心,而不是常规课堂的"附属品"。它围绕一定的项目主题或多个单元的知识构成的复杂问题开展,设计内容往往会突破教材的章节体系或学科界限,强调知识的统整和重构。

第四,学习过程是对问题的探究与解决,学习时间具有一定时间跨度。项目式学习是以问题解决和作品制作为核心的探究过程,整个项目的完成都应以问题解决为导向,以此推动学生通过持续的探究理出答案并为其学习的深化寻找新的途径。这一探究活动非单个学时可以完成,而是需要一定的时间跨度,这是项目式学习与传统课堂教学的区别之一。

第五,学习结果是形成最终的项目作品。项目式学习在活动结束时要形成一定的项目作品,即要有一个或者一系列明确的输出结果,这是项目式学习区别于其他教与学模式的重要特征。项目作品是学生进行项目式学习的劳动成果,也是学生进行公开展示与交流的内容,更是对学生学习结果评

---

① 张爽.基于项目的探究性学习模式研究[D].大连:辽宁师范大学硕士研究生学位论文,2006.

价的依据。

第六,学习目标既关注当下,又面向未来。项目式学习在学习目标上,不仅要掌握事实性的知识与内容,更要提高运用知识解决复杂问题的能力;不仅关注学习的结果,更重视学习的过程;不仅关注学生当下的成功体验,更着眼于培养具备决策和规划能力的自觉和持续进行终身学习的学生。

除此之外,项目式学习以建构主义理论为指导,强调学生在真实问题情境中探究学习,提升学生多元能力。与传统的教学相比,项目式学习最突出的特点是蕴含在其实施过程的思维方式上的转变:一是碎片思维到整体思维的转变,二是从演绎思维向归纳思维的转变。

四、关于项目式学习的意义

郭华教授从宏观上对项目式学习在学生发展过程中的教育学意义进行了解读。他认为项目式学习"可以解学科课程教学之弊,可以帮助学生理解学科的独特价值与学科间的相互促进,可以帮助学生初步实现从学习主体向社会实践主体的转化",①有利于培养未来社会实践的主人。

对于项目式学习是解弊学科课程教学的重要手段,郭华教授从环境(这里所说的"环境",可理解为教育者专为学生所设计的教育活动,包括课程形态、课程内容、教学策略、师生互动方式等)的特性与学习者的学习及品格养成的关联性。尤其是在教育环境对学习的影响方面,郭华教授分析了传统教育的缺陷,即过分强调环境作用,忽略学生作为活动主体的主动性,无法给学生提供综合运用知识解决真实问题的情境,难以应对急剧变化的社会。而项目式学习因其跨学科的、灵活的、开放的、有鲜明时代特点的特性,让学生有综合运用所学知识的机会,有相互合作探究的机会,有接触真实社会生活的机会,有利于培养学生21世纪技能与核心素养,能够承担新时代赋予教育的功能。这主要体现在以下三个方面:

第一,项目式学习是在系统的学科知识学习基础上的跨学科应用学习。

---

① 郭华.项目学习的教育学意义[J].教育科学研究,2018(01).

它以学科知识为根基,在开展过程中,既能让学生体会到各学科在整体项目完成中的独特价值,又能认识它与其他学科不可分割的相互关联。

第二,项目式学习是在严谨的学科知识基础之上的对现实问题的开放式问题解决,其学习内容既包含外在于学生的客观内容,又加入了学生在项目学习过程中生发的新内容,其学习过程不再是教师预设的流程,而是学生在完成任务的过程中生成的现实过程,学生的学习体验不再囿于教案,而是更多体现出随机、丰富又复杂的特征。

第三,项目式学习是与学科课程教学相辅相成的一种课程形态、一种教学模式。它紧密联系现实生活,将社会创新实践融入学生学习之中,弥补了传统学科课程教学远离真实社会生活的缺陷。它与系统的学科教学活动同时进行,共同完成对学生的培养。

对于项目式学习有利于培养未来社会实践的主人的意义方面,郭华教授强调项目学习将教学与社会实践有机融合。这里的实践是以坚实的、系统的学科知识为基础的社会实践,是一种将实践纳入学校教育的自觉的教育活动。在目标达成或问题解决的过程中,伴随着多学科知识的综合运用,学生对学科知识的独特价值、对不同学科间的联结与促进有了更深入的理解,对合作共处、问题解决、创新实践有了更直接的体验,对学习选择、学会承担、感受责任有了更深刻的体会。这有助于学生由自然人向社会人过渡,培养学生成为未来社会实践的主人,成为未来社会的建设者和创造者。

董艳等提出,项目式学习有利于提高学生的21世纪学习技能,发展学生的核心素养。同时,作者还认为项目式学习是解决研学旅行课程实施困境的有效途径。他们从我国研学旅行存在的实施困境——"游"与"学"的关系问题入手,在对研学旅行与项目式学习的特点比较分析的基础上,提出将项目式学习与研学旅行课程设计相结合,旨在为学生构建系列行动中的学习体验与任务,帮助研学旅行走出课程实施的困境。在具体的操作环节上,他们将项目式学习八步骤的操作法(确定项目任务;组建学习小组;选择探究主题,明确探究任务;各组制定探究计划;实施探究计划,收集相应资料;分析总结资料,制作最后的方案或作品;公开分享或展示;进行多元评价)归纳为DONE四条关键行动计划,作为研学旅行的操作之剑。DONE即研学旅行过程的四个关键环节,分别是"根据主题确定驱动问题,激发学生兴趣(Drive & Thinking,简称为D);小组集中进行考察准备,制定合作探究计划(Observe & Prepare,简称为O);小组进行研究,分析总结,公开讲述(Narrate & Research,简称为N);多元评价,目标达成(Evaluate,简称为E)",①整合起来简称"DONE计划"。在此基础上,他们强调以对驱动性问题的把握为剑锋,以考察与准备为剑刃,以行动与讲述为剑柄,以多元评价促发展为剑鞘,从这四大方面着手提升研学旅行课程的实施效果,以鼓励家长参与和注重过程性材料的留存等两个策略,促进DONE计划的落地,并对其中操作细节进行了阐述。

综合以上研究,可以看出项目式学习有效实施的意义主要体现在以下两大方面:

从学生发展的角度,项目式学习本质是将知识习得与认知发展融于问题解决之中。在这一过程中,学生的学习与生活、知识与经验、素养与能力融合在一个项目之中,其知识习得、能力提升、素养发展融为一体,"学"与"用"有机整合。不仅有助于学生对学科知识和独特价值的理解与把握,还有利于不同学科间知识的融合与促进,帮助学生在完善自我的同时为适应未来社会的发展奠定坚实的基础。

从课程实施的角度,项目式学习进入学科,有利于解决当前课程实施中的困境,打通基础型课程、拓展和探究型课程知识与能力的壁垒,完善学校课程结构,同时,项目式学习将知识的学习与利用所学知识解决问题整合起来,让学生在问题解决中获得知识和能力,成为解决分科教学与探究教学冲突的突破口,有效解决当前学科课程教学的弊端。

五、关于项目式学习的设计与实施策略

当前,项目式学习是课程改革的聚焦点之一,越来越受到基础教育领域

---

①董艳,和静宇,王晶.项目式学习:突破研学旅行困境之剑[J].教育科学研究,2019(11).

研究人员和实践者的关注，如何进行项目式学习设计与实施成为研究的热点。

吕星宇认为，学校可以通过四种创造性重组策略实施项目式学习，即将学科课程转型为问题驱动的学科探究式课程，将探究式课程深化为问题解决类探究课程，将综合实践活动优化为探究式活动设计，将不同种类课程进行融合。[①]

夏雪梅老师认为，学科项目化学习的设计应该是双线并行，实现学科素养和跨学科素养的融合。即学科项目化学习的设计在基于课程标准中的关键能力或概念的同时，要指向创造性、批判性思维、探究与问题解决、合作等跨学科素养。在学习基础素养的实践中，强调项目式学习的设计要基于两类目标：一类是学科的关键能力（概念），另一类是指向跨学科的学习与思维类的素养，如创造性、批判性思维、合作与沟通、问题解决等。在《项目化学习的实施策略》一文中，她提出项目化学习应触及对学科知识理解的本质，从小的驱动性问题开始，逐步将"知道什么"和"能做什么"联系起来，用"能做什么"驱动学生不断去主动学习和掌握更多的知识，学会学习和思考。[②]对于教师而言，开展项目化学习要做好以下三个方面的工作：一是转化学生提出的真实问题；二是建立起知识间的相互联系；三是要通过创设不同的情境，实现学科关键知识在多学科情境中的创造与实践。在此基础上，她对现有的实践涉及的多学科情境进行了梳理，分别是历史情境、现实情境、艺术情境和工程情境。

总之，项目式学习既基于学科又超越学科，其有效设计与实施不是为了让学生习得碎片化的知识或技能，而是通过已知与未知的对话，通过在新情境中的问题解决与创造新意义，帮助学生实现对知识的迁移与创造，在这一过程中完成对概念的深度理解和能力、素养的提升。其落地实施需要科学、缜密、求实的顶层设计，需要与当前课程教学的深度融合，更需要广大教师的深入学习与实践。

---

①吕星宇.项目式学习价值及学校实施路径[J].创新人才教育,2019(09).
②夏雪梅.项目化学习的实施策略[J].湖北教育,2019(10).

六、关于项目式学习在中学教学中的应用

在当今强调知识整合、跨学科学习、技术融入的时代背景下,传统的课堂教学活动多由教师主导,学习对象为课本上的知识,学习媒介多为教材,学习内容与形式均较为单调,学习环境固化,学习进程明确化,无法满足学生个性发展的需求,学习体验欠佳。[①]而项目式学习的引入无疑为推进我国教育教学改革注入了新的活力,成为很多一线教师教学改革深化的有益尝试,围绕这一主题的实践探索不断增多。

通过分析可以看出,近几年项目式学习在中学教学的应用领域上主要集中于计算机、化学学科这样的理工科或英语学科,研究内容主要是指出传统课堂教学存在的问题,普遍认为传统的课堂教学模式不适应培养具有核心素养和21世纪能力的时代发展要求。在此基础上,现有的研究指出了把项目式学习应用到中学教育中的必要性,并提出相应的实施策略与方法,大部分研究是结合某个具体的课例进行阐述。如李文丽、傅兴春《基于学科核心素养培育的项目学习设计——以"雾霾的检测与治理"项目为例》一文,提出了基于化学核心素养培育的项目学习设计的必要性,并以"雾霾的检测与治理"项目设计为案例,从确立项目学习主题和制定项目学习规划,呈现了项目学习的设计流程,为项目式学习在学科教学中的应用设计提供了一定的参考。

综上所述,通过对项目式学习已有研究的分析,尤其是对项目式学习的内涵、特征、实施意义、开展流程与策略、在中学教学中的应用研究的梳理,可以看出当前我国项目式学习的主要研究热点是关于项目式学习中的基础理论、课程改革、教学模式、教学方法等方面;随着课程改革的深入,研究已进一步拓展到课堂教学、学习行为、核心素养等方面。这些已有成果对于项目式学习的深入研究与实践提供了很好的借鉴。同时,项目式学习作为近几年教育界研究与实践的热点,时间还比较短,研究还存在以下不足:

---

①倪利勇.移动学习与传统学习的混合学习模式实证研究——以"工程材料与材料成型"课程群为例[J].中国信息技术教育,2016(11).

一是在应用领域方面,近几年比较受关注的是项目式学习在计算机、化学学科这样的理工科或英语学科中的应用,研究领域尚未铺开,尤其是对语文、历史等文科类,音乐、美术等艺术类等课程中应用项目式学习的研究还比较少,部分学科应用领域还未大规模展开,缺乏系统深入的研究。

二是从研究主题来看,现有研究多为理论层次的研究,包括基础理论研究、比较研究、影响因素研究等,实践研究方面多是基于某一课程进行的模式建构与应用研究,或将项目式学习作为教法补充的应用研究,应用设计还不够全面,不具有普适性,对于项目学习过程中的学生管理、教师角色等均未做深入研究。

三是在研究内容方面,大多数研究与实践将项目式学习定位于核心课程之外的综合实践活动课,使项目成为课程核心的相关研究比较少。此外,现有关于项目式学习的研究多是注重操作流程的设计,忽视了实际教学环境中在具体学科的实际应用;关于项目式学习在具体学科中的应用实施过程研究得不够细化,大多浮于整体的教学设计、步骤流程方面,较少关注在实际教学中的每个环节的教与学的互动;应用模式上虽有所创新,但缺少与某一学科传统教学模式深度融合,更缺乏与学科课程、课堂教学、社会实践、现实生活真正有效的统整。

七、关于历史学科项目式学习的研究

国内项目式学习在中学历史学科的应用研究还比较少,笔者选取中国知识资源总库CNKI作为研究数据的来源。依据主题检索的方式,以"历史项目学习"或"历史项目式学习"为主题进行检索,共获得12篇相关文献。在删除与本研究主题无关的内容后共获得8篇有效数据,分别是:孙伟红、张红阳的《高中历史项目式学习的课堂实践》,赵志东、夏辉辉的《跫跫足音:基于项目式学习的中学生口述历史校本课程研究》,付华敏的《在常规历史教学中开展项目式学习——历史学科核心素养培养的新探索》,梁闯的《项目式学习法在初中历史学科社团课程开发中的应用》,赵来平的《项目教学法在高中历史教学中的应用研究——以"中国民生百年变迁"为例》和笔者发表的《基于学科素养的初中历史"项目式学习"实施策略——以北洋金融街的变迁项目式学习为例》《初中历史项目式学习的价值及实施路径研究》《初中历史"项目式学习"与学科核心素养的培育》。以此作为项目式学习在中学历史教学中的应用研究现状的分析依据,具体分析如下。

(一)文献时间分析

从这些成果时间分析来看,笔者的3篇文章分别发表于2018年1月、2018年4月、2020年10月,其他5篇均发表于2019年。说明历史学科的项目式学习研究刚刚起步,有待进一步深入。

(二)文献来源分析

笔者的《初中历史"项目式学习"与学科核心素养的培育》一文发表于全国中文核心期刊《历史教学》(CSSCI),《基于学科素养的初中历史"项目式学习"实施策略——以北洋金融街的变迁项目式学习为例》《初中历史项目式学习的价值及实施路径研究》两篇文章发表于《天津师范大学学报》(基础教育版)。其中,《基于学科素养的初中历史"项目式学习"实施策略——以北洋金融街的变迁项目式学习为例》一文2018年7月被人大复印资料《中学历史·地理教与学》全文转载。其他几篇论文分别发表于《中学历史教学》(2篇),《中学历史教学参考》(1篇),《课程教育研究》(1篇),赵来平的《项目教学法在高中历史教学中的应用研究——以中国民生百年变迁为例》为天水师范学院的教育硕士学位论文。8篇论文中4篇发表于普通期刊,说明围绕该主题的高水平研究成果相对较少,缺乏有影响的研究成果,研究深度明显不足。

(三)文献内容分析

通过对以上8篇文献的阅读与分析,发现除笔者《初中历史项目式学习的价值及实施路径研究》一文外,其他成果其他几篇文章均是以某一课题或某一个项目的研究实例,分析项目式学习在历史教学或校本课程、社团课程中的应用价值和实施流程、策略。其中,孙伟红、张红阳的《高中历史项目式学习的课堂实践》以人民版高中历史必修二专题四第一课《物质生活和社会习俗的变迁》为例,梳理了高中历史项目式学习的具体过程和意义。付华敏的《在常规历史教学中开展项目式学习——历史学科核心素养培养的新探索》在分析项目式学习有利于提升历史学科核心素养的基础上,以部编版历史八(下)第二单元《社会主义制度的建立与社会主义建设的探索》为例,谈项目式学习在历史常规课堂中的开展与运用的流程,对开展历史项目式学习的前景进行了展望。梁闯的《项目式学习法在初中历史学科社团课程开发中的应用》以"高端访谈——东北人物大事记"社团课程为例,从"解读项目式学习法对初中历史学科社团课程开发的意义""立足课程研究内容和学生兴趣点,确定合适的项目选题""丰富项目式学习法的课程呈现方式,提升学生核心素养"三方面入手,就如何优化教学手段,提升初一学生历史学习积极性进行了阐述。赵志东、夏辉辉的《跫跫足音:基于项目式学习的中学生口述历史校本课程研究》分析了中学生口述历史的价值,阐述了"足音"口述历史校本课程的目标与内容,介绍了扬美沙糕饮食文化传承口述历史项目的开展过程,并进行了反思。赵来平的《项目教学法在高中历史教学中的应用研究——以"中国民生百年变迁"为例》选取了高中历史必修二的活动课——中国民生百年变迁为案例展开实践,研究开展策略、实施过程和教学效果。笔者的两篇文章则是以"北洋金融街的变迁项目式学习"为例,分析了初中历史项目式在学科素养培育中的独特价值,对基于学科素养的初中历史项目式学习实施策略进行了探索。

对文献内容的分析表明,项目式学习在中学历史课程与教学中的应用研究还多是对某个案例的实践进行分析和总结,除笔者《初中历史项目式学习的价值及实施路径研究》一文外,其他成果没有形成某个学段(初中或高中)的系统的项目式学习实践研究成果。关于历史项目式学习应用实施过程做的研究还不够细化,大多浮于某一个项目的教学设计、步骤流程方面,应用设计不够全面,关于初中历史项目式学习概念界定、特征分析、理论基础、价值追求、操作流程和实施策略的系统设计与实践研究,以及深入实施中每个环节的教与学的互动,与当前历史学科教学的关系、与传统教学方式的关系、师生关系等需要处理的关系等都还有待细致研究。此外,对于以历史学科为载体的项目式学习的高水平研究成果还很少,研究深度明显不足,不具有普适性,还有待进一步丰富与完善。

第二章　初中历史项目式学习的内涵
及实施意义

一、初中历史项目式学习的内涵

项目式学习既是一种教与学的方式，又是一种课程形态；既是一种教育理念，又是一种育人模式。将项目式学习的理念与方法应用于学科课程教学和跨学科综合课程教学之中，让学生在主动探究、实践参与和问题解决中整体建构和自我创生，有利于学校教育目标的实现和教育理念的落地。

历史课程属于人文社会科学的一门基础课程，其意识形态属性非常强，课程的内容体现了国家记忆和国家意识。在落实立德树人根本任务中，历史教育承担着非常重要的职责，其课程目标、课程内容、教育价值等方面，都与立德树人根本任务有着直接、有机的联系。

本研究在借鉴前人已有研究的基础上，立足初中历史学科，将项目式学习的理念、方法应用于初中历史课程教学，基于历史学科的核心知识与本质问题，进行学科与学科、学科与实践、学科与生活、学科与问题的联系及拓展，为学生设计出充分体现综合性、实践性、探究性和创生性的项目序列，并与传统的历史教学相互支撑，并予以实施。

作为一种课程形态，初中历史项目式学习基于历史学科，又超越历史学科。其规划与实施需明确指向历史课程的学习目的和价值，紧密围绕历史学科的核心概念和本质问题，同时又要适当关联其他学科知识，结合相关社会实践，融合学生现实生活，关联学生生成问题，呈现出学术类、实践类、生活类、问题类四种实施形态。其设计与实施改变了当前历史课程形态中的课程目标、课程内容、课程评价等要素,是深化历史课程改革、落实立德树人教育目标的有效途径,也是国家课程校本化的可行路径。

作为一种教学方式,初中历史"项目式学习"通过创设具有一定挑战性和复杂性的问题情境,让学生在实际体验、自主探究、内化吸收的过程中,以合作形式完成项目要求并达成最终学习目标。它改变了现有的初中历史学与教的方式,让学生围绕某个具体的项目主题,充分挖掘、选择和利用各种学习资源,在体验、合作、探究中完成一系列相互关联的历史学习任务,有利于解决初中历史课堂教学课程定位偏颇、教学目标偏离、教学内容偏差、教—学—评方式陈旧等弊端,有利于充分发挥历史学科独特的育人功能,有利于培育学生历史学科的必备品格与关键能力,为初中历史课程改革的深化与学科素养的落地提供有效途径。

二、初中历史项目式学习的探索过程

(一)初识阶段

笔者于2005年开始在理论和实践领域探索合作学习,并于2006—2009年,完成以"在合作学习中促进学生的主体参与"为题的教育硕士论文,对合作学习和教学方式的转变有了一定思考。2009—2011年独立撰写的多篇以"历史合作学习"为主题的学术论文获国家级、市级奖项。2012年开始尝试将任务驱动与合作学习相融合,并以"基于任务驱动的初中历史小组合作学习模式"为主题进行课题研究,已于2017年5月顺利结题,围绕这一主题的论文获市级奖项。

2014年3月,教育部《关于全面深化课程改革落实立德树人根本任务的意见》颁布,"核心素养"首次出现并被置于深化课程改革、落实立德树人根本任务的首要位置,成为研究制订学业质量标准、修订课程方案和课程标准的重要依据,核心素养开始进入笔者的视野。在此期间,芬兰新课程实施,开始全面实施现象教学(项目式学习)。笔者开始比较系统地学习项目式学习的相关理论,尤其是对"项目式学习"与"基于任务驱动的小组合作学习"

进行了比较思考,在此基础上探索项目式学习对核心素养培育的独特价值,并对项目式学习有了初步认识:要想通过项目式学习达到更深层的认知目标,发展学生核心素养,需要将项目学习与学科教学进行深度融合。

(二)探索阶段

2016年底—2019年,笔者结合相关文献,对初中历史项目式学习进行了理论梳理和概念界定,在此基础上进行了课题理论假说的建构,并通过日常教学和市、区教学展示实践该模式。在这一过程中,笔者运用该模式所做的和平区首席教师示范课《北洋金融街的变迁》和天津市中小学优秀教师示范课《改革开放》均获得好评。在实践基础上,笔者及时总结经验,逐步形成并完善了核心素养导向的初中历史项目式学习实施策略,撰写相关论文,被公开发表,其中,《"初中历史项目式学习"与学科核心素养的培育》一文被发表在全国中文核心期刊《历史教学》2018年第1期上,《学科素养导向下"初中历史项目式学习"实施策略——以"北洋金融街的变迁"项目式学习为例》一文发表于《天津师范大学学报》(基础教育版)2018年第2期上,并被人大复印资料《中学历史、地理教与学》2018年第7期转载,产生了一定影响。

(三)完善阶段

2019年,随着中考改革,历史学科成为天津市中考必考的一门课程。笔者在前期实践探索和理论研究的基础上,进一步梳理"项目式学习"已有理论和实践研究成果,以历史课程为载体,基于现有初中阶段历史学科的课程标准和教材,结合历史学科本质和教育价值、项目式学习相关理论,融合学生的已有经验和现实生活、课堂学习和社会实践,重构历史课程内容和教与学方式,构建学术类项目、实践类项目、生活类项目、问题类项目四种类型的初中历史系列化项目学习单元,并在日常历史教学中予以实施,并对实践过程与结果进行成果梳理。探索在历史教育中落实核心素养,贯彻立德树人育人目标的新途径,深化历史学科课程改革的同时,推动学校育人模式的转变。

第三章　为什么开展初中历史项目式学习

本章将从国家政策、新课程改革的要求与教学实践中存在的问题，从目标导向、需求导向和问题导向等三个层面，分析初中历史项目式学习开展的必要性，并结合相关研究成果和个人已有研究阐述其可行性。

一、相关国家政策的出台为项目式学习的开展指明了方向

2019年6月23日，中共中央、国务院印发《关于深化教育教学改革全面提高义务教育质量的意见》（以下简称《意见》）。这是新中国成立以来，第一次以中共中央、国务院名义出台的聚焦义务教育质量的纲领性文件，对各级地方政府和教育部门都具有"行动指南"和"刚性落实"的意义。

《意见》第3部分"强化课堂主阵地作用、切实提高课堂教学质量"中提出"优化教学方式"，具体包括：坚持教学相长，注重启发式、互动式、探究式教学，教师课前要指导学生做好预习，课上要讲清重难点、知识体系，引导学生主动思考、积极提问、自主探究。融合运用传统与现代技术手段，重视情境教学；探索基于学科的课程综合化教学，开展研究型、项目化、合作式学习。精准分析学情，重视差异化教学和个别化指导。强调各地要定期开展聚焦课堂教学质量的主题活动，注重培育、遴选和推广优秀教学模式、教学案例。

这是用国家纲领性文件的形式在教学方式层面提出的具体要求。情境教学、课程综合化、研究性学习、项目化学习、合作性学习等教学方法受到鼓励，这些都在一定程度上代表了现代学校教育教学内涵发展的趋势，为在义务教育阶段教育教学中开展项目式学习的理论探索与学科实践提供了目标导向。

二、初中历史项目式学习是培育学科素养的重要途径

时代发展对人才培养的新需求呼吁课程改革的深化和育人模式的转变,这为项目式学习的理论研究与实践探索提供了需求导向。

(一)历史课程改革进入核心素养时代

1.树立核心价值观是时代要求

2012年党的十八大提出,倡导富强、民主、文明、和谐,倡导自由、平等、公正、法治,倡导爱国、敬业、诚信、友善,积极培育和践行社会主义核心价值观。其中,富强、民主、文明、和谐是国家层面的价值目标,自由、平等、公正、法治是社会层面的价值取向,爱国、敬业、诚信、友善是公民个人层面的价值准则,这24个字是社会主义核心价值观的基本内容。

社会主义核心价值观是社会主义核心价值体系的内核,体现社会主义核心价值体系的根本性质和基本特征,反映社会主义核心价值体系的丰富内涵和实践要求,是社会主义核心价值体系的高度凝练和集中表达。

党的十八大以来,中央高度重视培育和践行社会主义核心价值观。中央政治局围绕培育和弘扬社会主义核心价值观、弘扬中华传统美德进行集体学习,中办下发《关于培育和践行社会主义核心价值观的意见》。党中央的高度重视和有力部署,为加强社会主义核心价值观教育实践指明了努力方向,提供了重要遵循。

2017年10月18日,十九大报告指出,要培育和践行社会主义核心价值观。要以培养担当民族复兴大任的时代新人为着眼点,强化教育引导、实践养成、制度保障,发挥社会主义核心价值观对国民教育、精神文明创建、精神文化产品创作生产传播的引领作用,把社会主义核心价值观融入社会发展各方面,转化为人们的情感认同和行为习惯。

培育和践行社会主义核心价值观,要求我们坚持育人为本、德育为先,围绕立德树人的根本任务,把社会主义核心价值观融入教育教学的全过程。

2.《教育部关于全面深化课程改革落实立德树人根本任务的意见》颁布

2014年3月,《教育部关于全面深化课程改革落实立德树人根本任务的意见》颁布,明确要求"研究制订学生发展核心素养体系和学业质量标准",要根据学生的成长规律和社会对人才的需求,把对学生德智体美全面发展总体要求和社会主义核心价值观的有关内容具体化、细化,深入回答"培养什么人、怎样培养人"的问题。教育部将组织研究提出各学段学生发展核心素养体系,明确学生应具备的适应终身发展和社会发展需要的必备品格和关键能力,突出强调个人修养、社会关爱、家国情怀,更加注重自主发展、合作参与、创新实践。研究制订中小学各学科学业质量标准和高等学校相关学科专业类教学质量国家标准,根据核心素养体系,明确学生完成不同学段、不同年级、不同学科学习内容后应该达到的程度要求,指导教师准确把握教学的深度和广度,使考试评价更加准确反映人才培养要求。各级各类学校要从实际情况和学生特点出发,把核心素养和学业质量要求落实到各学科教学中。

同时,提出要依据学生发展核心素养体系,修订课程方案和课程标准。"核心素养"首次出现并被置于深化课程改革、落实立德树人根本任务的首要位置,成为研究制订学业质量标准、修订课程方案和课程标准的重要依据。核心素养开始进入我们的视野。随后启动了中国学生发展核心素养研究工作,研究制订学生发展核心素养体系和学业质量标准。

3.《中国学生发展核心素养》总体框架的出台

核心素养是党的教育方针的具体化,是连接宏观教育理念、培养目标与具体教育教学实践的中间环节。党的教育方针通过核心素养这一桥梁,可以转化为教育教学实践可用的、教育工作者易于理解的具体要求,明确学生应具备的必备品格和关键能力,从中观层面深入回答"立什么德、树什么人"的根本问题,引领课程改革和育人模式变革。

核心素养课题组历时三年集中攻关,并经教育部基础教育课程教材专家工作委员会审议,最终形成研究成果。2016年9月,《中国学生发展核心素养》总体框架正式发布。它以培养"全面发展的人"为核心,分为文化基础、自主发展、社会参与等三个方面,综合表现为人文底蕴、科学精神、学会学习、健康生活、责任担当、实践创新等六大素养,各素养之间相互联系、互相补充、相互促进,在不同情境中整体发挥作用。为方便实践应用,将六大素养进一步细化为人文积淀、理性思维、国家认同等十八个基本要点,并对其主要表现进行了描述。核心素养总体框架的发布,引发了社会的高度关注。核心素养成为中小学教育教学研讨的主题词。

4. 新的《普通高中历史课程标准》颁布

依据学生发展核心素养体系,各学段、各学科进一步明确具体的育人目标和任务,开始完善高校和中小学课程教学有关标准。2017年教育部正式颁布了修订后的《普通高中历史课程标准》。与2003年教育部颁布的《普通高中历史课程标准(实验)》比较,2017年版《普通高中历史课程标准》一个重大变化就是在课程目标上,突出了"历史学科核心素养"的培养,即在课程目标上由"三维目标"发展到"历史学科核心素养"的培养。

2017年版《普通高中历史课程标准》规定:历史课程要将培养和提高学生的历史学科核心素养作为目标,课程结构的设计、课程内容的选择、课程的实施等,都要始终贯穿发展学生历史学科核心素养这一任务。

什么是历史学科核心素养?

2017年版《普通高中历史课程标准》指出:所谓学科核心素养,是学生在学习历史过程中逐步形成的具有历史学科特征的价值观念、必备品格与关键能力。历史学科核心素养主要包括唯物史观、时空观念、史料实证、历史解释、家国情怀五个方面。

历史学科五大素养是一个整体,在历史学科核心素养中有其各自的地位和作用。唯物史观是历史学科诸素养得以达成的理论保证;时空观念是诸素养中学科本质的体现,是历史学科有别于其他学科的重要特征;史料实证是诸素养得以达成的途径;历史解释是诸素养中对历史思维与表达能力的要求;家国情怀体现了诸素养中的价值目标,旨在通过诸素养的培育,达到立德树人的要求。

为什么在课程目标上由"三维目标"发展到学科核心素养培养?

一般来说，课程目标是对一门课程学习的总体要求，它反映了党和国家，以及社会对这门课程的教育宗旨和基本要求。新中国成立以来，历史课程目标发生了几次重大变化。

（1）双基目标：1949—2000年

在此期间，我国共颁布了十余个版本的中学历史教学大纲（包括初中、高中）。在其"教学目的和要求"中，均以"双基目标"为要求。

在知识匮乏的年代，"双基"目标对夯实学生基础知识、培养学生实践能力等方面，发挥了重要作用。但也出现了重基础知识和基本技能，轻知识获取与能力培养途径与方法的弊端，忽视了学生学习兴趣等倾向，从而影响了学生的全面发展。

（2）三维目标：2001年至今（初中）；2003—2017年（高中）

《义务教育历史课程标准（2001年版）》《普通高中历史课程标准（2003年版）》和《义务教育历史课程标准（2011年版）》在"课程目标"中，明确规定了学生通过历史学习应达到的目标，包括"知识与能力""过程与方法""情感态度与价值观"三个维度。

"三维目标"与以往"双基"教学目标相比有何突破？

第一，提出了"过程与方法"目标，要求学生学会学习。历史教育不仅仅是通过课堂传授一些历史知识，而是一个完整的学习过程。"过程与方法"目标的提出，其根本目的就是为了改进教师的教学方式，转变学生以往历史学习中机械训练、死记硬背的方法，使其在历史学习的过程中学会学习。

第二，把历史教育的政治教育、社会教育功能与人的发展教育功能结合起来，要求学生学会做人。

在教学实践中，"三维目标"一定程度上改变了以往过于注重知识传授的倾向，强调了要形成积极主动的学习态度，使获得基础知识与基本技能的过程同时成为学会学习和形成正确价值观的过程。但随着社会发展和学生需求的增长，"三维目标"在实施过程中也出现了一些问题。如由于知识目标仍是"三维目标"的重要内容，在实施过程中，虽强调了不要过于注重知识的传授，但在教学实践中，一些地方仍把知识的讲授与考查作为唯一的目标依据，从而使"三维目标"仍停留在"双基"教学的层面上。①

（3）历史学科核心素养：2017年至今（高中）

所谓历史学科核心素养，是学生在学习历史过程中逐步形成的具有历史学科特征的关键能力、必备品格与价值观念。从"三维目标"发展到"历史学科核心素养"的培养，是历史课程在课程目标上的新变化。

把"三维目标"发展到"学科核心素养"培养，并不意味以往的"三维目标"的提法错了，而是一种继承和发展。事实证明，2003年"三维目标"的提出，在当时来说，具有先进性。它把课程目标作为一个整体来认知，关注到学生作为"人"应培养的基本素质；同时，"三维"的叙述，明确了便于评价的目标叙写方式。但它也有局限性。它缺乏明确目标的实质内涵，导致了在具体的教学实践中，只关注目标的呈现方式，即只有三维叙写，而不清楚受教育后所习得的素养。而历史学科核心素养，它是以学科知识技能为基础，整合了情感、态度或价值观在内的，能够满足特定现实需求的综合性品质和相关能力。学科核心素养不是简单的知识或技能，而是既包括一般意义上的知识与能力，还包括情感、态度、价值观。可以说，历史学科核心素养，是学生学习历史之后所形成的、具有历史学科特点的关键成就。②

培养学生历史学科核心素养，是历史课程改革在课程目标上的一个重要变化。这一变化不仅仅是表述上的变化，而是国家在历史学科育人目标上的新要求，是历史教育落实党的立德树人根本任务的具体体现。它要求教师在历史教学中实现从学科本位、知识本位到育人本位、学生素养发展本位的根本转型。

值得一提的是，虽然本次基于核心素养的课程改革（包括课程标准修订）是从高中阶段开始的，但是，对历史学科核心素养的研制和提炼，义务教育阶段和高中阶段在出发点和大方向上应该是一致的。所以，义务教育阶段的教师要有超前的意识，即使在义务教育课程标准尚未做新修订的情况下，也要自觉地以高中阶段的学科核心素养为参照，结合初中学段特点，把

①② 朱汉国. 普通高中历史课程标准的修订及主要变化[J]. 历史教学(上半月刊),2018(2).

历史学科核心素养有机地融入自己的学科教学实践之中。这既是义务教育阶段的教师教育教学的任务,也是高中阶段的教师培育学科核心素养的基础。

(二)基于核心素养的教学观的确立

观念是行动的指南。以学科核心素养培育为导向的历史教学改革必须首先确立以核心素养为导向的教学观念。学科核心素养导向的初中历史教学必须确立以下三大基本理念。

1.立足立德树人的历史教学

(1)历史教育的目的是对人的培养

人是历史教学的对象,也是历史教学的目的。中学时期是青少年心理和生理极剧变化的阶段,也是他们人生过程中塑造人生观、价值观、世界观的关键时期。党的十八大报告中,首次提出"把立德树人作为教育的根本任务";党的十九大报告再次明确"要全面贯彻党的教育方针,落实立德树人根本任务"。立德树人是新时代中国特色社会主义教育事业的核心所在,是培养德智体美劳全面发展的社会主义建设者和接班人的本质要求。在众多学科当中,历史学科有着得天独厚的优势,历史教师可以充分利用学科特点对学生加强人格教育和熏陶,促进全面发展。

"作为中学历史教师,我们承担着把现在的学生培养成为新时代中国特色社会主义的建设者和接班人的重大责任,这就要始终牢记立德树人根本任务,着力发挥历史学科的教育功能,用心研究和解决'培养什么人,怎样培养人'的问题,使学生通过历史学习,在历史学科核心素养方面得到全面发展,将来为实现中华民族伟大复兴而奋斗。"[1]

历史教学不只是教历史,还要用历史育人。教师在课堂教学中关注的中心当然应该是学生。教学中以学生为中心,高度关注学生的学习参与状态,并根据学生的主体参与状态组织、实施和调整教学。教师在教学中对于学生主体参与状态的关注要涉及方方面面,比如,学生的参与是主动还是被

---

[1] 叶小兵. 历史教育在落实立德树人根本任务中的重要作用. 历史园地公众号,2018-07-16.

动？参与的广度和深度如何？学生的参与是行为参与、认知参与、还是情感参与、思维参与？学生的知识习得、能力发展，以及在知识、能力获得过程中的情感体验怎样？历史教学是教师的教和学生的学的统一，这种统一是通过师生互动和生生交往实现的，观察师生互动和生生交往的情况如何，关注学生在课堂上是否有足够的思维流量，如思考、质疑、提问、表达，课堂上能否完成预设内容，能否自主地生成非预设内容，得到意外的收获，这是衡量课堂教学成功与否的一项重要内容。

（2）重视历史知识的育人价值

基于立德树人的历史教学关注的中心是学生，但并不意味着忽略知识的传递。在历史教学中，历史知识是历史教育活动得以展开的一个支点，没有历史知识，历史教育活动便成为无源之水、无本之木。但是在教学中要避免知识的机械记忆，不能走向为了知识而学知识，而要在向学生传递历史知识的同时，有更上位的思考和深层的认知，引导学生思考学习这些知识有什么意义。

第一，历史学科知识蕴含大量的德育资源。与其他学科知识相比，历史学科知识蕴含大量特有的道德教育资源，如通过典籍、人物、事件、价值观等，可以培养学生的批判性、历史感、独立思考能力、辩证思维等，这一过程就蕴涵着正义、宽容、理解等德育价值。

第二，历史学科知识蕴涵丰富的育智价值。历史学科知识凝聚了千百年来人类的智慧，积淀了人们在历史发展、演变过程中的才华、能力和追求，蕴含着人类认识世界、改造世界、创造新事物的方式，蕴涵着极其丰富的育智价值。

第三，历史学科知识运载着美育资源。历史知识不仅是学生认知的媒介，也运载着人类在探究知识的过程中所表现出来的精神气质、审美情怀和价值追求。借助历史知识的结构之美、内容之美、逻辑之美、理性之美可对学生适时进行美育渗透。

第四，历史学科知识运载着劳动教育资源。部编版历史教科书的一个显著特点是含有各种类型的美，劳动美就是一种。气势磅礴的兵马俑、雄伟的万里长城、精致细腻的瓷器、京杭大运河、都江堰水利工程都是人类劳动和智慧的结晶,是劳动人民用双手创造出来的美。教师可以运用课本中的有关劳动成果的内容,让学生在感受劳动之美的基础上,将劳动观念和劳动精神植根于心中。

第五,历史学科知识蕴涵丰富的体育教育价值。历史是一门知识渊博,且综合性很强的学科,学科知识不但是对学生进行德育、智育、美育、劳育的重要载体,对学生进行体育教育也有独特的价值。在历史教学中利用体育相关知识对学生进行教育,帮助其形成正确的体育观,非常有现实意义。

总之,历史知识蕴含大量的德育、智育、体育、美育、劳育资源,作为历史教师,应充分挖掘历史学科知识特有的育人功能,通过不同类型知识的相互补充和对历史知识的整体建构,共同作用于学生的精神和身体,使学生在接受历史知识的同时洞察世事,感悟人生,形成正确的价值判断,进而促进学生德、智、体、美、劳诸方面的不断完善,使其受益终身。

需要特别强调的是,部编教材是在2012年初《义务教育历史课程标准(2011年版)》公布后开始编写的,它体现党和国家的教育方针,贯彻了党的十八大精神和《国家中长期教育改革和发展规划纲要(2010—2020年)》精神,将社会主义核心价值观渗透、融入其中,更加注重落实立德树人的根本任务,致力于"培育具有社会主义核心价值观的公民",这"是时代发展和社会前进的需求,也是青少年自身成长和全面发展的需要"。①

徐蓝教授在《谈谈义务教育部编历史教材落实立德树人的问题》一文中强调:"义务教育教材为更具体的落实立德树人任务,特别强化了社会主义核心价值观教育内容,注重从历史发展演进的角度,通过具体、丰富的史实,使学生认识社会主义核心价值观的历史渊源及现实意义、感悟理解社会主义核心价值观的内涵和体现。"为达到这一育人目标,教材主要做了三个方面的努力。

一是以唯物史观为指导,将唯物史观这条红线贯穿教材始终,将正确的

---

① 中华人民共和国教育部.义务教育历史课程标准(2011年版)[M].北京:北京师范大学出版社,2012.

价值判断融入历史叙述之中，坚持用唯物史观阐释历史的发展与变化，做到思想性和科学性的统一。

二是重视革命传统教育，深刻揭示没有共产党就没有新中国的历史必然性，全面系统阐释中国共产党在民主革命时期、社会主义建设和改革开放时期的领导作用。

三是注重引导学生更好地理解中华民族多元一体的发展格局，强化中华优秀传统文化教育、爱国主义教育、民族团结教育、国家主权意识教育。

这就要求教师理解教材，在教学工作中努力做到以下几点：

一是在宏观上，理解历史的纵向发展与横向发展。

二是在具体的教学中，要把史事放到特定的历史时间和空间中讲述。

三是贯彻基础性和普及性原则。

总之，只要我们坚持唯物史观的指导，具有正确的思想导向和价值判断，注重对基本事实进行必要的讲述，运用多样化的教学手段，充分激发学生的历史学习兴趣，引导学生学会学习、学会思考，注重培养学生的历史思维能力、创新意识和实践探索，我们就能把立德树人的终极目标落到实处，真正解决历史教育最终培养什么人、如何培养人的问题。[①]

（3）历史教学是立德树人的主要途径

历史课程属于人文社会科学的课程，其意识形态属性非常强，课程的内容体现了国家记忆和国家意识。在落实立德树人根本任务中，历史教育承担着非常重要的职责，其教学的目标、教学的内容等方面，都与立德树人根本任务有着直接、有机的联系。叶小兵教授在《历史教育在落实立德树人根本任务中的重要作用》中从课程目标、课程内容、历史教育的价值几个方面对历史教育在落实立德树人根本任务中的重要作用进行了如下解读。

从课程目标上看，通过历史学习，学生能够从历史的角度认识中国的国情，形成对祖国的认同感和正确的国家观；认识中华民族多元一体的历史发展趋势，形成对中华民族的认同感和正确的民族观，具有民族自信心和自豪

---

① 徐蓝.谈谈义务教育部编历史教材落实立德树人的问题[J].历史教学(上半月刊),2017(12).

感;了解并认同中华优秀传统文化、革命文化、社会主义先进文化,认识中华文明的历史价值和现实意义,树立正确的文化观;了解世界历史发展的多样性,具有广阔的国际视野;认同社会主义核心价值观,认同走中国特色社会主义道路是历史的必然,树立中国特色社会主义道路自信、理论自信、制度自信和文化自信;树立正确的世界观、人生观和价值观。

从课程内容上看,中国古代史中统一多民族国家的发展;中华民族多元一体的格局;中华优秀传统文化;中华文明对世界文明发展的贡献等等。

中国近代史中中国人民对外反抗列强侵略、对内反抗专制统治的斗争;中国共产党领导人民实现国家独立和民族解放等等。

中国现代史中中国社会主义制度的建立与完善;中国共产党在社会主义建设时期和改革开放时期的领导作用;中国综合国力的不断增强;中国的国际影响力的不断提升等等。

这些带有政治思想、意识形态和价值观念的教育因素,是历史教学内容所蕴含的,而不是外带的、附加的。就学科性质而言,历史是人文学科,涉及的是人类在历史上的活动,以及各类人的人生追求和生命意义,学的就是怎样做人,做什么样的人。从这样的意义上说,历史就是要立德树人的一门基础课程。[①]

从历史教育的价值上看:历史教育承载着拓展学生的历史视野、发展学生的历史思维、培养学生的历史意识、提高学生的核心素养的功能,是落实立德树人根本任务的重要途径。

作为历史教师,要对历史教学工作有更上位的思考。在教学实践中不能仅满足于教会学生历史知识,还要挖掘历史教育对学生的全面发展和终身发展所具有的实际意义和长远意义,做有历史使命感的中学历史教师。

2.基于课程意识和学科本质的历史教学

(1)基于课程意识的历史教学

什么是课程?

---

①徐蓝.谈谈义务教育部编历史教材落实立德树人的问题[J].历史教学(上半月刊),2017(12).

第一，真正的课程，其实就像跑道，预示着学生要沿着这个跑道前进，才能达到目标，进而促进学生的成长和发展。所以课程实施的过程、教学的过程，其实是引导学生成长的过程。

第二，课程的核心不是具体的知识点，而是这些知识背后，知识结构所隐含的关键能力、核心的学科思想和学科方法与经验，而这些就是我们所说的学科的核心素养。

第三，我们理解一门课程，往往要从学科知识、学科思想、学科能力、学科经验等四个方面去把握，这四个方面现在叫"新四基"。

第四，几乎所有的课程都具有对资源的强依赖性，离开了资源，离开了生活，离开了社会背景、文化背景，只有符号知识，学生很难真正理解所学内容，理解是学习的根本基础。在教学过程中，教师要对教材做深度的研究，对教学内容进行更深入的挖掘，思考需要为学生提供哪些资源，哪些东西需要进入知识理解的过程，哪些素材、哪些经验、哪些背景性的素材进入学生的学习过程和理解过程，就体现了我们对课程和资源之间关系的一种把握。

课程的构成要素有哪些？

郭元祥教授在《课程意识与教学思维》一文中指出，课程由五个要素组成。

一是性质与价值，即对这门课程的性质、价值的认识，对这门课程的属性有一个基本的判断。这影响着教师教学所达到的高度。

二是课程目标，尤其是与这门学科的性质和价值相适应的最核心的目标。它不仅包括知识目标，还包括思想、方法、能力、经验、文化等方面。经常出现的问题是前者界定清晰，后者模糊。

三是课程内容。课程内容不只是知识点，最主要的还是知识点背后所隐含的思想方法、经验文化等方面的内容。

四是学习方式与课程资源。在教学过程中，要根据具体的单元、具体的教学任务、具体的教学内容来选择和设计教学过程，采用恰当的学习方式方法，尤其需要考虑提供哪些学习资源，来引导学生对所要学习的内容进行深度学习。

五是评价。在教学过程当中如何判断学生究竟学到了什么程度、达到目标没有,用什么方式和方法来评价检测。

所以对一门课程及一门课程的知识模块、章节、单元,甚至课文,教师都要从性质与价值、目标、内容、学习方式与资源、评价这五个方面来完整地理解和把握。

什么是基于课程意识的历史教学?

作为一名历史教师,我们对于"什么是历史? 什么是历史知识?"这样的问题也许觉得无需再回答。实际上,当你真正要用明确的几句话来表达你对自己所教的课程性质和知识性质做判断的时候,可能大家还是要沉思一下。我们的教学,为什么没有广度? 为什么没有深度? 为什么没有关联度? 从根本上讲,还是我们对知识的属性、学科的性质、课程的理解钻研不够,这个也是很多教师需要进一步提升的地方。

课程意识本质上就是课程观,历史教师的课程意识就是历史教师对历史课程的理解、看法、观点和态度。作为历史教师,不能就教学而论教学,就教学而谈教学,而一定要有课程的高度、课程的视野,即课程的意识,否则,教学就会陷入就事论事的窠臼。教师对课程的理解与其在教学过程中所反映出来的思维方式有着内在联系。教师对他所教课程的性质、价值等方面的理解和把握,直接影响了他在教学过程中如何处理知识、设计活动,以及其教学过程的展开和教学效果的情况。也就是说,教师课程意识在很大程度上决定了教师的教学境界,也影响着教师的教学实践。

基于课程意识的历史教学倡导怎样的教学思维?

郭元祥教授在《课程意识与教学思维》一文中强调了以下教学思维:

一是网状的知识教学思维。即让知识和知识之间、知识点和知识点之间、新知识和已有的知识之间有联系。要把相关的、相近的、相对的、相似的、相反的知识,做辨析和比较,克服点状的、单一的知识教学,建构出知识和知识间的联系。

二是立体的知识教学。要把知识与文化、知识与经验、知识与学生的想象,即我们前面讲到的知识的三关联度联系起来,让这些东西真正进入孩子们知识理解的过程。

三是倡导知识发现教学的思想,要引导学生探究知识,探究知识的发生过程。只有在这个过程中,学生才能够理解和把握知识点背后的思想。每一个知识背后,每一个章节、每一个单元、每一篇课文、每一个问题背后,其实支撑学生知识理解和知识转化的最核心的东西,还是学科思想和学科方法。

四是倡导知识整合教学思维。跨越知识点的边界,跨越新知识和旧知识的边界,建立知识之间的联系,最后跨越边界的知识教学。

基于课程意识的历史教学要处理好哪些关系?

较传统的教学意识而言,历史课程意识在教学目的上不是着眼于眼前,而是面向学生未来,从学生成长的角度来看待和处理历史课堂教学内容和要求;在教学内容上强调课程资源的开发与利用;在教学运行上,强调生成性的活动。

历史教师要确立正确的课程意识,必须处理好以下两种关系:

第一,处理好知识与经验的关系。传统的观念把历史课程看成历史知识,强调让学生掌握完整而系统的历史知识。在杜威以后,人们拓展了经验对于课程的意义,认为课程就是让受教育者体验各种各样的经历,在这一经历的过程中,将学习内容转化为自身的经验,并实现自身的变化与发展。

作为历史教师,我们应明确知识和经验不是决然对立的关系,历史学科素养正是在知识与经验的相互转化中生成的,是历史知识和历史学科活动产生化学反应的结果。

第二,处理好课程与教学的关系。历史课程不只是文本课程,尤其不只是历史教材和教参,而更是体验课程,是被教师与学生实实在在地体验到、感受到、领悟到、思考到的课程。这意味着,对不同的学习者来说,历史课程内容和意义在本质上其实是不同的。对于历史教师而言,应该认识到历史教学不只是历史课程传递和执行的过程,更是历史课程的创生与开发过程。

(2)基于学科本质的历史教学

如果说教材是课程资源的核心,那么学科本质则是学科内容体系的核心。从学科教学的角度而言,任何一门课程的教学,都不能仅仅停留在对学科的表层认知,而应进入"学科本质"。唯其如此,学科教学才能有效地促成学科核心素养的形成。历史学科本质是历史学科核心素养的基因和内核,基于学科本质的历史教学是走向核心素养的必然要求。

何谓历史学科和历史教育的本质?

历史学是记录和解释人类从古至今一系列活动进程的历史事件、历史人物、历史现象的一门学科,是人类精神文明的重要成果,是一切人文社会科学的基础。它所要解决的问题是通过对史料的考证、叙述和分析,不断发现、理解、解释、评判真实的过去,探讨发展规律,为当今和未来提供借鉴。

从历史教育的本质来看,学生通过学习历史,要具备历史学科的核心素养,这是人文素养的重要组成部分之一。历史学科核心素养是学生在接受历史教育过程中(学习历史过程中)逐步形成的具有历史学科特征的关键能力、必备品格和价值观念。具体地说,学生通过历史课程的学习,能够拓展历史视野,发展历史思维,认清历史发展规律和发展大势,树立正确的世界观、人生观和价值观,取得具有历史学科特点的关键成就,这是历史学科育人价值的集中体现。[①]

因此,在历史课程中,学生到底要学什么? 有一点是毋庸置疑的,那就是学生要学习历史知识,但是仅仅习得知识是远远不够的。学生在学习这些知识的过程中,还需要具备比了解一般的历史知识更上位的东西。基于这样的认识,基于学科本质的历史教学在理论与实践上要着力解决好以下两对关系。

第一,历史学科知识与学科思想方法并重。

历史学科方法是人们学习和应用历史学科知识的思维策略或模式,历史学科思想是人们通过历史学科活动对学科基本问题形成的基本看法,它们都基于历史学科知识,又高于学科知识,与学科知识具有不可分割的辩证统一性。学科知识蕴含思想方法,思想方法又产生学科知识。这就要求我

---

① 徐蓝. 关于历史学科核心素养的几个问题[J]. 课程·教材·教法,2017(10).

们在强调历史学科知识教学的同时,也要突出学科思想方法的教学,努力使两者相互促进、协调发展。一方面,注重历史学科思想方法对知识教学的渗透和指导,使学生对历史知识进行自觉的、高层次的理解和掌握;另一方面,将历史学科知识隐含的学科思想方法进行及时提炼和概括,使学生对思想方法的掌握扎根在坚实的知识基础上。只有将历史学科知识与学科思想方法并重,才有助于学生形成一个活的学科认知结构,从而真正形成历史学科的核心素养。

第二,历史学科知识与学科思维同步发展。

知识是思维的产物,没有思维就谈不上知识。但是,由于编写的特殊性,历史教材直接呈现出来的往往只是历史学科知识(或者现成的结论),而省略了隐含在其中的内涵丰富的思维过程,从而使学生误以为不经过曲折的、反复的思维,也能径直获得知识。然而,这种不经思维而获得的知识,不能真正转化为学生的智慧。

因此,在历史教学中,不仅要向学生传递历史知识,还要向学生积极展示历史知识发生、形成的充分而丰富的历史和现实背景,让学生的思维卷入这一发现过程,而不是简单地重现历史。同时,引导学生通过展开独立而充分的思维活动来获得历史知识,能够像一个历史学家那样去理解历史、构建自己对历史的解释,从而实现历史知识与学科思维的同步发展。这样,当学生毕业以后,特别是不再以历史的教学与研究为其生涯或者并不从事与历史有直接关系的工作时,以往的历史学习留给他们什么样的思维品质、能力、情感、态度、价值观,能够使他们终身受用,并能够带给他们成功的人生。

3.基于学生学习的历史教学

学是教学的出发点、落脚点,教学的中心、重心在"学"而不在"教",教学应该关注学校、关注学生、关注学情、关注学习,围绕"学"来组织、设计、展开。基于学生学习的教学不仅是教学本质的体现,也是学生形成学科核心素养的必然要求。如何开展基于学生学习的历史教学?

(1)重建教学关系

历史课程改革已经进入全面深化阶段,目前课堂教学还没有普遍地实现根本性转变,根本就在于还没有有效地调整好教与学的关系,课堂还没有从根本上实现由以教为主向以学为主转变。真正实现以教为主向以学为主转变,建立起新型课堂,需要做好以下几点。

第一,用历史学习过程代替历史教学过程。要把学习的时间和空间还给学生,激发学生的学习兴趣,培养学生的学习能力,引导学生学会自主学习和自我教育,这是当代学习范式重建的前提与基础,也是教学改革深化发展的支点与标志。在此强调,自由支配的时间是学生独立思考与深度参与的必要条件。没有时间的保证,学生的学习必然会成为一句空话。苏霍姆林斯基强调,让学生拥有可以自由支配的时间是个性发展的一个重要条件。因此,历史教师在教学中要更加注重凸显学生"学"的地位和作用,用历史学习过程代替历史教学过程,应给学生留出充足的时间和空间,以确保学生对历史问题进行更加深入的分析,充分调动自己已有的知识和经验,将自身置于历史真实中,让思维在广阔的时空中穿梭,从而使课堂的知识容量与思维容量和谐匹配,使学生的知识水平和思维能力同步发展。

第二,要致力于打造让学生的潜能得以充分发挥出来的教学文化,选用让学生的潜能得以充分发挥出来的教学方式。历史教师一定要放权给学生,把课堂作为学生表现的空间,而不是教师展现个人才华的舞台。给学生表达自己思维的机会,让学生说出心中所想,问出心中疑惑,议出是非曲直。让学生放开讲,甚至可以把讲台交给学生。当然,这种放权是有前提的,即学生的充分准备和教师的指导及对学生的信任。整个过程要避免学生兴奋过度或活动过量,具体说怎样放,怎样收;何时放,何时收,都要因人因事而异。

第三,要致力于构建以学为主线、以学为本的课堂教学体系和结构。钟启泉教授强调:"课堂教学应以学生的自主活动为中心展开。教学目标的设定、教材教法的选择、班级的集体交互作用等,所有的构成要素都应当为形成学生的自主活动而加以统整,都必须服从于学生自主活动的组织。"① 构建

---

① 钟启泉.课堂互动研究:意蕴与课题[J].教育研究,2010(10).

以学为主线、以学为本的课堂,要尽可能让学生自主、能动的学习成为学生学习的基本状态,并占据主要的教学时空。教师以激发、引导学生自主、能动的学习为最高追求和根本目的。"此外,在教学组织形式上,要打破传统教学以全班集体教学为唯一组织形式的格局,将学生自学、小组互学、集体共学等不同的教学组织形式结合起来。

案例链接

在学习《中华民族的抗日战争》这一内容时,笔者设计了如下学习环节:

第一,让学生以项目组为单位,用自己擅长的方式梳理并讲述"十四年抗战"的经过。

第二,结合相关资料分析抗日战争取得胜利的原因和意义。

第三,梳理出你在自主学习中遇到的问题。

通过这样的设计,学生对抗日战争从局部抗战到全面抗战的经过有了比较准确的把握,对九一八事变、七七事变、八一三事变、南京大屠杀等日本侵华史实有了一定的了解,对日本军国主义凶恶残暴的侵略本质有了一定的认识,对正面战场和敌后战场的抗日能够比较清晰的表述,对中国军民在抗日战争中的英勇顽强、不怕牺牲的精神有了更多的体会。对抗日战争胜利的原因及历史意义也有了比较全面的分析。但是,他们在自主学习中也产生了问题,比较集中的是"如何看待中国共产党在抗日战争中的中流砥柱作用?"这一问题。

接下来,笔者将学生分成三个项目组,让他们利用课下的实践从抗战时间、空间和效果三个方面梳理中国共产党的抗战史实,并指导他们搜集《关于反对日本帝国主义占领满洲的宣言》《中国共产党为日本帝国主义强暴占领东三省事件宣言》等材料,中国共产党在东北、华北、华南等不同地区的抗战史实,毛泽东同志所著的《揭破远东慕尼黑的阴谋》《论持久战》等著作、《八路军》(表册)、《新四军英烈志》等记载,通过对这些材料的分析,从三个方面认识到中国共产党的中流砥柱作用。

在时间上,在九一八事变后,约二十万东北军虽装备精良、建制完整,但执行"不抵抗"政策。面对这场近代以来时间长、规模大的反侵略战争,无论是当时执政的国民党还是其他党派,都没能勇敢地挺身而出,只有中国共产党担负起了这一历史重任,其领导的东北抗日游击队、东北人民革命军、东北抗日联军贯穿了十四年抗战的全过程。

在空间上,抗日战争作战空间空前广阔,沦陷区涉及26省1500多个县市,面积达600余万平方千米。中国共产党在军事上大胆实行"敌进我进"的方针,深入敌占区打击敌人,开辟敌后战场,承担了最艰苦的战略任务。中国共产党从无到有在沦陷区先后建立起的19个抗日根据地,经历了无数次残酷的"扫荡",付出了巨大牺牲,但日军没有从战略上摧毁任何一个根据地,反而是人民军队越挫越勇,越抗越大,一直斗争到日本投降!

在效果上,为了向全国人民指出抗日战争的正确道路,1938年,毛泽东发表了《论持久战》,具体分析了中日战争双方的基本特点,指出最后的胜利一定属于中国的结论。正是由于我们党坚定的抗日意志和必胜的抗日信心,党内没有一名中央委员投敌变节,党领导下的军队没有一支成建制投敌,并在抗日战争中作出了巨大牺牲,"中流砥柱"名副其实。

这一教学设计和实施,将学生作为主体,将学习作为主线,为学生提供了充分参与的实践、空间和权力,真正实现了以教为主向以学为主的转变。

(2)先学后教

如何实现从以教为主走向以学为主,从而推进教学关系和方式的根本性变革呢? 变先教后学为先学后教是关键的抓手。

"先学"具有独立性、超前性、差异性特征。它一改传统课堂教学中学生对教师的依赖状态,通过独立自主的阅读、思考和练习,自行解决能够解决的问题,教师的教变成了对学生独立学习的深化、拓展和提升;它使教与学的先后关系发生了根本性的变化,将"学跟着教走"变为"教为学服务";它突破了时空界限,更好地关注了学生的差异,同样的学习内容因学生的基础和能力不同而导致了先学的质量和理解深度的区别,这种差异正是课堂开展合作学习的宝贵资源。

"后教"具有针对性、参与性和发展性特征。教学必须根据"先学"中学生产生的问题进行教学,真正实现由教向学的转化;学生带着"先学"中的问题和困惑进入课堂,课堂真正成了学生求知和展示想法、见解及与同学、教师互动的平台,为学生高质量的参与提供了基础;这种转变既立足解决现有发展区问题,又致力于解决最近发展区问题,为教师关注每个学生提供了空间和时间、机会和平台,从而保证每个学生都在课堂上学有所得。

(三)初中历史项目式学习在培育核心素养方面的价值

初中历史项目式学习将学生置于课程实施的主体地位,组织学生围绕历史教学中某一具体的项目主题,充分挖掘、筛选和利用各种学习资源,以合作形式完成一系列相互关联的历史学习任务,有利于充分发挥历史学科独特的育人功能,让学生在主体回归、知识建构、问题解决中涵养学生历史学科的必备品格与关键能力,是实现学科素养落地的有效途径。下面以"北洋金融街的变迁"项目式学习为例,探讨初中历史项目式学习在培养学生学科素养方面的作用。

1.在项目式学习主体回归中培育学生历史学科核心素养

"历史学科核心素养是从学生的全面发展角度考量,意在使学生通过课程学习生成适应个人终身发展和社会发展需要的具有历史学科特征的必备品格与关键能力。"①它关注学生的真实需要,强调学生的主体地位,要求教师把教育教学的主体地位还给学生,并以此为着力点,转变教学方式和学习方式。初中历史项目式学习作为一种教与学的模式,既关乎教师的"教",更强调学生的"学"。这一模式的实现包括知识获取和应用、交流协作、成果汇报等三大环节。在知识获取和应用环节,学生通过搜集、处理信息,发现教材中所学内容与项目任务的相关性,实现对书本、课堂所学知识的理解、应用和升华。在交流协作环节,学生在疑难问题的解决中实现知识和观点的交流与碰撞,完善对相关内容的理解和认识,同时开发沟通、协作和团队作业的技能。在成果汇报环节,学生采用自己擅长的方式向他人展示和分享自己的学习成果,成为观点和结论的综合者和陈述者,分享和倾听技能也得

---

① 徐蓝:《关于修订高中历史课标的几个问题》。该文为徐蓝教授在2016年9月21—28日全国历史学科国培项目中的讲座报告。

到有效开发。这三大环节尊重学生的个性差异,关注学生历史学习的发生、发展与结果呈现过程,注重师生、生生的对话与合作,适应了学生主体回归和深度参与的需要,让学生在主体回归中涵养历史学科的必备品格,发展关键能力。

案例链接

"北洋金融街的变迁"项目式学习的设计实施恰恰是在学科素养立意下的一次学习主体和学习方式转变的尝试。在实施项目学习的过程中,几个项目组学生一改传统课堂中教师讲、学生听的被动地位,根据项目完成的需要,自行设定学习任务,自行制定行动计划,自主选择研究方法,自主行动实施计划,学习的自主性得到充分体现。为完成项目,学生们走出校园、走进解放北路,对当地的街区建筑进行了深入详实的调查,通过与诸多老银行遗存的对话激发跨越时空的历史联想;他们走进中国金融博物馆,通过与金融文献、实物的对话领略近代天津和解放北路的发展历程;他们制作访谈记录表和访谈提纲,走访北洋金融街变迁的见证者,通过与金融老人对话梳理历史的沧桑;他们上网进行相关信息的搜索,观看纪录片《五大道》,阅读《老天津金融街》《天津通志·金融志》等书籍,查阅《金城银行档案史料选编》等相关的历史资料,在运用史料重现历史真实的过程中体验学习历史的态度与方法。在广泛调查的基础上,学生们对收集到的文字、图片、音频、视频等各种史料信息进行甄别、辨析、筛选、整理、归纳,得出初步结论和认识,并撰写出调查报告,进行班级展示,尝试以各类史料为依据,以历史理解为基础,对北洋金融街的历史变迁进行理性的分析和客观评判,经历一个史料实证过程的体验及严谨科学态度的熏陶。

如第三项目组同学为了解20世纪40年代北洋金融街的变化,组织进行了人物专访,访谈对象是年逾90岁的王钟声老先生。王老先生15岁(1943年)进入天津金融系统工作,绝大部分时间在解放北路的银行工作,可以说是北洋金融街变迁的历史见证者。为了获得最佳访谈效果,第三项目组同学在老师的指导下制定了访谈提纲提交给王钟声老先生。提纲中心内容为20世纪40年代北洋金融街上银行的经营状况。

循着王老先生的忆述口述,学生们又查阅了部分银行的资料,将20世纪40年代解放北路上银行的经营状况分两个阶段进行了如下总结和整理:

抗日战争结束前,解放北路还有十几家银行,包括日本横滨正金银行、朝鲜银行等外资银行。但英、法、美等国家的银行普遍不景气,有很多业务已经撤出天津,部分没有撤出的业务交由相关部门和人员代管办理。

1945年日本投降后,横滨正金银行、朝鲜银行等日本人开办的银行撤出天津,英国麦加利、汇丰、美国花旗银行等外资银行的天津分行相继恢复营业。美国花旗银行依靠其政治优势夺取了外商银行在天津的霸主地位。华资银行也都恢复营业,如官僚资本银行中央银行天津分行(现址为中国人民银行天津分行)于1945年11月16日在原址复业,其他华资银行也获得了发展的新时机。

在梳理银行经营发展状况的同时,学生们回忆了中国、世界近现代史相关知识,从历史发展的角度对其中的原因进行了探究。

从国内背景来说,1937年七七事变爆发,日本发动全面侵华战争,平津沦陷,天津被日军占领。驻津日军不断增加,日本洋行和工厂相继扩展和新建,横滨正金银行的业务和机构也随之扩充。

从国际背景来说,1941年12月7日,太平洋战争爆发,二战达到最大规模。日军加紧在东亚、太平洋地区的扩张,一度在该地区取得霸主地位。正是受当时战争形势和国际关系的影响,"英、美等国银行和保险公司撤退,日本的银行和保险公司则垄断了天津的金融市场。"[1]

为了突出这一时期日本的银行和保险公司在天津金融市场的优势地位,学生还用《天津通志·金融志》的记载作了必要的补充,具体如下:

抗战期间,天津的银号最多时曾达227家,但多以投机生意为主。一批日本浪人及韩侨在市内遍设2000余家小押当组织,高利盘剥贫民百姓,国人开设的当铺则在日伪压制下纷纷停业。到1945年日本投降前夕,天津有日伪银行8家,外商银行5家,华商银行23家,银号103家,华商保险机构

---

[1] 参见天津市地方志编修委员会.天津通志·金融志[M].天津:天津社会科学院出版社,1995.

42家,外商保险公司只有瑞士的3家。①

在这一项目的研学过程中,学生始终是学习的主人,占据主体地位。他们通过亲身对北洋金融街变迁历史的调研、探究,以及在此基础上对北洋金融街未来的规划、课下的探究与课堂上的展示交流相结合,使学习过程成为学生收集历史材料的过程,加深历史理解的过程,升华历史认识的过程,形成史料实证意识的过程,以及熏染感悟家国情怀的过程。这样一来,课程运转实施的重点就从教材转向学生,从教师的教,转向学生的学,从只关注学习结果转向学习探究的过程,而学生的若干学科素养就在这一过程中得到潜移默化的养成。

2.在项目式学习知识意义构建中发展学生历史学科核心素养

建构主义学习观认为学习不是由教师把知识简单、直接地传递给学生,而是由学生自己建构的过程。学生学习不是简单被动地接收信息,而是主动地建构知识的意义。学生核心素养之所以被提出,其目的就是要打破知识本位的牢笼,促进学生素养和能力的提升,使其实现真正的学习。基于历史学科核心素养的教学,要求教师在教育教学中,要改变以知识为中心的观念,从重视知识传递走向重视知识建构。初中历史项目式学习强调最终生成的作品以及作品生成的过程,而作品生成过程体现的正是学生实际知识和实际能力的习得,重视的正是学生对相关历史知识的理解与内化,最终目的也正是实现学生对于历史知识的意义建构。这一学习过程重视学生创新实践能力的培养及思维能力的发展,是提升学生历史学科素养的有效路径。

案例链接

在"北洋金融街的变迁"项目学习中,学生从自己生活的城市、地区出发,以社会调查等形式,探索历史学习中未知的领域。在探索过程中,他们以自己原有的历史知识和生活经验为基础,对新获取的信息进行重新认识和编码,建构自己的理解。在这一过程中,其原有的历史知识和经验因为新知识经验的进入而发生调整和改变。正是在这种新旧知识经验的冲突,以

---

① 参见天津市地方志编修委员会.天津通志·金融志[M].天津:天津社会科学院出版社,1995.

及由此引发的认知结构的重组中学生完成了历史知识的意义建构和学科核心素养的提升。

下面以第一项目组项目式学习的开展过程为例,介绍其自主学习,实现历史知识的意义建构,提升学科素养的过程。

(一)开展实地调查,确立建构主题

第一项目组探究的是1860—1894年的北洋金融街。为了解这一时期这条老街的发展情况,学生走进解放北路进行实地调查,了解到英国汇丰银行是北洋金融街上最早出现的银行。通过对所收集信息的梳理,他们对汇丰银行的概况有了初步认识。

在了解汇丰银行的过程中,第一项目组的同学有了新的困惑:"解放北路上第一家银行为什么是英国人开办的?当时英国发生了什么变化?为何要到中国、天津开办银行?"正是出于这样的疑惑,他们把"这条金融老街上第一家银行——汇丰银行的出现"作为其项目式学习的探究方向和知识意义建构的主题。借助这一主题,学生走进未曾见过的历史过往,去了解和认识历史上的人和事,为其原有知识和经验的进入创造了条件。

(二)温故知新,确立基本的认知结构

围绕探究主题,学生们思维活跃,利用相关图片、视频回忆英国工业革命的内容,认识到英国自18世纪中期以来最早开始工业革命,19世纪上半期率先完成工业革命。随着工业革命的完成,英国的机器大生产取代手工劳动,实现了生产方式的重大变革,成为世界上第一个工业化国家。英国以强大的经济实力为后盾进行殖民扩张,建立起一个地跨全球的日不落帝国。

通过复习旧知,学生调动了原有的认知结构,为新认知结构的建立和转换奠定了基础,也为建构历史知识意义做好了时空定位。

(三)同化顺应,建立新的认知结构

在回顾英国历史的同时,第一项目组同学调动课内所学知识,整合相关历史证据,运用合理的历史想象,把汇丰银行的出现纳入自己原有的认知结构,认识到工业革命后的英国,海外贸易迅速发展,为获取巨大的市场和丰富的工业原料,开始在殖民地半殖民地国家开设洋行和企业。出于为这些洋行和外商企业提供大量资金支持,并完成国际汇兑业务的需要,英国急需在中国这样的半封建半殖民地国家开设银行等金融机构,汇丰银行的出现正是列强对华经济侵略早期资本输出的典型案例。

"然而,清朝在外交上实行闭关锁国政策,严格限制对外贸易。英国又是怎样将其想法变为现实的呢?"这种新的认知冲突,引导着学生思维的深入和认知结构的重组。

学生的探究活动层层深入,他们进一步内化、迁移和调动自己的已有经验,将其转化为解释汇丰银行出现原因的历史素材。结合19世纪中期两次鸦片战争的形势图,学生复习了两次鸦片战争的影响,尤其强调了第二次鸦片战争后,中英、中法《北京条约》中"天津被开放为通商口岸"这一关键条款。在此基础上,第一项目组同学又查阅了相关资料,并利用这些历史资料将遥远、陌生的过去,转化为鲜活、生动的历史情境,在这一情境中,他们尝试以一种更加客观的态度去理解、建构历史。

天津开埠通商后,许多外国商人为掠夺各种原料,纷纷来津,设立洋行、保险公司、轮船公司等机构,从事通商贸易。有资料显示:"从1880—1900年,天津的贸易总量白银9亿4千万两,约合今天2000多亿人民币。"日益繁盛的贸易带来了金融业的危机,大笔的资金周转和汇兑冲击着传统的银号和钱庄。为适应贸易需要,方便汇兑,列强开始在中国开办银行。1880年,英国汇丰银行首先来津筹设机构,成为登陆天津的第一家外资银行。

在这一环节,学生结合自身认知水平和原有知识储备选择性的吸收和理解历史信息,进行着符合自身认知特点的主观建构。通过同化和顺应,他们的认知结构实现了重组,认知发展走向了新的平衡,实现了真正意义上的历史理解。

(四)补充材料,完善新的认知结构

"汇丰银行的设立对天津,对中国产生了怎样的影响?"学生新的认知结构还在完善。在中国金融博物馆工作人员的介绍下,他们阅读了天津人民出版社出版的《老天津金融街》,并选用书中的两段材料作了阐释。

材料一:1883年英国驻津总领事根据当时的情况报告说:"汇丰银

行……使得天津的洋行在金融周转方面得以享受和上海洋行同样的便利,能够直接进口,节省了上海转运的费用,从而得以较低的价格把货物运到天津。"

——《老天津金融街》

材料二:汇丰银行天津分行成立后……对清政府的贷款越来越多,数目越来越大。1880年到1927年的47年间,贷款78笔,累计3.384亿两。汇丰银行提供的这笔贷款主要是以清朝的关税和盐税作为担保,于是汇丰银行就获取了中国两大中央税收的存管权……每年利润达200万港元以上。

——《老天津金融街》

由此他们得出,汇丰银行的出现有利于列强向天津倾销商品,获得巨额利润,同时侵犯了中国主权。

"那么,汇丰银行的出现有没有积极意义呢?"在观看了纪录片《五大道》中汇丰银行的相关视频后,学生认识到汇丰银行的到来为天津带来了一种全新的现代金融模式,让天津的金融业与国际接轨。这样,通过材料的补充和解读,学生对汇丰银行有了更全面的了解,完善了新的认知结构,也完成了对"汇丰银行的出现"这一学习主题的意义建构。

通过对第一项目组学习过程的再现和分析,我们不难看出历史项目式学习的学习过程,改变了以往课堂教学"按照演绎方法来安排和组织学习的传统,增加了更多归纳意义的学习"。[①]它引导学生在已有知识和经验的基础上,围绕建构主题进行资料收集、筛选归纳、综合思考和思辨表达,主动参与到现实问题或实际任务的解决当中,通过实际问题的探究性参与主动发掘现象背后的客观规律和普遍理论,实现了从现象到理论、规律的建构过程。在第一项目组归纳建构知识意义的过程中,学生将"北洋金融街上第一家银行——汇丰银行的出现"这一有待探究的史事置于工业革命后世界资本主义发展和近代中国被迫开放、经济转型这样一个大的时空背景下,依据

---

① 石鸥,张文.学生核心素养培养呼唤基于核心素养的教科书[J].课程·教材·教法,2016(09).

所学知识和可靠史料对其出现的原因和影响进行推理和论证,在对其表象背后的深层因果关系作出解释的同时,学会正确认识人类历史发展的总趋势,尝试以更加全面、客观、辩证、发展的眼光看待和思考现实社会与生活中的问题,而这正是历史学科育人价值的本质体现,也是发展学生历史学科核心素养的关键。

3.在项目式学习核心问题解决中提升学生历史学科核心素养

历史学科核心素养不是学生先天具有的,也不是靠历史教师直接灌输教出来的。它是在长时段教学过程中,"借助具体的问题情境,在问题解决的实践中不断积累、逐步培养出来的。"①基于发展学生历史学科核心素养的教学,要求教师创设切合实际的问题情境,将教科书上抽象的历史知识形象化、生动化、具体化,把难以理解认知的历史问题与尽可能真实的历史情境结合起来,为学生搭建能够利用所学知识解决真实问题的平台,以此来调动学生学习的主动性和积极性,训练和发展学生的学科素养。在初中历史项目式学习开展过程中,教师可根据学生的兴趣或完成项目的需要,指导学生拟出具体的需要解决的系列问题,以问题为主线来组织和调控项目推进的过程,并通过核心问题的探究解决实现对历史学科重点知识的学习和关键能力的培养。

案例链接

在设计和组织实施"北洋金融街的变迁"这一项目式学习过程中,教师注意引导六个项目组从自身的研究主题出发,明确研究目标,提出具体问题,开展探究活动,使项目完成的过程成为核心问题的解决过程与关键能力的培养过程。

第一项目组同学以"北洋金融街上第一家银行是怎样出现的?"这一核心问题为切入点展开调查,在了解到英国汇丰银行是北洋金融街上最早出现的银行后,他们拟出了"解放北路上第一家银行为什么是英国人开办的?""当时英国的历史状况怎样? 为何要到中国、天津开办银行?""清朝在外交

---

① 胡书英.基于学生核心素养的教师教学方式的转变[J].教育科学论坛,2016(20).

上实行闭关锁国政策,严格限制对外贸易,英国又是怎样将其想法变为现实的?""汇丰银行的开办在当时产生了怎样的影响?"等一系列问题,通过对这些问题的解决再现1860—1894年北洋金融街的发展情况,并对其发展原因、影响进行分析,完成项目学习任务。

第二项目组走进中国金融博物馆,阅读了《老天津金融街》,以表格形式对19世纪末20世纪初北洋金融街上出现的外资、华资银行进行了梳理。梳理过程中他们产生了新的疑问:"为什么这一时期解放北路上的中、外资银行突然多了起来?""这一时期外资、华资银行大量涌现的历史原因是什么?""它们的开办带来怎样的影响?"

第三、四项目组为了解20世纪40和50年代的北洋金融街,进行了人物访谈。在访谈过程中,他们有了新的问题:"20世纪40年代前期,英、法、美等国家在解放北路的银行为何普遍不景气?""20世纪40年代后期,美国花旗银行又因何取得了在天津的霸主地位? 这与当时的国际、国内形势有何联系?""1952年底,解放北路上的私营银行为什么都改称'合营银行'?""到1956年,解放北路上因何出现了中国人民银行大一统的局面? 这种'大一统'①的银行体制在当时起到了什么作用?"

第五项目组探究的是20世纪80年代以后的金融街。他们走进解放北路的银行,翻阅《天津通志·金融志》和《天津简史》,并上网搜索了资料,产生了这样的疑惑:"20世纪80年代以后,解放北路上的银行为何又多了起来?""中国人民银行'大统一'的局面是如何被打破的? 这对天津、对中国历史的发展产生了什么影响?"

第六项目组在对解放北路变迁历史进行梳理的同时,产生了新的思考:"回眸过去,是为了前瞻未来。今后的北洋金融街又将怎样规划和发展呢?""对解放北路的规划应遵循哪些基本原则?""天津金融城包括哪些地区? 其

---

① "大一统"的银行体制,是指随着"三大改造"的开展,1955年1月,公私合营银行天津分行并入中国人民银行天津分行储蓄部。1956年,外商银行相继结束业务。自此,多种金融机构合并成统一的中国人民银行天津市分行。此表述来源于天津市地方志编修委员会.天津通志·金融志[M].天津:天津社会科学院出版社,1995,6.

功能如何定位?""京津冀一体化又会给北洋金融街带来哪些发展机遇?"

这些问题都有相应的历史材料来解答。以"为什么19世纪末20世纪初解放北路上的中、外银行突然多了起来?"这一问题为例,学生结合《马关条约》第四款允许日本在华投资办厂,其他列强引用"利益均沾"的条款,争先恐后在中国开设工厂。正是在外商企业的刺激下,外资银行纷纷进驻天津,在解放北路开设分行。对于华资银行的大量出现,学生们选取了金城银行档案《行史稿》中的一段记载,以此来说明第一次世界大战期间,中国民族工商业的发展对银行资金的需要,是刺激金城等华资银行创立的主要因素。材料如下:

"民国初年,经济社会趋于新式,国人均以发达工商业为职志。其时适欧洲大战期中,银涨金跌,各外商银行因资力及战事关系,均无暇经营中国事业,而中国工商业也有勃兴之势。平津一带,产业渐兴,需要金融机关,于是商业银行遂应运而生。"

——金城银行档案《行史稿》

"这一系列问题因果相连,环环相扣,有着紧密的内在逻辑联系",[1]共同构成对"北洋金融街变迁"的历史解释。各项目组学生在探究过程中将这些疑问梳理出来,并在问题的驱动下,激活历史教科书中的相关内容,尝试着解决问题,且在解决问题的过程中深入思考和升华所学知识,体悟历史研究的方法,将静态的历史教材中的知识,转化为动态的、与历史实际紧密关联的问题素材知识,引导自己的探究活动走向深入。在自我探究中,在分析、解决问题的过程中,学生们尝试着发掘历史现象背后的客观规律和本质内涵,得到实实在在的历史学科核心素养的历练。

在本项目式学习课堂展示的最后一个环节,笔者设计了这样一个问题:"这次项目式学习经历,你有哪些收获?"学生的回答格外精彩,有的超出了笔者的预期。从学生的发言可以看出,通过此次项目式学习,他们对历史有了新的认识,对历史研究方法有了切身的体会,对自己生活的城市、街区有

了更多的了解与期待,对人生也有了新的感悟……这必然会积累、内化为学生未来所需的某种关键能力与品格,成为他们人生中一笔宝贵的财富。

总之,初中历史项目式学习能充分发挥历史学科的独特育人功能,有利于将相关的教学内容有机整合,让学生在主体回归、知识建构、问题解决中养成历史学科的必备品格与关键能力,是当前课程改革背景下一种值得探索的教学方式与学习方式。

三、初中历史"项目式学习"是促进学生主体参与的有效手段

一切有意义的学习,都必然指向学生学习的真实发生,即要求学生个体或学习共同体在真实问题情境的探索中产生学习意义,探索解决问题。而这一学习过程的产生,都要以学生的主体参与为前提。"项目式学习"既是指向学习的课程,又是促进教与学变革的重要手段,对于促进学生的主体参与有着独特作用。

(一)主体参与的内涵

学生的"参与"(participation)又称学生的"入"(involvement),是反映"学生在与学业有关的活动中投入生理和心理能量"的状态变量。苏霍姆林斯基认为,主体参与就是在教育教学中充分发挥学生的主体性,积极引导他们投身教育实践,使其精神丰富、道德纯洁、体魄完美、审美需求和趣味丰富,成为社会进步的积极参与者。[①]吴也显教授认为,参与有两层意义:一是教师和学生以平等的身份参与教学活动,他们共同讨论,共同解决问题;二是教学作为社会活动的一部分,参与到整个社会活动中去。王升教授则认为,教学中的主体参与是学生对教学行为的先在性创设,是他们对教师教学的共时性合作,也是他们用饱满的情绪分享、支持与创造教学活动的过程。主体参与是学生生命力在教学中的体现,是教学民主的实际行为。学生主体参与表现为主动应答、主动设计、主动建构等,是他们在教学中印证自己、表

---

① 苏霍姆林斯基.帕夫雷什中学[M].北京:教育科学出版社,1983.

现自己、发展自己以及与人合作的途径。

综上所述，对学生主体参与可以做如下界定：在教学过程中，学生作为学习和发展的主体，通过各种教学策略的实施，积极主动地、全身心地参与教学活动，自主地、能动地、创造性地达成多重学习目标的一种倾向性、投入性行为。

（二）主体参与的特征

从以上对主体参与内涵的分析中可以看出，学生的主体参与具有自主性、能动性、创造性等特征。

自主性说的是个体在对象性活动中的地位问题，具体指在一定条件下，个人对于自己的活动具有支配和控制的权利和能力。学生在教育活动中的自主性，主要表现在具有独立的主体意识，有明确的学习目标和积极的学习态度，能够在教师的启发、指导下，独立地思考，并积极向教师质疑、请教，与同伴交流研讨，以达到自己所预期的学习目标，把所学知识变成自己的精神财富，并用于指导实践。

所谓能动性，是指主体对外界或内部的刺激或影响作出积极的、有选择的反应或回答。人的能动性称为主观能动性，其特点是通过思维与实践的结合，主动地、自觉地、有目的地、有计划地反作用于客观世界，而不是被动、消极地进行认识和实践。学生能动性的高低、大小，一方面取决于其已有经验和知识因素，另一方面还受需要、动机、兴趣、情操、意志等因素的影响。其中，学生的需要、动机、兴趣可以帮助学生对所学内容和信息进行选择，对学习方向进行调控，从而为整个学习活动提供运行动力。而情操、意志等则有利于学生抵抗各种有碍于学习活动的消极因素，保证学习活动的顺利进行。

关于创造性，心理学解释是指人们应用新颖的方式解决问题，并能产生新的、有社会价值的产品的心理过程。如果说能动性的实质是对现实的选择，那么创造性的实质则是对现实的超越。它意味着突破，象征着革新，标志着进步，具有非重复性。对学生的学习而言，其在教学活动中的创造性不仅局限于首创前所未有的新知识、新见解,而应包括以下更多的内涵:如在学习上举一反三,灵活运用;有丰富的想象力,喜欢出新点子和解难题;爱与众不同和发表独到的见解;善于将所学知识运用于日常生活中所遇到的各种问题的解决等。

(三)项目式学习对培养学生主体参与能力的独特作用

1.项目式学习满足了学生的各种基本需要,特别是精神需要和情感需要,体现了对学生作为学习主体的尊重

项目式学习在组织形式上,往往以小组合作的形式展开。合作学习的倡导者认为,学习是满足个体内部需要的过程。它利用人际交往的作用,在很大程度度上满足了学生的各种基本需要。其中,师生、生生之间互助合作,满足了他们爱和归属的需要,即交往的需要;学生小组之间、师生之间平等合作、彼此尊重满足了他们的尊重与自我尊重的需要,即尊重的需要;师生之间、生生之间互相评价、互相认可,满足了他们自我实现的需要。这就为学生提供了一个自由的空间,突出学生的主体地位;鼓励他们主动合作、积极参与。

案例链接

学生在开展项目学习过程中围绕"西安事变"展开了讨论。

师:你怎样看待西安事变的和平解决? 西安事变的和平解决能改变蒋介石对中国共产党敌视和对日本妥协的态度吗? 请大家独立思考后分组讨论。

生:我认为还是武力解决西安事变比较好,在国民大革命期间中国共产党对蒋介石的一再妥协退让最终还是没有避免反革命政变的发生,蒋介石从根本上就不代表广大人民群众的利益。

生:不,我认为和平解决西安事变是对的,随着日本侵华的加剧,国民党蒋介石的利益也会受到威胁,他联共抗日是有可能的。

师:好,两位同学所说到底哪个更有说服力呢? 请同学们在各自项目组中讨论哪种说法更确切,并说出各自的根据。

（学生在项目组中讨论）

生：我们组觉得第二个同学说得更有道理。因为随着华北事变的发生，中日民族矛盾已上升为主要矛盾，国共之间的矛盾下降到了次要地位，国共合作抗日是大势所趋。

师：说得很有道理，哪组还有不同意见？

（各个项目组都积极发表自己的看法，气氛非常活跃。）

从以上教学实例中可以看到，在项目式学习的过程中，学生真正成为历史学习的主人，成为学习活动的主动参与者，与教师之间是平等合作的关系。在这种关系下，学生体验到了作为学习主体的尊严，内在的学习动机得到了激发，产生了参与教学的兴趣。这种对学生主体的尊重正是学生主体参与的重要前提。

2. 项目式学习为学生主体参与提供了良好的班级氛围、制度保障和参与机会，提高了学生主体参与的积极性与主动性

（1）项目式学习为学生主体参与提供了良好的班级氛围

教育心理学的研究表明，权威性的班级气氛很容易造成学生的依赖性，而民主的班级气氛可以使学生具有一定的独立性。心理学家罗杰斯有一个基本假设："个体内部具有大量的有助于自我理解，有助于更改个体自我概念、态度和自我行为的资源；而且假如能提供明确的使人奋进的态度这样一种心理气氛，这些资源就能被开发。这是一个渐渐形成并且经过检验的假设。"①传统的班级授课制下，教师在教学中往往把自己置身于权威状态，严肃地站在学生面前训话、"布道"，使学生感到莫大的压力与紧张，不能完全轻松地参与到教学活动中。而在项目式学习中，师生之间平等合作的关系意味着教师与学生处于平等地位，他们之间是一种相互接纳、相互理解、民主平等、相互促进的和谐关系，这就有助于形成一种良性互动的氛围。这样一种关系需要双方来维系，可以说每个人都是主体，都是这种关系的创造者，此时学生便把自己合作者的主动性、能动性充分发挥出来。他们不会因

---

① 钟启泉、黄志诚.美国教学论流派[M].西安:陕西人民教育出版社,1993,265.

为说不出正确的答案而被严厉指责,也不会由于害怕而被压抑产生厌学的情绪,而是在一种和谐愉快的环境中自在地表现自己,主动参与到学习生活中。

另外,由于项目式学习强调生生合作并且教学目标结构是合作性的,在这种合作的目标结构的支配下,组织学生学习的情境也是一种合作性的情境。现代心理学的研究认为,课堂上有三种学习情境:合作、竞争与个人学习,"其中最佳的学习情境就是合作性学习,因为这种情境非常有利于学生的主体参与"。①对此,约翰逊兄弟得出的结论是:"同竞争的目标结构、个人主义的目标结构相比,在合作的目标结构下,学生的学习会产生更多的人际吸引。"在这种情境中,学生们会意识到个人目标与小组目标之间是相互依赖的关系,只有在小组其他成员都成功的前提下,自己才能获得成功。"个人受到奖励的机会不仅取决于他们自己的努力,而且取决于他所在组其他成员的努力",②项目组成员之间是"荣辱与共"的关系,为达成个人目标,小组内的成员应彼此互相合作,帮助其他成员达到预期目标,这就激励着每一成员都发挥最大潜力。在互动和交往的过程中,他们互相帮助和鼓励,形成良好的同伴之间的关系,这样他们在完成任务之时便更为积极、主动,参与学习的兴趣与动机也得到了激发。因为他们希望得到知识,同时也希望得到团体与伙伴的认同并在团体中取得相应的地位以及获得他人的尊重。比起班级教学和个人学习,项目式学习显然更能激发学生们主体参与的兴趣和动机,提高主体参与的效率。

(2)项目式学习为学生主体参与提供了制度保障

一般来说,项目式学习兼顾教学的个体性与集体性特征,应当把个性发展与人际互动有机地结合在一起。项目小组是以"组内异质,组间同质"的原则建立起来的,所谓"组内异质"是指学习小组必须是由两名以上学生(通常是4~6人)根据性别、成绩、个性特点、交往技能、家庭背景等方面的合理

---

① 参见王升.小组合作与主体参与[J].教育理论与实践,2001(03).

② Thomas L.Good、Jere E.Brophy.透视课堂[M].陶志琼、王凤、邓晓芳等,译.北京:中国轻工业出版社,2002:376.

差异而建立的相对稳定的学习小组,以保证组内各成员之间的差异性和互补性,以产生更多的合作性思维,更大的信息输入、输出量。"组间同质"是各小组的总体水平要基本一致,从而保证各小组之间公平竞争的开展,促进组内成员对学习任务和学业竞赛参与的积极性和主动性。这就为学生主体参与提供了制度保障。在课堂上每个人都有平等参与活动的机会,他们可以在小组中提出问题、参与讨论并解答问题。能将许多教学中的旁观者转变为积极参与者。

(3)项目式学习为学生提供了更多的主体参与机会

项目式学习可以增加学生主体参与的机会,是达到积极参与、平等参与的有效途径。人的活动可以划分为主体历时性参与的活动和主体共时性参与的活动。在单位时间里,前者的参与率要明显低于后者。在传统的课堂教学中,教师通常是领导者,他们操纵控制着整个教学过程,学生则是服从者。一般是教师讲解、提问,学生一个一个地回答教师的提问,是一种主体历时性参与活动;而项目式学习的教学以小组学习为主,充分开发课堂中的人际交往资源,相对削弱了教师的权威地位,形成了师生与生生间平等、民主、互动合作的人际关系。项目式学习时,每个组都同时开展活动,每个学生可以同时参与活动,当一个学生发言时,另外的学生可以随时准备补充或与之辩论,实现了学习主体的共时性参与。这就弥补了传统班级授课制下人数太多、学生主体活动的时间和空间受限、主体参与的机会不足或不均等的缺陷,为提高学生主体参与率提供了可能。

3.历史项目式学习为学生主体参与提供了广阔的空间

首先,历史学科具有"不可再现性"。历史学是认识和阐释人类社会发展及其规律的科学,由于它是记述人类社会发展过程的,所以具有一去不复返的特征,所有的历史人物、历史事件和历史现象既不会自然地重演,也不能借助实验手段人为地使它再现。长期以来历史课堂教学中存在着教师"一讲到底"的状况,学生处于被动地位,学习兴趣得不到有效激发,最终导致学生喜欢历史,但不喜欢历史课。项目式学习正好切中这一问题,它突出学生的主体地位,要求学生在学习过程中,把注意力集中到知识的主动输入环节,不拘泥于某种固定模式,也不拘泥于教科书中现成的结论,而是作为一个探索者,积极主动地去探索新知,勇于发表自己的观点,由外部的旁观者变为直接参与解决问题的研究者,使命感油然而生,学习的兴趣和积极性被调动起来,参与学习的欲望大大增强。

其次,历史教学中开展项目式学习,可以让学生针对某一历史人物、历史事件或历史现象进行分组讨论,大家一起交流彼此的情感,分享彼此的思维成果。由于学生的特点不同,建构方式各异,对同一事物、同一问题有着不尽相同的理解与看法,他们每个人都可以用自己的方式理解到问题的某些方面,又能在交流中从别人身上学到自己想不到的知识,想不到的看法,产生思想的碰撞,使自己对历史问题的分析更全面,更深入,为以后学习历史提供良好的思维习惯,从而更好地理解历史知识,培养历史思维。

案例链接

在学习《远古的传说》一课时,教师往往会让学生观察一幅图片《传说中的黄帝对中华民族文明的贡献》,它涉及指南车、星象图、造宫室、造舟船、养蚕缫丝、仓颉造字、尝百草创医术等发明和黄帝、嫘祖、仓颉、伶伦等发明者。笔者让同学们结合图片和自己所了解的知识,以项目组为单位思考并探究这些发明是不是都是黄帝时期的?哪些可信?哪些属于传说?到底应该怎样看才更科学?在探究的基础上,每个项目组派出一名代表进行发言。

生甲:这些发明应该是黄帝时期的,比如在涿鹿之战中,指南车就发挥了很大的作用。

生乙:我认为这些发明都是传说,不是史料记载,不可信,我觉得指南车也应该是在宋朝才出现的。

生丙:大概有些发明在黄帝时期已出现,如造宫室、舟船等,而星象图、创医术等则是后世才出现的,人们把这些都归功于黄帝时期,也许只是出于对黄帝的尊重。

生丁:这些发明虽有可能是黄帝时期出现的,但绝不是黄帝、嫘祖、仓颉、伶伦等个人的成就。

通过这种项目式学习的充分展开,学生们未必会得出一个正确答案,但对问题的看法却更全面、更客观了,对问题的理解也更深入,更重要的是,在这种讨论过程中他们的历史思维能力和主体参与能力都得到了大幅度的提升。

除此之外,历史资料是历史结论的依据和实证,"史由证来""论从史出""史论结合",是历史学科的基本原则。开展项目式学习,让项目组的成员分头去收集历史资料,既让他们获得了大量的历史知识,亲身体验了学习的过程,也学会了研究问题和解决问题的方法,提高了参与能力。

案例链接

九年级学生在学习古代亚非文明时,笔者将学生划分为三个项目组,充分发挥他们网络经验丰富的特长,分别去收集古代埃及文明、古代两河流域文明、古代印度文明的有关资料,课堂上每个小组派出一名代表做介绍,其他成员进行补充。

这种课前的准备既减少了项目组成员个体的劳动量,又保证了资料的丰富与全面,为课上的深入探究与讨论准备了条件。学生们在分头收集资料和信息的过程中,不仅获得了大量历史知识,还亲身体验了学习的过程,更学会了研究问题和解决问题的方法,学生参与教学的积极性自然会大大提高。

再次,历史项目式学习内容的丰富性与开放性为学生主体参与提供了广阔的空间。历史学科的学习内容是丰富的,范围是广阔的,它几乎涵盖了自然界与人类社会的各个领域。不论是政治、经济、文化、艺术还是自然科学,无一不渗透和融合到了历史学科的学习中。此外,历史学科的学习内容又是开放性的,它允许学生对问题产生多元认识,这有利于学生打破一些刻板的模式,形成独特的见解,将自己置身于一个更为广阔的时空范围来进行认识与评价,从而进一步提高自己、超越自己。

四、初中历史项目式学习是解弊历史课程教学的重要手段

随着历史学科的课程改革进入核心素养时代,历史课程与历史教学目标进一步指向或聚焦学生,关注历史课程最终留给学生什么,怎样才能真正贯彻落实立德树人的根本任务。由此,我国传统的历史学科本位课程开始

了向学生本位课程的真正跨越。要实现基于历史学科核心素养的教学,教师必须确立新的认知观、教学观和评价观,从知识本位转变为素养本位,努力将学生对知识的学习过程转化为发展学生核心素养的过程。几年来,诸多一线历史教师在转变教学观念的基础上,在课程实施层面进行了大量有益的尝试,取得了可喜的成果,但是仍然有很多学校在历史课程实施中存在着亟需解决的问题,主要表现在以下几方面:

(一)当前初中历史课程实施面临的问题

1.课程定位的偏颇

课程意识本质上就是课程观,历史教师的课程意识就是历史教师对历史课程的理解、看法、观点和态度。学科素养导向的教学要求教师站在课程的高度与视野,对历史教学进行整体的规划与设计。但因课程意识淡薄,日常教学中很多历史教学设计缺少联系的观念和整体思维,历史课堂仍然停留在以章节为序,按部就班地进行点状的、单一的知识教学,满足于教学生单课的历史知识点,并追求所谓的"堂堂清",缺乏课程视野下旨在"育人"的课程设计。这样的教学虽然突出了历史演进过程中某一局部内容的关键点,但却通常会让学生觉得空洞、乏味,难以想象这些"关键点"综合起来的样子,不能形成对某一历史现象完整而充分的认识,难以走出"重知识轻育人"的窠臼。

2.教学目标的偏离

课程目标,简单来说就是学科课程建设和实施所要达到的预期结果。科学合理的目标是学科课程实施的前提条件,它规定了学科课程实施的方向,如果没有目标的指引,所有的工作就无法形成合力,甚至会彼此消解,必然不会产生好的结果。但当前学科课程建设的目标存在明显的偏离。

第一,目标脱离国家课程标准。众所周知,课程标准是国家对中小学课程的基本规范和要求,但由于学校的学情、校情不同,拥有的资源各异,"学科课程的实施理应在坚持国家课程标准前提下,自主决定学科课程的发展方向。"①但有些教师在教学中狭隘地认为学科课程目标可以无视课程标准,根据自己的意愿自主设计,这就使目标脱离国家课程标准。

第二,目标偏离教育教学实际。课程标准是学科课程建设的官方统一的标准,校情、学情是制定学科课程实施目标的具体立足点。具体教学中,只有基于学校和学生实际的学科课程建设目标才能真正做到切实可行。在实践中,一些教师在教学实践中不对自身基础、条件、实力进行客观评估,只是盲目地照搬照抄教学参考资料,这样的目标必然会"水土不服",偏离教育教学实际。

第三,目标偏离素养培育的人才培养要求。在当前的初中历史教学中,知识与能力、过程与方法、情感态度与价值观的三维目标基本上停留在了所有教师的教案本上,关键能力与学科素养也深入到了每一位教师的概念之中,但目标的达成方面却出现了异化现象,主要表现为教师将大部分教学时间用于历史知识目标的训练与达成,缺乏促进学生历史思维及适应信息时代所必需的基本能力和素养的培育,留给学生思考、讨论、比较、辨析等高阶学习的时间大大减少。学生获得的只是与识记、复述历史知识等为特征的浅层学习能力,思考、解释、思辨、表达、推理、应用等高阶思维没有获得发展。

3.教学内容的偏差

课程内容是经过选择加工的知识经验,它承载着课程目标,也制约着学生学习活动的开展方式,它既是历史教学活动展开的条件,也是培育和生成学生学科核心素养的重要载体。学科课程内容的选择应遵循学科边界,在满足学生共性需要的同时,可以为学生个性化发展提供尽可能丰富的选择。知识爆炸的时代,到底教给学生什么? 正如联合国教科文组织所言,教育内容的确定问题大概从来没有像今天这样复杂和迫切②。正所谓"乱花渐入迷人眼",面对纷繁复杂的教学内容,教师囿于能力难以合理选择,这在很大程

---

① 车丽娜,徐继存.学校课程建设的合理性省察[J].课程·教材·教法,2016(10).
② 拉塞克,维迪努.从现在到2000年教育内容发展的全球展望[M].马胜利,等,译.北京:教育科学出版社,1996.

度上影响了学科课程实施的科学性。具体表现在以下三方面：

第一，选择的教学内容淡化了学科性质。国家课程经过多年发展，已经形成了以学科课程为主体的内容架构与逻辑体系。任何一门学科都有其系统的知识，这一知识系统构成了学科的基本课程内容，同时也限定了学科边界。然而，在新课程改革推进的过程中，很多中小学教师秉持所谓的"大课程小教学"的观念，将诸多内容纳入课程实施之中，导致课程内涵越来越抽象，课程外延越来越宽泛，进而冲淡了学科本身的性质。

第二，教学内容追求量的增加，且组织混乱。当前，课程改革的目的在很大程度上是为了突破当前中小学科目繁多、内容重复的现状或困境，实现减负增效。就这一意义而言，学校的课程建设或实施本身就应该是一个"瘦身"的过程。但是，很多教师在教学内容的选择上无视学生需要，自己擅长什么就给学生讲什么，拓展了过多的内容，而且很多内容都是离散的，相互之间没有内在逻辑关联，给学生带来了不必要的负担。

第三，删减所谓的"非重点内容"。在日常教学中，很多历史教师却将"以考定教"作为选择教学内容的依据，大量压缩或根本不让学生学习所谓的"非重点内容"，而将高频考点作为重点，反复予以强调。这使得教学内容脱离了历史学科的本质，无法帮助学生形成一个活的历史学科认知结构，也难以向学生展示历史发生、发展的充分而丰富的历史和现实背景，影响着学生对历史的建构和解释。长此以往，学生很难系统而深入地理解和认识历史，学科能力与素养的培育也就无从谈起。

4.教—学—评方式陈旧

新课程改革以来，广大初中历史教师的教学观念、教学行为悄然发生着变化，出现了一些新的教与学方式，"自主、合作、探究"的课改理念也被越来越多的教师所认同，多元评价的必要性也被广大历史教师所接受。但这些却更多地体现在一些公开课和学科竞赛中，常态的历史课堂中，"以教为主"的课堂教学方式仍然占据主导地位，学生自主探究、合作交流、开展活动的时间和空间严重不足，学生作为学习者的主体地位没有得到应有的尊重。对学生的评价仍然是以终结性评价为主要评价类型，教师作为评价的主体，且以期末考试和学业水平考查为主要评价方式,很难做到面向全体学生的同时,关注每个学生在原有基础上的发展,更难以发挥评价改进"教"与"学"的诊断功能。

(二)项目式学习在解弊初中历史课程教学方面的作用

国内外研究者从教学方法、课程形态、教与学模式、教与学方法等不同角度对项目式学习进行了阐释。纵观国内外相关研究成果,发现项目式学习的规划和运转具备以下特征:以学生为学习主体,以自主、合作、探究为学习方式,以问题的解决为学习过程,以项目作品的形成为学习结果,指向学科核心知识理解与建构。这些特征使得项目式学习具有很强的包容性,它既是一种学习设计,也是一种课程设计,"基于现有学科的课程标准和教材,重构课程内容和学习方式,进行项目化学习单元的再开发",[1]对于解弊当前历史课程教学有诸多启示。将其理念、方法应用于初中历史课程教学,有助于解决初中历史教学课程定位偏颇、教学目标偏离、教学内容偏差、教—学—评方式陈旧等弊端。

学习目标方面。初中历史项目式学习在学习目标上,不仅要求学生掌握事实性的历史知识,更注重提高学生运用已有知识解决复杂问题的能力;不仅关注学生的项目作品这一显性的学习结果,更重视作品完成的过程;不仅关注学生当下的成功体验,更着眼于培养具备决策和规划能力的自觉和持续进行终身学习的学生。这样的学习目标既关注当下,又面向未来,有助于历史教师转变教学观念,站在育人的高度、课程的深度和学生学习的角度,对某一个长时段的历史教学进行整体化设计,更好地落实"立德树人"根本任务。

学习内容方面。初中历史项目式学习围绕一定的项目主题或多个单元的历史知识构成的复杂问题展开,强调知识的统整和重构,这要求教师超越对历史知识的"点"状理解,运用"课程"的思维重新设计教学内容,引导学生

---

① 夏雪梅.项目化学习设计:学习素养视角下的国际与本土实践[M].北京:教育科学出版社,2018.

从更高一层的"网"的角度进行思考,并探讨其在真实情境中的应用。这有利于规避传统历史课堂教学的知识碎片化,以单篇课文取代历史课程学习内容的顽疾,或者"以考定教"的内容选择弊端,深入历史学科的本质,打通新、旧知识的边界,建立历史知识之间的联系,关注历史学科知识的同时,将历史学科的思想方法与历史学科思维并重,开展跨越边界的知识教学,更好地落实历史学科核心素养。

学习过程与评价方面。实施初中历史项目化学习,需要对学习方式和教学模式做出改变,将传统历史课堂上教师进行的直接讲解和传授转换成真实问题情境下的项目任务解决。强调通过学生的活动与参与来进行历史学习,强调以问题解决和作品制作为核心的探究过程,强调历史知识的理解、建构与应用。其教学评价不仅重视学生学习活动结束时形成的项目作品,也关注学生制作作品和学习过程中的体验和感悟。这样的学习推进过程与教学评价理念兼顾历史学习结果与过程,有利于转变传统历史课堂教学教—学—评的方式,优化教学流程,让学生在主体回归、问题解决、知识建构中习得历史学科核心知识、提高关键能力,生成学科素养。

思维方式方面。项目式学习不是为了项目而做项目,其追求的目标不是为了通过师生、生生对问题情境的共同探索中迅速产生一个显性的结果,隐藏在项目作品背后的,是"思维"的迁移,是对学科"核心概念"和"本质问题"的不竭探索。与传统的教学相比,初中历史项目式学习最突出的特点是蕴含在其实施过程中的归纳思维和整体思维。它改变了以往课堂教学"按照演绎方法来安排和组织学习的传统,增加了更多归纳意义的学习"。[1]引导学生在已有知识和经验的基础上,通过对项目任务的主动探究、综合思考和思辨表达,发掘历史现象所蕴含的客观规律和普遍理论,实现了从现象到理论、规律的建构过程。

---

① 石鸥,张文.学生核心素养培养呼唤基于核心素养的教科书[J].课程·教材·教法,2016(09).

五、初中历史项目式学习是国家课程校本化和三级课程一体化的可行路径

课程是为"培养怎样的人"这个目标服务的。当课程改革迈入核心素养时代,育人目标发生变化时,课程也会随之发生变化。当前世界各国和国际组织在推动素养指向的课程改革中,呈现出一些相似的趋势,具体包括:将21世纪技能融入学校学科课程建设和实施中;基于真实情境的跨学科主题内容与学科课程内容相辅相成、共同支撑21世纪技能的形成;开发相应的课程资源,推进面向21世纪技能的教育(刘晟等2016);推动教与学方式的变革,尤其强调采用以学生为中心的项目化学习等方式,这些趋势都指向了要对现有课程结构和组织形式进行变革,即坚持现有的学科课程的同时,容纳一种跨学科的课程。

(一)课程的构建与实施应注重系统性

任何学科的知识体系都不是孤立的、互不相关的主题的集合,而是按照知识之间的内在关系组成的结构系统。学科的知识点之间既存在着横向拓展,也具有纵向延伸。"每一门学科都有一个深刻的、内在的结构,课程内容应该按照这一结构形式呈现给学生,并帮助学生理解这种结构。……理解这种学科赖以建立的结构框架能使学生更易于获得学科内的更广泛范围内的知识。当片段化的信息透过学科的结构进行审视,并且与学科的结构相联系的时候,这些信息就能结合在一起,并被赋予意义。"[1]学科知识的结构性决定了课程教学的系统化与课程经验的组织化特征,"课程经验应该被想象成一个整体,而不只是若干个独立的、互不相干的部分。个体学习者的经验和其接受了正式教育之后所吸收的经验,将会形成一个整体,而这个整体

---

①【美】弗雷斯特·W.帕克,格伦·哈斯.课程规划一当代之取向[M].谢登斌,等,译.杭州:浙江教育出版社,2004:283.

就构成了这位个体学习者的本体。"①然而在现实的教学过程中,由于学科知识谱系的欠缺,很多教师在教学过程中往往照本宣科,无法兼顾课程经验的整体统一,其产生的一个必然结果就是造成教学结构的离散。即每一个学习单元和教学单位都自我封闭,学生在学习过程中无法有效地关联前面或后面的学习内容,难以在头脑中建构个体化的认知和经验结构。这种碎片化的经验无法为学生的本体存在提供支持力量,学生也很难有效地应对复杂社会的综合化问题,由此便丧失了自由发展的无限可能。

在具体课程构建和实施过程中,随着教学内容的有序推进,知识的深度和综合程度往往会得到不断拓展,课程的任务目标和教学方式也会出现多样化的趋势,由此便形成了多种方法与多维目标搭配而成的课程结构形态。这就要求教师在课程规划时超越对单一课时内容,抑或讲授为主还是探究为主的教学设计,对课程内容和课程结构进行中长期规划,在考虑知识的综合程度、课程的多维目标和适切的教学方法基础上进行系统建构。

事实上,"没有任何一种方式能单独来达成课程目标,学生用任何一种方法的学习能力都有所不同。所有重要的学习都是许多学习经验共同起作用的结果。因此,教学活动和方法的交叠对于一组各异的学生达成重要的学习目标来说必不可少。"②这需要教师在每一课的教学设计中都要考虑知识的综合程度和学生的接受能力,灵活运用多元教学方法。在学生初学概念的时候需要复习旧知、也需要讲授释疑,不仅要完成对概念的理解目标,还需要发展将概念运用到新的情境中的能力;在巩固新知识的时候既需要拓展练习、也需要综合应用,甚至需要在新的问题情境中进行思维创新。而在单元乃至学期课程规划中,应该根据知识的综合程度、课程的多维目标来确定何时讲授,如何提问,是否探究,以及隔多少时间,教师需要设计一次这样的课程,即给予学生相互讨论、赞同、争论、发表意见和想象等自由。③在

---

① 【美】戴维·米德伍德,尼尔·伯顿主编.课程管理[M].吕良环,译.杭州:浙江教育出版社,2008:14,130.

② 乔治·J.波斯纳.课程分析[M].仇光鹏,等,译.上海:华东师范大学出版社,2007.

③ 【美】弗雷特·W.帕克,格伦·哈斯.课程规划——当代之取向[M].谢登斌,等,译.杭州:浙江教育出版社,2004.

充分考虑教学方法与学科知识结构和学生心理结构的前提下,对特定阶段的课程实施进行系统组织,使之成为逻辑关联、结构严密的整体,进而促进学生良好知识结构的形成。

(二)初中历史项目式学习在国家课程校本化和三级课程一体化中的作用

学校的课程确实需要结构性的变革。这种变革在当前的教育制度和文化背景下,并不意味着所有的课程都要发生翻天覆地的变化,而是要在一定程度上进行妥协。既保留已有分科课程的体系和严谨,又带有跨学科课程的综合性与生成性。这种变革与国家课程校本化的最终指向应该是一致的。而项目化学习的实施意味着统整。这种统整对于国家课程的校本化和三级课程的一体化中起着重要作用。如何理解这一重要作用呢?

从知识层面而言,这种统整强调两个方面:一方面是学科内部的打通,一方面是学科边界的打开。学科内部的打通,即以整体联系的眼光组织设计和处理一门学科内部各章节、各单元和各知识点的关系,让学生在整体中、联系中、比较中学习,帮助学生在头脑中将知识建构形成立体、开放、整体的知识结构。学科边界的打开指打开现存的学科壁垒,走向学科的综合,让学生在综合地带、边缘地带进行探究学习。

从课程的角度而言,这种统整不是单纯的课程加减,也不是单一的教与学方式的改变,而是致力于打破学科界限和三级课程界限,实现国家课程的校本化和三级课程的一体化,实现学科内整合,学科间融合以及课内外、校内外的结合,从而形成学校多方面育人的合力,构建学校育人新生态,促进学生学习方式的根本性改变。

就一门学科而言,基于课程统整的教学,要求教师努力实现以下四点:第一,学科内知识间的相互融通与贯通;第二,学科间知识的相互渗透与支撑;第三,学科知识和学生生活经验的和谐结合;第四,学科知识与学科核心素养形成的有机统一。如果将项目化学习的核心要素融入传统的学科教学,改变传统的学术性课程的实施方式,同时适当关联学生的生活、实践、问题等经验性的元素,对拓展型课程和探究型课程进行再造,则有利于国家课程校本化和三级课程一体化。

初中历史项目式学习基于历史学科,又超越历史学科。其规划与实施需明确指向历史课程的学习目的和价值,紧密围绕历史学科的核心概念和本质问题,同时又要适当关联其他学科知识、结合相关社会实践、融合学生现实生活、关联学生生成问题,呈现出多种实施形态。其设计与实施不仅改变了初中历史学与教的方式,也改变了当前历史课程形态中课程目标、课程内容、课程评价等要素,是深化历史课程改革、落实立德树人教育目标的有效途径,也是国家课程校本化的可行路径。

实践篇

第一章 初中历史项目式学习怎样实施

一、初中历史项目式学习的价值取向

初中历史课程的学科本质与项目式学习的相关理念决定着初中历史项目式学习的价值定位与追求。从历史学科本质的角度来看,历史是记录和解释人类从古至今一系列活动进程的历史事件、历史人物、历史现象的一门学科,是人类精神文明的重要成果,是一切人文社会科学的基础。它所要解决的问题是通过对史料的考证、叙述和分析,不断发现、理解、解释、评判真实的过去,探讨发展规律,为当今和未来提供借鉴。《义务教育历史课程标准(2011年版)》强调"历史课程是人文社会科学中的一门基础课程"。[1]历史记录和解释人类从古至今一系列活动进程,以古鉴今、为现实问题的解决提供借鉴是历史学科的功能所在。项目式学习最终目标不仅仅是帮助学生习得更多的知识,掌握更多的技能,以此来获得考试的高分,而让学生通过体验整体性、综合性、探究性的项目,解决真实的或与生活相关的、具有挑战性的问题和任务,完成并展示相应的作品,帮助学生在构建知识体系、提升多种学习技能的同时,获得面对不可预知的未来的高级素养,获得未来进入社会后,实现社会价值和自我价值的核心素养。具备这些素养,考试的成绩也自然会提升。项目式学习体现了育人为本的基本理念,它致力于让每个学生都能发现自己的潜能和优势,有持久且浓厚的学习兴趣。基于历史课程的本质特征和项目式学习的内涵,初中历史项目式学习应将以下三点作为其

---

[1] 中华人民共和国教育部.义务教育历史课程标准(2011年版)[M].北京:北京师范大学出版社,2012.

价值追求。

(一)将学生作为历史知识建构的主体

奥苏泊尔认为,学习的实质就是学生认知结构的组织和重新组织,组织和重新组织的过程就是新旧知识相互联系、相互作用的过程。学生要在学习历史知识的同时获得相应的能力与素养,必须要通过对所学内容的自主与协同建构,使历史知识经过重组、整合、改造和转换,形成适合学生自身理解和掌握的知识内容和知识形式。初中历史项目式学习,教师要引领、培育学生成为知识建构的主体,在项目开展的过程中通过对相关历史知识的理解与内化,实现知识的流动生成与意义增值。

(二)以提升历史学科关键能力为目标

初中历史项目式学习是一种能力取向的教与学模式。在项目开展和学习过程中,学生通过史料的获取、甄别、考证、分析以及在此基础之上的解释、评判,获得"历史学科特有的探究历史问题的思想和方法",[1]并能够主动运用这种思想和方法探究历史问题,从而获得具有历史学科特征的关键能力。此种学科能力的习得对于解决现实生活中的问题具有重要的指导意义。

(三)以培育历史学科核心素养为根基

"历史学科的核心素养是历史学科育人价值的概括性、专业化表述和集中体现"。[2]初中历史项目式学习所涉及的学习内容,不是简单指向教学内容的深度和难度,而是在学习过程中渗透历史学科知识背后所隐藏的学科精神和文化,引导学生去体验历史学科的独特之美,在培养学生对历史学科情感的基础上,将教与学过程从学生对历史知识的习得转化为学生学科素养的生成,使学科素养真正落地。

---

① 郑林.促进学生历史学科能力发展的教学设计[J].历史教学(上半月刊),2016(09).
② 徐蓝.关于历史学科核心素养的几个问题[J].课程·教材·教法,2017(10).

二、初中历史项目式学习的理论基础

项目式学习融合了多种教育理念,其中具有代表性的理论是建构主义学习理论、发现学习理论与学习金字塔理论。

(一)建构主义学习理论

建构主义学习理论作为一种学习观兴起于20世纪80年代,代表人物是皮亚杰。建构主义学习理论主张如下:

第一,学习是个体主动建构自己知识的过程,是"学习者对外部信息进行主动选择和加工的过程,而不是被动地接受外界发送的信息"。[①]强调知识要通过建构才能生成,而学生是学习活动的主体,是建构活动的中心,知识的生成与丰富正是在学生主体参与的基础上形成的,因而建构性是主体参与的内在依据。

第二,认识主体在认识过程中,"不是去发现独立于他们头脑之外的知识世界,而是通过先前个人的经验世界,重新组合,去构建一个新的认知结构。"[②]因此,教学不是灌输学生知识,而是在于引导学生建构;不是单纯对事实和细节的记忆,而应该促进学生深入地思考和理解,使学生学会如何学习和解决现实生活中的问题,因此只有学生的用心参与,才是真正学习的源泉。

建构主义学习理论不仅主张学生自主建构,还非常重视合作建构,强调在师生交往和生生交往的过程中学习,认为:第一,学习者本身的原有经验不同,建构方式各异,每个人都可能以自己的方式理解到事物的某些方面,为了避免认识的片面性,克服其内在缺陷,建构主义认为要加强学生之间的合作,使学生看到那些与自己不同的观点,完善和超越自己的认识。教师应指导学生"乐于同他人合作,共同探讨问题,交流学习心得",[③]共同完成对所

---

①② 刘志军:现代教学观念的理论基础[J].清华大学教育研究,2001(3).

③ 中华人民共和国教育部.全日制义务教育历史课程标准(实验稿)[M].北京:北京师范大学出版社2001.

学知识的建构。第二,知识并非单向的只由课本或老师来传输,而是个体之间经由协商的方式而产生的社会建构,整个过程中应包括同学之间的社会性互动,如讨论和磋商等过程,而合作学习恰好为学生提供了平等参与和积极参与的环境并且强调各因素之间的互动。使学生在互补和启发中对所学知识形成更为全面深刻的理解,并有效地促进自身的发展。因此,建构主义学习理论进一步指出:"通过学习者的交流、争议、意见综合,可以建构起对知识的更深层次的理解。在解决问题时,通过师生或生生的合作与交流,可以从不同的角度获得对问题的理解,力求全面地认识问题,为解决问题打下基础。"①

可见,学习过程不是学习者被动地接受知识,而是积极地建构知识的过程;学习不只是知识由外向内的转移和传递,而是学习者主动地建构自己的知识经验的过程。情境、协作、会话和意义建构是学习环境的四大要素。而项目式学习以学生为主体,通过学习小组成员间的合作与交流,对学习和生活中的问题进行解决。在这一学习过程中,"学生原有的经验和知识在解决实际问题和完成任务中得到应用,更重要的是在应用中得到重组和改造,形成新知识。"②因此,项目式学习是一种典型的建构主义学习模式。

(二)发现学习理论

发现学习理论由美国著名教育家布鲁纳提出。其基本观点包括:

第一,学习就是主动形成认知结构的过程。布鲁纳认为,学习过程是学习者利用其已有的认知结构,对新的知识经验进行加工、改造,并形成新的认知结构的过程。在这一学习中,新的知识经验通过纳入原有的认知结构(即同化),或是引起原有的认知结构的改组及顺应(即顺应),而产生新的认知结构。这一学习过程不是被动产生的,而是一种积极主动的过程。

第二,认知学习过程包含着对新知识的获得、转化和评价等三个几乎同时发生的过程。其中,对新知识的获得过程既是它与已有的知识发生联系

---

① 陈琦,张建伟.建构主义学习观要义评析[J].华东师范大学学报(教育科学版),1998(1).
② [美]莱斯利·P.斯特弗,杰里·盖尔.教育中的建构主义[M].上海:华东师范大学出版社,2002.

的相互作用的过程,也是一个主动的接受和理解的过程;对新知识的转化是对它的进一步加工,通过加工使之成为认知结构的有机构成部分,并适应新的任务;评价则是指对新知识的一种检验与核对,看自己的理解与概括是否正确,能不能得到正确的应用。

第三,强调对各门学科基本结构的学习。布鲁纳认为,任何一门学科都有它基本的知识结构,它使得该门学科的知识用一种简单明了的形式呈现出来。教学不能逐个地教给学生零散的知识点,最重要的是使学生获得一套概括性的基本原理或思想,这些原理或思想构成了学生理解事物的最佳的认知结构,教学的主要任务就在于让学生形成这样的认知结构。

第四,提倡发现教学法。这里的发现教学法是指设置一定的学习情境,让学生主动地探究和发现事物的特性、原理和原则的教学方法。发现教学法具有如下特征:一是强调学生不是被动的、消极的知识接受者,而是主动、积极的知识探究者。在教学过程中,教师的作用不是提供现成的知识,而是要创设一种学生能够独立探究的领域,让学生试着做,边做边想。二是强调直觉思维在学习上的重要性。三是重视学生的内部学习动机,或把外部动机转化为学生的内部学习动机,学生内部动机的原型是好奇心。四是强调信息提取,它认为人类记忆的首要问题是提取,不是贮存,而提取信息的关键在于如何组织信息,即知道信息贮存在哪里和怎样才能提取信息。鉴于此,学生如何组织信息对提取信息有很大的影响,而学生亲自参与、主动探究的活动,本身就蕴含着以某种方式对信息加以组织,从而对记忆形成最好的效果。

综上,发现学习理论要求学生在教与学的过程中,借助教师或教材提供的资源,像数学家一样思考数学,像历史学家一样思考历史,亲自去发现问题的结论、规律。而且,这种发现不仅限于寻求人类尚未知晓的事物,还包括用自己的头脑亲自获得知识的一切方法。项目式学习一改传统的接受式学习,在学习过程中,学生就某一问题的解决形成假设,提出解决问题的方案,然后通过搜集资料和持续探究,对提出的假设进行验证,从而形成自己解决问题的结论,其本质正是一种发现式学习。

（三）学习金字塔理论

学习金字塔理论是一种现代学习方式的理论，是美国缅因州国家训练实验室的研究成果。它以数字形式显示了学习者采用不同学习方式，在两周以后平均学习保持率的多少。其最早发现和提出者是美国学者、著名的学习专家爱德加·戴尔，见下图：学习金字塔理论。

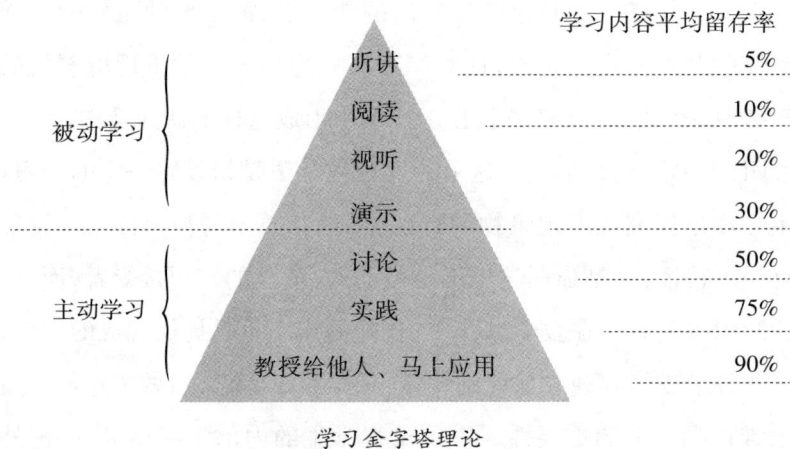

		学习内容平均留存率
被动学习	听讲	5%
	阅读	10%
	视听	20%
	演示	30%
主动学习	讨论	50%
	实践	75%
	教授给他人、马上应用	90%

学习金字塔理论

如图所示，根据学习金字塔理论，采用不同的学习方式，学习的效果会大有不同。

在"金字塔"的塔尖，第一种学习方式——"听讲"，也就是老师讲解、学生倾听的教学方式，它的学习效果是最低的，两周以后其学习内容保持率只有5%。

第二种，通过"阅读"方式，学习内容保持率为10%。

第三种，用声音、图片的"视听"方式学习，学习内容保持率可以达到20%。

第四种，采用"演示"的学习方式，可以达到30%。

第五种，利用"小组讨论"，可以掌握50%的内容。

第六种，通过做中学的"实践"，可以达到75%。

最后一种在金字塔基座位置的学习方式，是"教授给他人"或者"马上应用"，学习内容保持率可以达到90%。

由此可见,学习效果在30%以下的几种传统方式,都是个人学习或被动学习;而学习效果在50%以上的,都是团队学习、主动学习和参与式学习。在金字塔塔身和基座位置的"讨论""实践""教授给他人"或者"马上应用"是学习效果最好的方式。而这些方式恰恰与项目式学习方式不谋而合。如果学生从被动倾听、死记硬背变成与同伴互助,通过体验、探究完成任务,并向同学介绍、展示项目作品,教学效果定会大大提高。

(四)其他相关理论

以上三种理论都是项目式学习的重要理论基础。除此之外需要层次理论和主体性教育理论对于项目式学习的开展也有一定的指导作用。

需要层次理论的创始人是美国著名的心理学家马斯洛(A.H.Maslow),他在《人的动机理论》提出了人的五种基本需要:生理需要、安全需要、爱的需要、尊重的需要和自我实现的需要。其中"爱的需要"是爱、情感和归属的需要,"尊重的需要"指"社会上所有的人(病态者除外)都希望自己有稳定、牢固的地位,希望别人的高度评价,需要自尊、自重,或为他人所尊重"。[1]需要层次理论进一步指出,对于学生来说,学校是满足他们需要的最重要场所,学生到学校里来学习和生活,主要的需要是自尊和归属的需要。只有创造条件满足学生这种需要,他们在愉悦的情境中获得知识的建构和身心的和谐发展,才能真正感受到学习的意义,也才能更加主动地参与到教学活动中。许多"后进生"正是因为在学校里遭受教师的冷落,正常的尊严心理需要得不到满足,才另寻出路,以不同于社会多数人共识的另类行为寻求部分人的认可和尊重。如希望用敢于向教师、公德挑战,获得部分落后学生的依附和崇拜;如到电子游戏虚拟世界中去拼杀享受成功的愉悦快感。基于这种认识,项目式学习把教学活动建立在满足学习心理需要的基础上,给学生提供了开展互助学习的场所和机会,既充满温情友爱,又包括互助和竞赛,成员之间互相交流、相互尊重、共同分享成功的快乐,同时又通过互相关心

---

① A.H.Maslow.人的潜能和价值[M].林方,等,译.北京:华夏出版社,1987.转引自林崇德主编,张奇著.当代学习心理学丛书—学习理论[M].武汉:湖北教育出版社,1999.

来满足归属、认同的需要。这样的教学活动带有浓厚的情意色彩,最容易激发学生参与学习的内驱力。

主体性是人作为认识主体在处理外部世界关系中的功能表现,"它集中体现为人的独立性、主动性和创造性"。[①]主体性教育,是指教育者根据社会发展的需要和教育现代化的要求,"通过启发、引导受教育者内在的教育需求,创设和谐、宽松、民主的教育环境,有目的、有计划地组织、规范各种教育活动,从而把他们培养成为自主地、能动地、创造性地进行认识和实践活动的社会主体。"[②]联合国教科文组织"国际教育发展委员会"在《学会生存》一书中指出:"未来的学校必须把教育的对象变成自己教育自己的主体……这种个人同他自己的关系的根本转变,是今后几十年内科学与技术革命中教育所面临的最困难的一个问题。"[③]当前,世界各国的教育者都认识到,学生应该是教学活动的真正中心,教师要在尊重学生主体性的基础上,激发学生的主体意识,使他们积极地参与自身的发展与建构。要充分调动学生学习的积极性和主动性,使学生真正成为课堂教学的主体,必须改变以往教师讲学生听的传统教学方法,要把教学的重点转移到学生身上;必须大胆地给学生留足学习活动的时间、空间,创设和谐的教学环境,最大限度地给学生创造良好的自学、思考、质疑、讨论的条件和机会,引导他们主动参与、积极思维、合作探究,启发他们大胆发表自己的见解,让学生自己去创造性地获取知识,主动地探求真理,从而提高学习的质量,促进学习的良性循环。项目式学习正是从"学校应满足学生主体需要"的基本假设出发,通过创设自主探究和小组合作的教学组织形式,给学生提供开展自主、合作和探究学习的平台和机会,使之在自主学习的基础上通过与同伴的相互交流,彼此尊重,共同分享成功的快乐,从而真正体现学生作为学习主体的尊严,使之产生强烈的"我要学"的愿望,积极主动地参与到教学活动中,使学生健康、活泼,积

①裴娣娜.小学生主体性发展实验与指标体系的建立测评研究[J].教育研究,1994(12).

②张天宝.基础教育新概念——主体性教育[M].北京:教育科学出版社,1999.

③联合国教科文组织国际教育发展委员会编著.学会生存——教育世界的今天和明天[M].华东师范大学比较教育研究所译.北京:教育科学出版社,1996.

极主动地得到全面的发展。

三、初中历史项目式学习的实践路径

初中历史项目式学习基于历史学科，又超越历史学科。其规划与实施需明确指向历史课程的学习目的和价值，紧密围绕历史学科的核心概念和本质问题，同时又要适当关联其他学科知识、结合相关社会实践、融合学生现实生活、关注学生学习中的困惑，呈现出学术类、实践类、生活类、问题类四种实施形态。

（一）依托教材内容，开发学术类项目

"历史教材是历史课程资源的核心组成部分"，[①]学术类项目的设计与开发，聚焦历史学科的核心知识与关键能力，以现行部编历史教材的内容作为选择学习内容，组织学习活动的重要依据和资源，通过对现有历史课程材料的问题性、项目化转化，形成学生对某个历史学习主题的学术性挑战。问题的解决往往需要在明确项目主题概念内涵和外延的基础上，对现有初中历史教材进行通览，立足项目学习的目标，分析、比较、选用教材中的相关知识，融会贯通，将其整合到项目探究内容之中，有时还需要进行适当地补充其他学科或课外知识，最大限度用好教材的同时，适度开发课外资源，这是开展初中历史项目式学习学术类项目的关键。

案例链接

"经济体制改革"是部编版历史教科书八年级下册第8课的课题，但本课涉及的有关经济体制改革的知识点只有4个，分别是"家庭联产承包责任制""中共中央关于经济体制改革的决定""中共十四大""中共十四届三中全会"。很明显，仅仅4个知识点难以体现中国40年经济体制改革历程的全貌，"经济体制改革"的内在逻辑联系存在明显缺失。"经济体制改革"这一学术类项目的开发需要将八年级下册教科书其他章节，甚至九年级历史教科

---

① 徐赐成.论历史教科书的学术性——以《中外历史纲要》教科书为例[J].天津师范大学学报(基础教育版),2019(04).

书中和经济体制改革相关的内容整合进来,补充"十一届三中全会""邓小平南方谈话""中共十五大""中共十九大""中国加入世界贸易组织""中国成为世界第二大经济体"等6个知识点。最后,根据项目完成的需要,补充"国有企业试点改革""75号文件""全国农村工作会议纪要""55名企业家联名公开信'请给我们松绑'"等课外知识,使经济体制改革的知识链条更加完整,帮助学生形成对40年改革历程的完整认识。

这种学术类项目立足项目开展的需要,将历史课程内容主题化和情境化,有助于教师更好地依据历史课程标准,从学生的已有知识和经验出发,按照历史学科的本质组织教与学,走出为考而教的泥淖,通过设计立体化、结构化的学习任务,把教材中大量分散、孤立的历史事实、历史概念和历史结论纳入完整的学科体系,这就有利于改变传统历史课堂教学中由于缺乏全局性,而使得历史知识呈现碎片化、局部化的不良组织方式,帮助学生打通知识之间关联性的基础上,学会从整体上思考对历史学科的理解与把握,促进学科内部知识及学科间知识的迁移与应用,实现历史学科关键能力与思维的培养。

(二)结合社会实践,开展实践类项目

实践类项目着眼于历史教学与社会实践活动的结合点进行设计,其突出特点包括四个方面:一是学习内容的开放性,二是学习主体的自主性,三是学习方法的探究性,四是学习取向的实践性。此类项目以外显的参与性的、具有历史学科特征的实践活动为载体,以学生在经历和体验中的、学习为形式,重视学生在参与实践的过程中完成历史知识的学习和相关体验。这里的活动仅仅是一个必备要素,是实现历史课程目标的手段或实现形式。项目开展中要围绕实践主题,设计和布置一系列的驱动型任务和问题,以此推动实践的深入,其结果要素要指向丰富的学习成果,随着一系列任务的完成和问题的解决,学生不仅习得与实践相关的历史知识和关键能力,还提高了合作和学习能力,并运用到终身学习当中。

下面以组织学生开展"参观中共天津市历史纪念馆"这一场馆项目的设

计为例做一说明。

首先,该项目的适用年级是八、九年级。学生通过校内的历史学习,对中国近、现代史,尤其是对中国共产党的革命史、斗争史和建设史都已经有了一定的了解,更容易与大量馆藏的历史照片、图表和历史文物,以及真实的影像资料产生共鸣,更好地理解五四运动以后,在新民主主义革命、社会主义建设和改革开放的进程中,天津地方党组织以及广大党员和人民群众创造的辉煌成就。

其次,项目的开展与校内的历史教学相辅相成、互为补充,共同促进学生发展。项目开展之前,笔者已经指导学生以时空为序,对教材中所学过的相关知识进行了系统梳理和体系构建,帮助学生实现对历史知识整合或统整,具备了进行实践探索的知识基础。

再次,项目开展之前,笔者为学生提出了明确、具体的活动目标,并设计了一系列驱动问题,将其作为隐形线索贯穿在项目开展的全过程,引导其在参观中体验,在体验中思考,在思考中实现情感的升华。参观结束后,还组织学生通过合作交流制作项目作品进行展示和评价,引导学生对活动过程与结果进行系统的思考和再加工,形成更为深刻、稳固的理性认识。

通过这样的设计,借助立体真实的场馆情境,将场馆展示和讲解内容作为活动资源和学习内容,引导和指导学生带着问题和任务去观察、聆听、触摸、体验,形成直接的刺激与感性认识,加深情感体验。同时,通过体验—整理—展示—反思的活动路径,充分发挥身体与心灵的协同作用,实现社会资源和校内资源有效统整的同时,帮助学生真正理解历史和感悟历史。

(三)联系现实生活,规划生活类项目

"历史是现实的源头,现实是历史发展的结果,又是未来的历史。"[①]生活类项目着眼于历史教学与学生现实生活的联系进行设计,最大优势是实现校内生活与校外生活的有机连接。传统的历史教学有一个很明显的弊端,

---

① 陈光裕,郑晓峰."修昔底德陷阱"命题与高中历史史鉴教育的思考[J]. 天津师范大学学报(基础教育版),2018(04).

学生在校外获得的经验不能有效运用到学校的历史学习中;同时,学生学校的历史学习成果又不能很好地应用到其日常的生活中去。而生活类项目的设计与实施,能够通过提出和学生生活相关的、有挑战性的问题,将学生的历史学习和生活实际相联系,让学生亲自去探究、合作与学习,从而完成项目作品要求或完成最终的任务。这种项目主题很多都与学生的生活息息相关,是他们日常学习和生活中的所见、所闻或所感,抑或是着眼于学生生存的社会环境,选取社会热点问题。与教师独立规划的探究主题相比,这种主题往往更为生动和鲜活,也更有利于引发学生对项目开展的共鸣与参与,正如朱永新教授所说:"生活的味道越浓,教育的意义就越大。"

比如,在学习过改革开放的相关内容后,教师可让学生以项目组为单位,选择诸如服饰的演进、饮食的改变、住房的改善、交通工具的改进、通信方式的变迁等自己有切身体会的家庭类专题,或者选取医疗条件的改善、教育事业的发展、社会保障体系的逐步完善等社会类专题作为自己的探究方向,规划生活类项目,通过设计调查问卷,走访相关部门、单位或个人,对自己所处的生活环境开展调查,并以撰写调查报告、制作微课、PPT展示等形式交流和展示调查成果。以此来了解改革开放以来生活环境的深刻变化,体会改革开放取得的重大成果,感受改革开放给我们每个人带来的好处。当然,也可将若干生活类和社会类主题整合,让学生完成一个综合类的项目,全面感受生活环境的变化。比如,以项目组为单位做一个完整的当下最受欢迎的婚礼策划,并对年龄较长的长辈进行访谈,了解改革开放之前的婚礼设计,通过对不同年代婚礼的流程和细节,全方位地感受生活的变迁。

这种关注真实生活议题的生活类项目,从学生们日常生活的源头汲取活水,酌定项目主题,将学生的历史学习与社会生活相联系,引导学生从个体生活及与社会生活的接触中获得丰富的实践经验,深化和升华课内所学知识,形成并逐步提升对社会和自我之内在联系的整体认识,有利于学生关键能力与学科素养的培育。

（四）关注生成问题，设计问题类项目

学术类项目、实践类项目和生活类项目都是在项目开展之前，根据课程标准，学科素养和学生的已有知识经验，教师和学生系统规划的，而问题类项目的产生则对学生在学习过程中生成问题的提炼。学生历史学习中的问题往往是在师生互动、生生互动的过程中随机生成的。其具体内容和出现的时机都是教师无法预料的，但这却是教学中最珍贵的资源，因为它往往最能体现学生当时对所学内容的理解水平，也更寄托着学生对教学的兴趣点和参与热情，教师需要及时进行教学反思并适时抓住这些随机生成的问题资源，根据项目开展的需要，对其进行有效的加工、整理和再创造，最终将其改造成稳定的项目探究主题，引导学生开展更为深入的探究，促进学生更加积极地参与到项目活动中，使项目式学习更具生成性，从而更加丰满。

案例链接

在学习"五胡内迁"这一内容时，有学生提出了这样的疑问："'天苍苍，野茫茫，风吹草低见牛羊'，《敕勒川》中描述的草原风光那样美好，而内迁后的少数民族受到封建统治阶级的剥削和压迫，为什么还要内迁？"面对学生突如其来的不解，笔者没有感到惊讶，而是对提出问题的学生进行了肯定与表扬，并转而将问题抛向了全班，"谁能帮助同学解答这一问题？"同学们先是一片寂静，接下来，少数几位同学尝试着做了回答，"是不是他们内迁之前没有预想到会受到剥削和压迫""教材中并没有具体说五胡内迁是主动还是被动，也许还有其他原因"……"既然同学们都不能给出肯定的回答，我们不妨将'魏晋南北朝时期五胡内迁的原因'作为一个项目，大家分成几个项目组，利用寒假的时间搜集资料，从不同的角度分析魏晋南北朝时期五胡内迁的原因。"结果学生们从气候、地理环境、政治形势的变化和军事斗争的需要等不同方面尝试着解释魏晋南北朝时期五胡内迁的原因。这样，学生理解的过程不再是简单的知识搬运、转移的过程，而是依据其自身的经验来建构、发现和领悟的过程。

之后，笔者又将这一问题进行了合理延伸，让学生以"人口的迁徙"为项

目主题,开展更为深入的探究。通过这一学习过程,学生不仅加深了对教材内容的理解,还拓宽了思维,增进了学科之间的融合,使项目学习活动成为一个动态生成的过程。

由此可见,学生的学习状态不仅决定项目式学习开展的质量和水平,也影响着问题类项目主题的生成与调整。学生的学习状态不仅是教师观察的对象,也是指导项目式学习过程和确定项目主题的重点。在项目式学习中,教师的重要任务就是要激发,通过不断的激发和调整构建学生良好的学习和参与状态,将学生"提出问题"的能力作为一种重要的学习能力来培育,并将学生在历史学习中提出的真实问题作为项目式学习的源泉。

综上,通过对初中历史项目式学习实践路径的探索,笔者有了以下四点认识。

第一,初中历史项目式学习的实质是将项目式学习的理念、方法与历史课程教学相融合的一种教育实践形态。其在日常教学中的系统化设计与实施,有助于解决初中历史课堂教学课程定位偏颇、教学目标偏离、教学内容偏差、教—学—评方式陈旧等弊端,是摆脱当前历史课程实施困境的重要手段之一。

第二,初中历史项目式学习基于历史学科,又超越历史学科。其规划与实施需明确指向历史课程的学习目的和价值,紧密围绕历史学科的核心概念和本质问题,同时又要适当关联其他学科知识、结合相关社会实践、融合学生现实生活、关联学生生成问题,呈现出学术类、实践类、生活类、问题类四种实施形态。

第三,初中历史项目式学习的设计与实施不仅改变了初中历史学与教的方式,也改变了当前历史课程形态中课程目标、课程内容、课程评价等要素,是深化历史课程改革、落实立德树人教育目标的有效途径,也是国家课程校本化的可行路径。

第四,初中历史项目式学习作为一种新的历史课程实施形态,设计角度还有待完善,这需要在今后的实践中逐步探索解决。相信随着教学理念的更新和教学实践的深入,初中历史项目式学习和课程改革的新局面将逐步呈现。

四、初中历史项目式学习的实施流程

与传统的课堂教学相比,项目式学习往往不局限于某一节课内容的学习,多是以学习单元的形式展开。这就要求教师处理好学科核心素养与学科核心内容、某一学科与其他学科、课堂教学与社会实践、课前设计与随机生成等要素之间的关系。教师要依据课程标准和教材内容、学生实际情况,选择有利于培养学科核心素养的教学内容和学习资源,确定项目式学习目标,筛选、整合与重构学习内容,设计项目式学习计划,实施项目式学习过程,并开展多元的、持续性的评价。在具体实施中,各个学习环节环环紧扣,使学科能力与素养的培育具体化、显性化、可干预、可评价。这对历史教师提出了更高的要求,它需要教师不断学习,更新观念,在对教与学内容进行二度开发的基础上,合理规划项目探究主题,集中精力设计、组织与开展围绕该主题的系列化的活动。在项目开展的过程中,教师还要适时监测学习过程,通过提高学习设计的规范性和系统性,进行风险预估和排查的同时,增强学生学习过程的体验性、互动性和生成性,实现教—学—评的一致,让学生在活动过程中习得知识、发展能力、提升素养,更好地发挥历史学科课程的育人价值。

归纳已有对"项目式学习"教学流程的研究,我们发现其流程一般都包括选定项目、制定计划、协作探究、创作作品、展示作品和评价与反思等环节。综合已有项目式学习的相关成果,结合历史学科的本质和教育功能,初中历史项目式学习流程一般包括四个重要的环节,即规划项目式学习的探究主题,确定项目式学习的目标,设计项目式学习活动和开展项目式学习的评价。

那么对于教师来说,项目式学习的四个环节应该怎样做?需要考虑哪些因素?具体操作步骤是什么?

(一)如何规划项目式学习的探究主题

提出围绕某学科本质问题和核心概念的项目探究主题,是项目式学习深入开展的前提,也是衡量项目式学习质量的一个重要标准。初中历史项目式学习以学习单元的形式展开,每一个学习单元都应围绕历史学习中的某一主题,且包含一组彼此有关联的学习内容和学习活动。从章节内容到学习单元,是初中历史项目式学习的重大突破,而在学习单元的规划中,探究主题的确定是第一步。初中历史项目式学习正是从确立探究主题出发,通过创设切合实际的问题情境,为学生搭建一个能够利用所学知识解决真实问题的平台,让学生在实际体验中提升历史感悟,在自主探究中发展历史思维,在内化吸收中生成历史智慧与思想。因此,在初中历史项目式学习的设计系统中,确立探究主题是项目式学习的起点,也是探究活动走向深入的关键。这里的主题是指依据历史课程标准,围绕历史学科某一核心内容组织起来的,能够体现历史学科知识发展,深化历史学科思维,丰富学生认识世界方式,同时能够激发学生深度参与、自主学习、合作交流、主动探究,促进问题解决与学生历史学科核心素养发展的主题。如何规划项目探究主题呢?

1.确定项目探究主题的依据

依据一是历史学科课程标准。历史学科的课程标准是历史课程的纲领性文件,它规定了历史学科的课程性质、课程基本理念、课程设计思路、课程目标、内容标准、实施建议、评价建议、教材编写建议和课程资源的开发与利用建议等。历史课程标准反映了历史课程改革所倡导的基本理念、基本规范和质量要求,是国家对学生学习历史这门学科课程后应达到的要求。在《全日制义务教育历史课程标准(2011年版)》中,课程目标具体而全面,课程内容划定了学习领域及该学科学生学习后应该知道什么内容,整体呈现了初中学段的历史学科课程内容和具体内容之间的关系,结构性非常强。例如义务教育阶段的历史课程由中国古代史、中国近代史、中国现代史、世界古代史、世界近代史、世界现代史等六个学习板块组成。在每个版块内容设计上,依照历史发展的时序,采用"点—线"结合的呈现方式。"点"是具体、生动的历史事实,"线"是历史发展的基本线索。通过"点"与"点"之间的联系来理解"线",使学生在掌握历史事实的基础上理解历史发展的过程。在学习内容的编制上，从学生的认知水平出发，精选最基本的史实，展现人类社会在政治、经济和文化等方面发展的基本进程，使学习内容更加贴近时代、社会和生活，有利于学生积极、主动地学习。此外，在突出义务教育阶段历史教学特点的基础上，注重与高中历史教学的衔接，为学生在高中阶段的历史学习打好基础。历史学科的课程标准是确定历史项目式学习探究主题的第一依据。

依据二是历史学科教材内容。历史教材是依据课程标准编制的、系统反映历史学科内容的教学用书，是历史课程标准的具体化，是国家落实历史学科育人目标的具体措施。初中历史统编教材，以唯物史观为指导，按照历史时序，展现中外历史在政治、经济和文化等方面发展的基本进程和重要史事，使学生通过学习，不仅掌握基本的历史知识，而且形成正确的历史认识，从而凸显历史课程的育人功能。[1]新教材是"教本"与"学本"的结合，学生用好教材至关重要。教师在教学过程中，应以学科大概念为核心，按照历史知识的内在逻辑，从学生的认知水平和学习规律出发，采取有效策略指导学生学好、用好教材。因此，教材内容是教师规划项目探究主题，选择项目学习内容，组织项目学习活动的重要依据，历史教师根据任教学校学生情况，始终关注并激发学生学习历史的兴趣，充分调动学生学习的主动性和积极性，借助项目的规划和适时指导学生最大限度地用好教材，对基本史实进行讲述，对历史材料进行研读，对历史问题进行分析，使课程内容情境化，指导学生在解决问题的过程中学会学习，学会思考，在此基础上掌握历史学习的基本方法，提高学习历史和认识历史的基本技能，发展历史学科的核心素养。这是实现初中历史项目式学习的关键。

依据三是核心素养培育的需要。核心素养是学生在接受相应学段教育过程中逐步形成的，适应个人终身发展和社会发展需要的必备品格与关键能力，它是关于学生知识与技能、情感态度与价值观等多方面要求的结合体。核心素养指向学习过程，而非仅仅以结果为导向，它关注学生在学习过

---

① 义务教育历史统编教材编写组.初中历史的编写思路及教学建议[J]. 人民教育,2017(18).

程中的感悟。同时,核心素养具有稳定性、开放性、发展性等多方面的特征,其培育与形成都是在与时俱进的动态优化过程中完成的。"历史学科的核心素养是历史学科育人价值的概括性、专业化表述和集中体现"。[1]初中历史项目式学习,不是为了做项目而做项目,而是在项目实施过程中渗透历史学科知识背后所隐藏的学科精神和文化,引导学生去体验历史学科的独特之美,在培养学生对历史学科情感的基础上,将教与学过程从学生对历史知识的习得转化为学生学科素养的生成,使学科素养真正落地。这就要求教师能够站在历史学科整体角度,基于历史学科思想方法和大概念,以历史学科核心素养及其进阶发展为目标,对相关核心教学内容进行整合,做好项目探究主题的选择和确定,体现出项目式学习学习目标,学习内容、学习情境、学习任务、学习活动和学习评价的一致性。

案例链接

"中国古代疆域的演变"是跨越整个中国古代史的项目学习单元,与这一主题相关的内容分布在七年级上、下两本历史教材中,其具体内容可以设计为若干小单元,如秦朝的疆域、汉朝的疆域、唐朝的疆域、元朝的疆域、明朝的疆域、清朝的疆域。通过对中国古代史中每一统一时期疆域图的梳理和比较,对中国疆域的发展变化及清朝所达到的稳定的最大疆域会有更深刻的认识,对台湾以及钓鱼岛、南海诸岛、西藏、新疆等作为祖国领土不可分割一部分的历史渊源会有更切身的感悟,对自己生活的地区和城市的发展演变也会有更多的了解。

这一项目主题的规划,既关注了历史课程标准的要求和历史教材的相关内容,又注意了学生核心素养进阶发展的需要。学生要完成这一主题的探究,就要学会搜集、筛选不同类型的资料,学会通过多种途径感知历史,并经过分析、综合、概括、比较等一系列思维过程,认识历史发展的时代特征和历史发展的基本趋势。在这一过程中,学生不仅掌握了与这一主题相关的知识,也习得了初中阶段要求的诸如阅读教科书及有关历史读物,识别和运

---

[1]徐蓝. 关于历史学科核心素养的几个问题[J]. 课程·教材·教法,2017(10).

用历史地图和图表,查找和收集历史信息,运用材料分析历史问题等学习历史的一些基本方法,初步掌握了运用时序与地域、原因与结果、延续与变迁、联系与综合等概念,对历史事实进行理解和判断等历史学科的关键能力与学科素养。也为高中阶段所要求的真正理解历史、走进历史,学会运用时空观念,从整体角度理性的感知历史,有效地获取历史知识,科学地搭建历史知识框架,提升自身的历史学科素养奠定了基础。

依据四是学生实际情况。众所周知,在教学设计系统中,学情分析是影响学习系统最终设计的重要因素之一,它是伴随现代教学设计理论产生的。即在研究学生实际需要的基础上,教师从学生的能力水平和认知倾向出发,设定教学目标,选择教学内容,确定教学策略,设计教学活动,这才能真正落实以学生为中心,以学定教的教学理念。

在项目式学习中,教师要设计适合的项目探究主题,除了要理解自己所任教的学科、学段,还要了解学生,分析学生。那要了解学生哪些方面,如何进行学情分析呢?

一是了解学生的生理和心理特点。对于正处于青春期的中学生而言,其身心处于快速发展过程中,其情绪、情感、思维、意志、能力、性格还不具有不稳定性,或者说尚未成熟,可塑性很强。教师要通过分析了解他们当时的心理特点,判断其与所学内容是否相匹配,从学的角度来研究学生如何认识问题、思考问题和解决问题,这样才能预判在每一个项目所涉及内容的学习中,学生学习过程中可能会产生哪些知识误区,从而预见可能存在的问题,并有针对地加以分析并合理规避,这样就使教学工作具有更强的预见性和针对性,从而进行更科学的规划。

二是对学生已有知识和经验的分析。即学生在学习某一内容时所具备的与该内容相关的基础知识、基本技能、已有经验等,以此作为新课学习的起点,并做好新旧知识的有机衔接。如在设计项目式学习主题之前,明确该项目学习单元的教学内容,确定学生学习这些内容需要掌握哪些知识,具备哪些能力和生活经验,接下来通过问卷、访谈、观察等方法分析学生是否具备这些知识或经验,如果发现其知识经验不足以完成该项目,一方面可以采取必要的补救措施,另一方面可以适当调整项目主题,降低活动难度,并加强学法指导。

三是分析学生的个体差异。随着社会经济和信息技术的高速发展,学生的成长环境发生了翻天覆地的变化,网络学习日趋常态,越来越多的数字原住民出现在学生之中,他们能够借助技术手段快速获取信息、筛选信息、整合信息和交流信息,他们还喜欢按照自己的想法和方式主动学习,而不是被动学习。他们喜欢创造性学习和体验性学习,并愿意将自己的学习经历与同伴分享,互相启发。教师只有了解和理解现在学生获取信息和学习的特点、思维的方式和生活的习惯等才能设计出更符合学生实际的、具有挑战性的项目学习主题和活动任务。

此外,不同地区、不同学校、不同学习环境和成长背景的学生在知识基础、能力水平、思维方法、已有经验、认知结构、学习习惯、学习能力、学习动机、自我管理能力及时间统筹等诸多方面都会存在差异,很难说哪一个或哪一种项目学习主题是最好的。教师只有在了解学生差异、立足学生差异的基础上,分析不同学生学习和成长的需求,站在学生成长的立场来思考教育供给,有针对性地设计探究主题,并在学习过程中,把差异当作一种学习资源,对其进行恰当地开发和使用,才能满足学生个别学习的需要,以促进学生在原有基础上充分发展,才能够更好地开展项目式学习。具体实践中,教师可以根据学生的实际,本着尊重差异、满足差异的理念,在征求学生意愿的基础上科学规划学习主题,灵活调整学习单元的大小、学习任务的解构程度和学习时间的安排,辩证地处理好个性与共性的关系,做到关注群体中的个体,基于个性,面向全体,确定适合的主题。

案例链接

七年级"辽宋夏金元时期民族关系发展和社会变化"这一项目探究主题,既包含辽宋夏金元时期一系列认知层次的知识,又包含经济重心南移和四大发明等理解层面要求的内容。主题的规划既关注基础层目标的落实,又注意引导提高层目标的达成。通过层层深入的探究了解辽宋夏金元时期独特的时代特征:政治上,民族政权并立,从分裂走向统一,君主专制中央集权制度进一步发展;民族关系上,民族交融进一步加强,少数民族封建化进程加快;经济上,封建经济和海外贸易十分发达,经济重心南移完成;都市与文化方面,市民阶级不断兴起和壮大,都市生活丰富多彩,宋词元曲不断流行,文化繁荣兴盛;科技上,处于世界领先地位,活字印刷术、指南针和火药的发明和外传,都促进了世界文明的发展;海陆交通发达,开创了中外交通的新局面。

2.确定项目学习主题的思路

一般说来,初中历史项目式学习主题的规划有四种思路:

一是按照历史教材的章节内容来组织、选择与教材编写的单元或章节一致的项目单元学习主题,这种方式操作起来相对容易,而且如果历史课程标准与该单元教材的内容比较聚焦,就无需改变教材章节的安排。

案例链接

七年级下册第一单元《隋唐时期:繁荣与开放的时代》共包括五节内容:

第一单元

隋唐时期:繁荣与开放的时代

这五节内容从隋朝的建立开始,到唐朝的灭亡终结,介绍了隋唐时期数百年的历史。将这一单元的学习内容整合在一起,作为一个项目探究主题,并从政治、经济、民族关系、对外关系、社会风气、文化六个方面进行展开,能够帮助学生从以下六个方面掌握隋唐时期的时代特征。

在政治上,全国统一、政局稳定。唐朝前期先后出现了贞观之治和开元盛世的局面。三省六部制、科举制等制度的确立和完善,对后世影响深远。

在经济上,隋的统一以及运河的开凿使南北经济文化得到交流。唐朝前期,农业、手工业、商业出现前所未有的繁荣。

在民族关系方面，唐朝是我国统一多民族国家发展的重要阶段，统治者采取比较开明的民族政策，正确处理民族关系，使各民族经济文化交流进一步加强。

在对外关系方面，采取了比较开放的政策，使这一时期的对外交往出现了前所未有的盛况。

在社会风气方面，呈现出比较开放、充满活力、兼容并包的特征。

在此基础上，各族人民创造了辉煌灿烂的文化，并在世界史上留下了巨大的不可磨灭的印记。总体来看，这一时期，我国封建社会呈现出前所未有的繁荣与开放局面。

二是按照历史学科能力和素养发展的需求来组织，即打通章节、学期、学年甚至年级，综合考虑具体的学习内容，跨教材单元和章节对同一主题的相关学习内容进行整合来确定单元学习主题，这种主题确定的思路对历史教师的要求较高。

案例链接

"资本主义制度的确立、巩固、扩大与进一步发展"是九年级历史项目式学习中一个学科内综合的项目单元学习主题。从课程标准角度看，从14世纪到17世纪，地中海和大西洋沿岸地区出现了资本主义手工工场和租地农场，而文艺复兴运动、新航路的开辟和早期的殖民掠夺，则促进了资本主义的发展。从17世纪到19世纪，资产阶级通过革命或改革，相继在欧美主要国家和亚洲的日本取得了政权，资本主义制度得以确立。从18世纪中叶开始，主要资本主义国家先后开始或完成的工业革命，使生产力获得迅猛发展，社会面貌发生翻天覆地的变化，文学艺术空前繁荣。到19世纪末，随着拥有先进技术的欧美人对大洋洲和太平洋岛屿的殖民，使世界完全联系成一个整体，以西方资本主义国家为核心和主宰地位的世界市场不断扩大，初步形成了西方先进、东方落后的局面，资本主义得到巩固与扩大。在第二次工业革命的影响下，生产和资本高度集中产生了垄断组织，随着政治、经济发展不平衡性的加剧，后起的帝国主义国家要求重新分割世界，出现了列强争霸的局面，三国同盟和三国协约两大军事集团的形成与对抗，最终引发了第一次世界大战,资本主义得到进一步发展。

基于此,笔者确定了"资本主义制度的确立、巩固、扩大与进一步发展"这一项目单元学习主题,并计划用8课时的时间完成学习。这样做不同于针对历史知识记忆的浅层学习,而是强调深入历史学科的本质,全面地从历史的整体和局部、现象和本质、前因和后果、偶然与必然等诸多方面多层次、多角度地建构历史,达到对历史知识的真正理解。

三是围绕项目主题的任务来规划主题,可以将其看作历史学科内部的学习单元,或者是学科学习内容必要的组成部分,这些学习内容也可以自成一个个小系统,它紧密关联历史学科的核心内容和学生学习的重点、难点,同时又有可能关联学生的日常生活、社会生活和时事热点等。

案例链接

"怎样看待美国,如何处理中美关系"成为当前一个热点问题。为了引导学生正确认识历史、客观审视现实、积极面向未来,笔者为学生规划了一个历史专题复习项目——美国印象,努力追求"生成智慧、培育情感"的教学目标。

四是基于真实情境下的学习任务,跨学科来组织和规划综合性、实践性和开放性都很强的项目学习主题。这种主题项目利用历史学科一个学科的知识往往很难解决,需要适当关联其他学科,综合运用学生各学科相关知识、技能和方法来解决实际问题的能力,这类项目学习主题的特点是综合性、实践性、开放性都比较强。

案例链接

"北洋金融街的变迁"这一项目主题就是从学生日常生活中经常途经的一条老街入手,让学生以项目式学习的方式研究他们既熟悉而又富于历史奥秘的街道,通过探究和诠释这条街道不同阶段发展变化的表现、原因和影响,将历史学科知识进行整合,将不同学科知识进行融合,将课内外知识进行结合。

通过这样的整合梳理过程,学生掌握的不再是显性的、事实性的历史知识和结论,而是自觉运用历史研究方法去探讨、解决历史问题,这正是历史学科赋予学生的学科素养和终身学习的能力。

3.确定项目单元学习主题的关键步骤

第一步是对课程标准、教材内容、素养发展需求等因素进行系统分析，梳理项目单元的内容结构，整合项目单元的学习内容；第二步是对学生的已有知识和经验、关键能力、学科观念、班级学习风格等方面进行探查、分析和诊断，并在此基础上筛选项目主题相关学习内容，初定项目学习主题；第三步是结合相关信息来多方论证辨析项目单元学习的价值，最终确定项目单元学习主题。

在此强调，论证是一个重要的环节，并不是所有的历史学习内容都适合项目式学习。一个项目学习主题的水平高低，主要看主题与课程标准的一致程度及其价值，体现其主题对于落实课程标准的价值，对于培养学生学科关键能力与核心素养发展的价值，对于学生学会学习的价值，同时还要考虑它的可操作性和可评价性。

还需注意的是，所选择项目学习主题大小，要适合该学习单元。一个项目的完成往往需要若干课时，原则上4至10课时为宜。若主题太小，则难以成为项目学习主题；若太大，则难以操作。在每一次的实践之后，还要根据学习效果不断反思、研讨、修正项目学习主题及其内容。需要说明的是，项目学习主题的设计涵盖了学科的核心内容和主干知识，可以说包含了本学科大部分的学习内容，但并不是所有的内容都必须纳入项目学习主题，只有一部分内容是可以利用项目式学习的理念支持学生进行自主性、实践性学习的。

案例链接

九年级历史"资本主义制度的确立、巩固、扩大与进一步发展"这一项目单元学习主题的确定需要经历以下几个方面的考量：

(1)明确该主题所涉及的资本主义发展阶段：资本主义的确立、巩固和扩大、进一步发展等。

(2)明确资本主义发展不同阶段的历史事件，梳理这一主题发展的线索。

资本主义的确立阶段可以选取文艺复兴、新航路的开辟、英国资产阶级革命、美国独立战争、法国大革命等历史事件。

资本主义巩固和扩大阶段可以选取美国南北战争、俄国农奴制改革、日本明治维新、德意志统一等历史事件。

资本主义进一步发展阶段则可将着眼点放在美、德、英、法、日、俄等主要资本主义强国相继过渡到帝国主义阶段。

（3）回归教材，将这些历史事件的要素梳理出来，进行课时评估。

通过这种主题的设计、知识的梳理、教材的回归，我们就更清晰地梳理出了某一历史事件或历史现象的发展线索，以"线"穿"点"，以"点"连"线"，以"线"带"面"地进行扩展，通过纵横联系，点线面体结合，把大量分散的、相对孤立的历史事实、历史概念和历史结论纳入完整的学科体系之中，帮助学生构建一个立体的知识交叉网，大大提高学习的效率。

（二）如何确定项目式学习的目标

谈到项目式学习，很多教师会下意识地想到"做"，而不是"学"。事实上，巴克项目研究所提出的项目式学习八大黄金标准，其核心就是聚焦学习目标，包括基于课程标准的学科内容、技能，以及对于学科核心概念的深度理解。研究结果表明，通过项目式学习的有效实施，学生记忆知识和概念的效果要远远高于传统的学习方式。那么什么是项目式学习的目标？它有哪些特征？又要如何确定项目式学习的目标呢？

1.什么是项目式学习的目标

项目式学习的目标是指在完成项目学习之后，学生应该获得的学习结果。具体到初中历史则包括对中外历史基本知识和历史发展的总体趋势的了解，对反映历史学科本质及思想的基本方法和技能的初步掌握，对人类历史的延续和发展产生的认知兴趣，对中华文明的历史价值和现实意义的感悟。在此基础上养成的爱国主义情感，开拓的国际视野，正确的世界观、人生观和价值观，而这些都为将其培养成拥有良好综合素质的合格公民奠定基础。除此之外，项目式学习的目标还包括经历项目主题的探究和项目问题的解决等一定的困难之后，学生获得的愉悦的心理感受，还有学生对历史学科和下一次项目学习的好奇和期待，以及自主学习、交流合作、项目规划与实施的能力等。

项目式学习的目标是项目式学习活动的出发点和最终归宿，其适切与否直接影响着项目式学习活动实施的方向和预期达成的结果。其作用表现在三个方面：一是帮助教师和学生明确开展项目学习活动的目的、方法、预期结果；二是矫正项目式学习的方向，调整教与学的行为；三是为项目式学习评价提供参照。这里强调从教学目标到学习目标是以学生为本进行教学的具体体现。

2.项目式学习目标的基本特征

初中历史项目式学习的目标，既要体现历史学科的育人价值，又要彰显项目式学习的育人价值。历史学科的育人价值主要指学生通过项目开展所获得的历史学科的知识、技能与素养。项目式学习的育人价值是指学生在完成项目式学习的相关学习任务之后，还能做什么？比如完成项目所需的调研方法，创意和动手制作项目作品的设计和制作能力，与同伴交流合作与互助的能力，分析和解决问题的能力。这些目标突破了学科界限，培养学生利用所学知识解决问题的能力，更有利于素养培育目标的达成。综合来看，初中历史项目式学习的活动目标有三个方面的共同特征。

一是深度性。在项目式学习的理论部分，笔者在上文的学习金字塔理论中已经有所分析和阐释，项目式学习的学习方式主要是学习金字塔中的讨论、实践、教授给他人等学习方式，属于团队学习、主动学习和参与学习，其在知识学习和概念理解上具有独特的优势。因此，项目式学习目标的第一特征，就应该是建立学习与知识的深度理解的一致性，在此基础上彰显历史学科所需培养学生的关键能力与核心素养，促进学科概念和能力的深化。学生通过方案设计、材料搜集、问题解决、产品制作等项目式学习过程中一系列的高阶认知策略和行为，加深对学科概念的深度理解，并实现真实情景下的学科知识迁移和应用。

二是发展性。项目式学习在学习目标上，不仅要掌握事实性的知识与内容，更要提高运用知识解决复杂问题的能力；不仅关注学习的结果，更重视学习的过程;不仅关注学生当下的成功体验,更着眼于培养具备决策和规划能力的自觉和持续进行终身学习的学生。因此,制定活动目标时,既要符合学生当前实际,又要指向学生未来发展,既要获得历史学科的知识和技能,又要体现超越历史学科知识和技能的学科本质。

三是结构化。初中历史项目式学习的活动目标是历史学科总的育人目标的一部分,在实施过程中,既要注意某一个项目单元的学习目标与其他项目学习单元的学习目标相互关联,相互支撑,还要注意其与历史课程总的育人目标相关联,使每一个项目的实施都能彰显历史学科不可替代的育人价值。

案例链接

在"中国共产党的百年辉煌"这一项目式学习中,笔者设计的项目式学习活动目标如下:

第一,从新民主主义革命时期、社会主义革命和建设时期、改革开放和社会主义现代化建设新时期、中国特色社会主义新时代四个时期,讲述中国共产党领导中国人民实现救国、兴国、富国、强国的史实,培养口头表达能力和概括历史事件的能力,感受中国共产党领导中国人民在苦难中铸就辉煌、在挫折后毅然奋起、在探索中收获成功、在失误后拨乱反正、在转折中开创新局、在奋斗后赢得未来的百年历程。

第二,运用自己擅长的方式梳理中国共产党历史上的七大、十五大、十六大、十八大、十九大等重要会议的内容和意义,通过对会议内容和意义的完整把握,掌握马克思主义中国化的历史进程,培养学生在把握事物内在联系的基础上理解历史现象的能力,知道马克思列宁主义、毛泽东思想、邓小平理论、"三个代表"重要思想、科学发展观、习近平新时代中国特色社会主义思想是中国共产党必须长期坚持的指导思想。

第三,搜集文字、图片、视频等资料,尝试以PPT或微课等形式向同学展示中国共产党对中国革命和社会主义建设道路的艰难探索历程,认识中国共产党人前赴后继的奋斗精神和开拓精神是我们学习的榜样。理解中国共产党始终把国家和民族的利益,作为自己的奋斗目标,激发学生对中国共产党的热爱之情和爱国主义情感。知道没有中国共产党就没有新中国的道理,从而坚定为中华民族复兴而奋斗的信念,从社会的不断进步和发展中体会到必须坚持共产党的领导,坚定建设中国特色社会主义的信念。学习党史、国史、校史,做勤勉、自立、尚公、爱群的"十九"(天津市第十九中学)人,投身实现强国大业的"中国梦"中去。

为达成以上项目式学习活动目标,笔者确定了四个子项目供学生去分析和研究:新民主主义革命时期(1921年7月—1949年10月,中华人民共和国成立)的中国共产党,社会主义革命和建设时期(1949年10月—1978年12月,党的十一届三中全会召开)的中国共产党,改革开放和社会主义现代化建设新时期(1978年12月—2012年11月,党的十八大召开)的中国共产党,中国特色社会主义新时代(2012年11月至今)的中国共产党。这种活动目标和围绕目标的活动设计向学生呈现了一个综合性、完整性、结构化的任务,兼顾了深度性和发展性。

学生要想达成上述活动目标,就要依据任务要求拟出需要解决的系列问题,并通过自身的探究去分析和解决问题,以此来推动项目学习的深入开展。活动目标的达成需要以唯物史观为统领,以时空为序,借助史料实证等研究方法归纳概括不同时间段中国共产党的发展情况。既不再追求知识与能力、过程与方法、情感态度与价值观等单项目标的逐个达成和简单拼接,也不以知识、过程、方法为终极目标,而是将"中国共产党的发展"镶嵌在相对宏观的历史视野下,充分调动和迁移教材中所学到的中国近代和现代史的相关知识,从多种视角、多种层面、多种联系中分析中国共产党把革命、建设、改革、复兴事业不断推向前进,逐步实现救国、兴国、富国、强国的历程。了解中国共产党发展历史的同时,学会把握不同历史事件之间的联系,认识历史发展中全局与局部的关系,这有利于拓展学生的历史视野,发展历史思维,培养学科素养。

3.项目式学习目标设置的依据

历史学科核心素养的提出为广大一线教师重新理解历史课程内涵、重新构建历史教学目标提供了一种全新的理论体系与实践路径,它要求广大历史教师完成从关注三维目标到立足核心素养的转变,实现历史教学从学科本位、知识本位到育人本位、学生素养发展本位的转型。就历史学科关键能力与核心素养的培育而言,活动目标的制定不仅要能够体现出学科的地位和功能,也要反映出历史教育在学校整体教育中的地位和作用。项目式学习与传统的课程教学相比,在学习目标上的着力点、侧重点不是掌握事实性、结论性的知识和内容,而是强调理解和运用已有知识和经验解决实际问题的能力和过程,这与历史学科能力培养与素养熏陶的新课程理念相契合。就项目活动顺利开展的需要而言,项目式学习目标的酌定必须要考虑三个因素:一是项目式学习单元的学习主题与核心内容,二是项目本身所承载的学科关键能力与核心素养发展的任务,三是学生的已有基础和发展需求。

鉴于此,初中历史项目式学习在设置活动目标时,既要充分考虑项目活动顺利开展的需要,又要深刻领会历史学科关键能力与核心素养的内涵,把握好二者之间的内在联系,使项目学习活动的开展始终贯穿着发展学生历史学科核心素养这一核心任务。这就要求在制定历史项目式学习目标时要考虑三个因素:一是能够适应社会的发展和进步;二是要体现历史学科的教育功能和性质,关注学科课程标准的要求;三是要符合学生全面发展的需要。

案例链接

以"生活环境的变化"项目式学习为例,课程标准有如下表述:"从衣、食、住、行、用等方面的变化,了解经济的快速发展和人民生活水平的提高。"综合学科素养培育与项目顺利开展的需要,我们可以这样设计和叙写活动目标:

在教师指导下,学生根据自己兴趣和特长自愿组合为社会类和家庭类两大项目组,通过互联网、图书馆或走访调查搜集相关材料,归纳改革开放以来生活环境的变迁情况,感受中国社会文明进步的历程,初步学会开展社会调查的一些基本方法。

在调查的基础上,结合教材内容和所收集的相关资料,概括、分析、判断生活环境发生巨大变化的原因,提高学科基本能力和学科素养,体会改革开放的成果,感受改革开放带给我们每个人的好处。

以项目组为单位将探究成果制作成演示文稿、调查报告、小论文等项目作品。两个项目组分别汇报探究成果,再现项目探究过程,同时两个项目组之间进行互相评价。

上述目标设计从历史学科的育人功能、项目开展的实际需要和学生已有的学习经验、学习兴趣和学习方法入手,让学生在项目组的探究中各擅所长,提高自主学习、团队合作、交流能力以及史料搜集与运用能力,同时掌握一些简单的开展社会调查的方法。项目准备活动的开放性也充分尊重了学生意愿,关注了学生差异,有助于学生个性和潜能的发挥,课堂上互动的渐进性则有助于学生认知递进。同时,这一项目活动目标设计了学生制作演示文稿、撰写调查报告等有关项目作品的要求,有助于学生在进行史料实证的基础上,探究特定时空框架下生活环境变化的表现和原因,理解变迁影响,形成正确看待历史、客观审视现实、积极面向未来的积极态度,在凸显以人为本的学习过程中发展学生的核心素养。

通过生生之间、师生之间的多元互动与交流,学生在自主、合作、探究中认识到了特定时空框架下人们生活环境变化的表现和原因。同时,通过教师的补充讲解和启发,学生能够理解生活环境变迁的影响,坚定深化改革的决心和信心。

3.确定项目式学习目标的三个关键步骤

在初中历史项目式学习中,酌定活动目标的过程也是一个依据项目探究主题明确探究任务和项目作品要求的过程。一旦清晰了项目作品的标准,理解了具体的要求,就可以确定驱动计划过程的必要条件。当然,项目实施过程中一些新的可能性可能会萌发新的需求,这些新的可能性只有在项目实施推进的过程中才会显现。一般来说,确定项目式学习目标有三个关键步骤。

第一步是围绕项目式学习单元学习主题,依据历史课程标准要求,结合项目式学习单元的学习内容深入讨论分析,理清多个项目学习主题之间的关系,立足学科核心素养发展,明确学生应该学习的内容和达到的水平标准,整体设计项目式学习的学习目标。

第二步是分析本班学生已有学科水平,现阶段思维特点和发展需求,明确表述本单元学习的学科核心素养整体目标及其项目单元内每个课时的目标,目标要更加针对学科核心内容,指向基础性、关键性问题的解决。

第三步是开放研讨,学校应致力于打造教研共同体,组织教师们开展相关研讨活动,甚至可以组织校际交流,多方听取意见,借以对项目式学习目标进行检验、调整、修订和完善,最终确定项目式活动目标。

学习目标是落实国家课程标准的具体举措,项目式学习目标的确定,也是对教育目的和教学价值的不断追问。教师要把学生的成长放在更长的时间轴上来考量,将工作的重心从学科教学转向课程育人,把学科育人目标解构成学科的系列项目明确的单元学习目标,有助于教师做到心中有学科全局,包括学科的学习内容和不同年级学生应达到的素养目标。

案例链接

以"经济重心南移"项目式学习为例。在这一项目式学习中,笔者为确定项目式学习目标,做了以下两个方面的工作:

一是围绕"经济重心南移"这一项目学习主题,整合相关内容,并将这一项目主题分成三个小项目:(1)经济重心南移的过程,(2)经济重心南移的原因,(3)经济重心南移的影响。在此基础上,整体设计项目式学习的学习目标。

二是结合学生的已有经验和认知水平,将具体活动目标设置如下:

第一,结合魏晋南北朝、隋唐、两宋时期的相关历史,梳理经济重心南移的过程,提高总结、归纳能力。

第二,对不同朝代的南北经济发展情况进行比较,结合示意图、文字等材料讲述经济重心南移的表现,认识中国古代经济发展在历史进程中的联系、延续和发展,提高观察、识图能力,材料分析和表达能力。

第三,通过对所学知识和相关资料的搜集梳理,分析经济重心南移的原因和影响,提高整理分析资料的能力和问题解决能力。

第四,在活动中提高沟通和表达能力。

根据项目开展的需要，笔者将执教班级的全体学生纳入，分成三个项目组，从不同角度入手，开展一系列相关的资料搜集、信息处理、分析研究，探究经济重心南移的历史。

这样的学习目标源于学科，又超越学科，兼顾了活动开展和学生素养提升等方面的需求，为学生的主体参与和素养培育提供了广阔的空间。学习目标的达成需要"以时空观念和史料实证为切入点，以唯物史观为统领，着力提升学生的历史解释能力与家国情怀品质，既不再追求知识与能力、过程与方法、情感态度与价值观等单项目标的逐个达成和简单拼接，也不以知识、过程、方法为终极目标"。①这就为项目活动循序渐进的开展奠定了基础。

（三）如何设计项目式学习活动

在诸多关于项目式学习的迷思中，最具有迷惑性的一点是将"做项目"等于项目式学习。很多教师主观地认为只要有了"做"，就跳出了死记硬背的教学泥潭，就告别了原来传统的课程教学或者学习方式；认为有了学生的动手实践和主体参与，项目式学习就发生了。然而，如果学生的主体参与仅仅是限于形式上的动手实践，学生在这一过程中没有学习到任何知识和技能，并不意味着真正的完成项目。须知，项目式学习强调的是通过一个项目的设计与实施来落实学习过程，真正的项目式学习聚焦的是学习。规划、计划、设计、调查、思考、探究、梳理、合作、分享、问题解决、作品制作、迭代修改、转换、编辑等等，这些数不清的"项目式学习"相关的动词，如同创造性思维和批判性思维一样，应该成为项目式学习发生与开展的内在要素。这些要素以知识的学习作为载体来实现和达到既定目标。与传统的课时教学相比，项目式学习所聚焦的学习，是学生学习的一段旅程，学生在这一过程中实现跨越一定时空的成长，而项目完成之后生成的作品，只是反映学习过程和生命成长的显性结果。

---

① 王生.教学目标设计应体现核心素养的"涵蕴性"与"层级性"[J].历史教学(上半月刊),2017(04).

如何让学生通过这段旅程获得成长呢？设计以理解和应用为基础的实践性项目式学习活动是对如何才能达成项目式学习目标的具体回答，因为学习目标要在具体的学习活动中实现。为此，教师要依据项目学习主题和项目活动目标，结合学生已有的知识和经验，设计出具有系统性、探究性和实践性的系列学习活动。那么项目式学习活动有哪些特征？应该怎样设计呢？

1.项目式学习活动的特征

一是系统性。项目式学习以单元为单位进行统筹规划，要求教师要把一系列教育活动转换成一个个具有独立性的真实的学习任务，对系列活动进行整体的把握：哪些内容是活动的重点，是学生必须掌握的；需要设计哪些任务，才能达到教育目标，收集的数据怎样才能准确反映学生的掌握程度；各大任务之间需要保持怎样的衔接；等等。所有这一切，教师应该有一个系统的考虑。此外，一个系列活动的任务设计要自成体系，包括总任务是什么，完成总任务需要哪些具体的任务作支撑，任务如何呈现，怎样对一系列学习活动及有价值的学习任务进行系统、整体设计等。除此之外，还要具体厘清项目学习单元之间、课时之间的关系，梳理出每个单元和课时学生能力和素养发展的要求，对学段、学年和学期的整体学科课程进行规划等。

二是具体性和综合性。任务的确定实际上是活动内容的一种转换，是将系列活动的内容和要求通过一个或几个具体任务体现出来。任务是具体的，但完成任务的过程是一个学习一系列相关知识和操作的过程，任务完成的结果是活动参与情况和活动成效的综合体现。任务完成之后，其结果必须可以观察、可以评价、可以保存。教师可以让学生登录个人账号自主完成任务，并提交学习结果，根据数据反馈收集学生的掌握情况。

三是开放性。项目式学习的过程是学生通过在已有知识和经验基础上，结合具体的学习工具，通过一系列建构性活动来完成具有挑战性任务的过程。这些活动包括资料的搜集和处理、问题的分析和解决、自主梳理与总结表达、合作交流与分享、成果制作与呈现等等。学生在参与活动的过程中，解决问题的方法和思路不唯一，答案不唯一，往往需要综合调用多种知识,采用多种方法,同时,学生通过经历体验发现知识的过程,展示出他们对事物的新认识和新理解,这也是发展学科核心素养的重要过程。

四是逻辑性。初中历史项目式学习要求教师既要关注学科发展的逻辑,又要考虑学生学习的逻辑,并以此来设计项目式学习教与学的逻辑及学习活动设计的逻辑,这就要厘清不同项目单元之间、同一项目单元内部课时之间学习活动的逻辑,项目式学习中学习目标的落实与项目活动开展的对应关系,做到每节课各有侧重,指导学生将独立思考与同伴学习相结合,特别要关注同学之间的质疑研讨,而这个过程就是学科能力与素养逐渐提升的过程。

案例链接

活动和任务是帮助学生形成认识思路的载体和途径,如"我们的节日"活动项目中,春节、清明节、端午节、中秋节等都是中国的传统节日,也是学生们非常熟悉的节日。在祖国悠久的历史中,这些传统节日是怎样形成的?又经历了怎样的演变过程?其反映出怎样的习俗和文化观念?探究这些问题,有助于学生进一步认识中华民族的文化特色。将"我们的节日"项目主题规划为春节、清明节、端午节、中秋节等若干个子项目,让学生以项目组为单位,围绕主题搜集图书资料、网络资源或者询问长辈获得口述资料,在小组讨论和交流的基础上,对收集到的文字、图片等资料进行处理,将研究成果以恰当、生动的方式呈现出来,如可以制作PPT、绘制班级板报、制作手抄报、开展包粽子、包饺子、写春联等活动形式在班上进行介绍和交流汇报。每个子项目都有相对独立的活动目标和任务,既相对独立又成体系。通过开展一系列具有开放性、逻辑性的系列活动,让学生初步理解中国传统节日中所蕴含的文化内涵,大力培育和践行社会主义核心价值观,不断提升学生文明素质。同时,通过探究节日的来源,介绍节日的来历,了解中国各地过节日的风俗,让学生在了解传统节日的基础上认同传统节日、喜爱传统节日、过好传统节日。在此基础上,增强学生爱父母、爱家乡、爱祖国的感情,为和谐校园、美丽中国建设提供坚强的思想保证和精神力量。这些系列化、具体化、开放性和逻辑性的活动与任务,都是为了服务学生的成长,助推学习目标的达成。

2.设计项目学习活动的步骤

第一步是设计具有挑战性的学习任务。围绕项目探究主题和项目活动目标,结合学习内容的特点和学生的学习基础,初步设计出系列化、具有项目式学习特征的挑战性任务。

案例链接

"专制主义中央集权制度形成和发展"这一主题是七年级历史项目学习的主题,这一主题的规划打破历史课文单篇教学的常规模式,对七年级上、下两册教材中的相关内容进行系统梳理,并以此为基础设计整体项目活动规划和具体的学习路径,让学生在完成项目任务的过程中提升素养。本项目共涉及秦汉时期、隋唐时期、宋元时期、明清时期专制主义中央集权制度形成和发展等四个子项目,将这一制度演变的历程与学生的探究活动有机整合,制作从秦到清专制主义中央集权制度形成和发展的简表,绘制从秦到清专制主义中央集权制度形成和发展的示意图为成果呈现方式,通过学生展示讲解与交流表达输出的过程,达成学习目标。在这一过程中,学生语言的建构和运用能力得到了提高,历史阐释和思维能力得到了发展,社会责任感也得到了增强。

第二步是对学生项目式学习过程中的表现和可能遇到的困难进行预判,给出基本的应对方案和预案,特别要注意学习工具的提供,利用工具帮助学生建立学习内容与项目活动之间的关联,推动项目活动的顺利开展。如今,技术发展已成为推动教育变革和学习者学习方式转变的重要力量,一提起教育改革,人们就会有意无意地将技术和投入作为重要的因素。诚然,教育改革离不开技术和投入,技术的融入也在一定程度上会强化项目式学习的优势,拓展学生学习的广度,甚至促进项目式学习的个性化学习,但是,项目式学习并不是技术的奴隶,离开了技术就会寸步难行。项目式学习是一个学习的过程,而不是技术。学生在学习过程中所获得的合作能力、动手实践能力、批判性思维等素养并不一定是完全依赖技术生成的,而是更多地依靠参与、体验和反思才能真正习得。

案例链接

在"中国古代朝代的更替"这一项目学习中,有的同学首先借助历史时间轴(年代尺)梳理出每个朝代的起止时间,并从政治、经济、文化、民族关系、外交等方面分析每个朝代的特征;有的同学用大事年表梳理了重要的历史事件及其成败得失,提出了历史的发展对于今天的借鉴意义……。同学们以项目组的形式进行讨论,写下研究的结论和相关的支撑材料,然后各小组进行集中分享。在此基础上,教师引导学生梳理总结每个朝代兴衰的共同之处,得出一系列规律性的认识,还要求学生以历史学家的身份写一篇学术报告,在公开场合汇报这一重大发现。

这个项目所采用的工具只是传统的教学工具,如图片、纸张、笔而已,并没有什么高科技的技术和大量的投入,但是学生们在制作时间轴、讲解时间轴的过程中需要掌握核心概念,需要了解每个朝代的阶段特征,还需要建立假设、寻找聚合型证据来支撑自己的讲解,并给予综合说明,来支撑自己的创意和洞见。在这一过程中,学生不仅激活了其已有知识,还形成了一种主线的意识,学会了从总体上把握知识,更重要的是,时空意识得到了实实在在的历练,久而久之能够提高学生的时空素养和把握历史主线和阶段特征的能力。

第三步是项目组要对本团队的学习活动进行总结,对学习目标,学习内容,学习活动的一致性和适切性进行检验,并将项目式学习中开展的学习活动与前期确定的学习目标进行对照检查,反思这些活动是否有助于学习目标的达成,哪些环节和因素应该保留,哪些应予以删除,讨论之后对学习活动进行设计优化。

(四)如何开展项目式学习的评价

任何教学模式都需要教学评价,教学评价是衡量学生学习和教师教学成果的标准。评价一次项目式学习的效果,不能仅仅关注是否选择好项目学习主题,是否确定好项目学习目标设计,是否设计和实施了项目学习活动,而要持续关注项目式学习过程中或项目式学习后,学生发生了哪些变化,取得了怎样的学习效果。比如,学生的知识习得了吗？技能提高了吗？学科核心素养得到发展了吗？对于这些问题的回答都需要科学的评价作为支撑。项目式学习是一个长的时间段里完成一系列学习任务,而不仅仅是一个活动,对这一活动过程和活动结果开展持续性的评价是项目式学习不可或缺的环节。

1.教师要深刻理解评价对于项目式学习的意义和价值

其一,在项目式学习中开展学习评价的目的有三个:一是随时了解学习目标的达成情况,二是对学习过程进行监测,三是根据监测数据调控和优化学习过程。项目式学习中往往需要持续性的评价和信息反馈,指导改进学生学习的过程和教师教学的预设。

其二,项目式学习评价是一种形式多样的,以学生发展为中心,以学科素养为导向的立体性评价,是综合素质评价的一部分。评价内容既包括纵向的时间维度,又要包含横向的学生维度。纵向的时间维度主要是将学生进行纵向对比,关注每一个学生在项目学习中的学科能力和素养发展的水平,在自己与自己的对比中看其发展的增量。横向的学生维度是将学生与学生进行比较,看其发展水平之间的差异。

其三,项目式学习评价更多的是形成性评价和激励性评价。它往往要贯穿整个项目式学习的始终,随着项目活动进程的推进,通过持续的评价唤起学生的原认知,让学生在脑海中不断强化学习目标、学习任务、学习要求等要素,达到自主监控、自主反思和自主调控学习进程的目的,以此推进学习的深入。评价可以采用多元的方式,除作业或测试外,还可以有小论文、PPT、调查报告等,为每一位学生发挥自己的特长提供机会,目的是为了调动其参与的积极性和主动性,为其持续的学习注入动力。

2.进行项目式学习评价的步骤

项目式学习的活动是真实的、动态的、体验性的,这一特点要求项目式学习的评价不仅要关注学习结果,还要把握学习过程。评价方式不仅需要传统的试卷和测验等终结性评价,还需采用更多的形成性和过程性评价,给学生更多的自主展示机会。评价内容不仅要关注学生在学科领域的发展,还要关注学生通过活动的开展，人际沟通、团队协作、问题解决等能力是否得到了提升。"评价前置"是项目式学习评价的一个重要方法，在项目活动开展之前把项目评价规则、评价量表呈现给学生，让学生有的放矢，目标达成路径更明确。

（1）明确项目评价目标

项目评价目标包括项目前期对学生需求和能力的分析、项目中期鼓励与监控项目学习过程、项目后期对项目作品及展示情况的评价和对整个项目的反思。在项目前期教师要确定学生对项目主题已有的知识储备、对项目主题的态度及兴趣情况，了解他们对学习内容、驱动问题及系列任务的理解程度，为更好地进行项目活动设计提供参照。在项目中期，进行评价可以帮助师生检查项目进展和学生任务完成情况。对项目后期的项目作品及展示的评价，可以帮助教师了解学生是否达成项目学习目标，并帮助学生和教师对未来的项目学习做出规划。

（2）选择评价方法与评价工具

评价方法是通过问卷调查、观察、面谈、写日志等方法收集学生项目式学习的数据，以此来对学生的学习过程进行监测。实践过程中，为了增强评价的信度和效度，引导学生更深入地参与到项目评价过程，可能需要使用多种评价方法。项目式学习的评价本身就是项目学习的一部分，所以在项目实施的过程中加入填写调查问卷、讨论、绘制思维导图、写日志等活动，把项目评价嵌入到整个项目式学习过程中。

在评价目标和评价方法确定之后，就要选择和制作合适的评价工具。评价工具是用来评价学生学习的工具，如检查表、提示语、评价量规等。

检查表是教师用来评价学生学习行为，也是学生进行自评和互评的工具。提示语是帮助教师监控整个学习过程，检查学生理解程度的工具。评价量规可以运用到整个项目式学习过程中，是项目式学习中最常使用的评价工具。

量规是一个真实性的评价工具，它是对学生的项目作品以及完成作品的过程，或者表现进行评价的一套标准，是连接项目式学习过程与评价之间的一个重要桥梁。量规有多种,包括创造性评价量规、合作技能评价量规、成果展示评价量规等。使用量规评价具有诸多优点:(1)可以帮助学生对高质量的项目式学习进行定义,使其明确项目活动和作品的要求和目标;(2)可以清晰呈现学生学习的状况以及教师的期望,同时让学生清楚地知道怎样做才能达到这些期望;(3)将评价标准用具体的术语表达出来,并使其公开化,有助于提高评价的科学性,降低评价的随意性;(4)方便学生对自己的学习结果和学习过程进行比较深入的反思,同时对自己不当的学习行为进行及时调整;(5)便于操作,大大减少了教师评价学生项目式学习质量的时间;(6)方便学生自评或同学互评。

项目式学习的评价量规一般至少包括三个要素:(1)评价标准,即评价表现性任务行为或作品质量的各个指标;(2)等级标准,也就是说明学生在每一个表现任务中处于一个什么样的水平;(3)具体说明,主要是描述量规准则在质量上的序列(从差到好或从好到差),以及评价准则在每个等级水平上的表现。

案例链接

"我们的节日"项目式学习展示结果评价标准

班级＿＿＿＿＿＿ 项目组＿＿＿＿＿＿ 时间＿＿＿＿＿＿

标准 项目	等级		
	优秀	良好	需改善
认知	表达准确,思考过程深入,论证过程严谨,史论结合紧密	表达比较准确,一些问题思考深入,对一些问题的论证能做到史论结合	表达错误较多,论证不够严谨,历史结论缺乏相关证据支持
呈现	展示形式新颖,展示过程适宜,有感染力	展示形式比较适当,有些内容呈现生动	形式不恰当, 感染力不强
质疑答疑	主动提出有价值的问题,答疑清楚、正确、简练	有时能提出一些有价值的问题,答疑比较清楚	不主动质疑或问题太浅显,回答不清楚,抓不住要点
改进建议			

但是,量规评价也有其弊端,量规往往是标准化、主观化、统一化的,很难评估一个个鲜活的生命和思想。孩子的心智结构和知识结构的变化有时很难用一套简单的评估框架来衡量。因此,不要仅仅依赖量规进行评价,而

应选择多样化的评价信息反馈办法。项目学习结束后,并不一定要给孩子评个三六九等,或者给予孩子一个分数。评价的具体方式应该多样化,教师可根据项目实施的情况灵活掌握:如果认为对最后的产品或者项目作品进行等级评价有效,就进行等级评价;如果认为即时评价或口头评价更方便易行,且效果也很好,就采用即时评价;如果认为纸笔测试有必要也未尝不可;如果认为来自家长、社区或外部的某个专家的反馈会有帮助的话,也可以试一试。同时,评价要特别关注学生完成挑战性任务时的思维表现,对学生的自学能力、合作能力和沟通能力给出具体的反馈信息,鼓励学生参与,鼓励学生发出自己的声音,以此促进学生的自我调整,激励学生进一步探究知识与迁移运用知识,这远远比评价本身更重要。

(3)制定项目评价方案

依据项目式学习目标,围绕项目主题和活动任务,整体设计发生在项目式学习整个过程中的评价方案,包括能够反映学生学习活动和学习结果的评价标准、评价方式、评价工具、信息反馈手段。如在某一个项目学习结束后,可以采用含有不同层次题目的纸笔测试的方式检验学生对相关内容的理解与掌握程度,诊断学业水平现状。对于项目活动中所涉及的思维容量较大的学习重点、难点或核心内容,可以制定表现性评价方案,即结合学生在活动过程中的语言、行为、态度及项目结束之后的作品,对学生的表现进行水平预设和行为描述,形成表现性评价的指标、评价维度及目标达成的层级标准,在此基础上研制评价工具。同时,评价的主体要多元,评价的形式要兼具正式评价和非正式评价两种。

此外,项目评价方案还应该包括项目评价时间线和详细的项目评价计划。

项目评价时间线是评价的初始设计,就是按照项目前期、项目中期和项目后期的时间段对各个阶段的项目评价要点进行说明。它可以帮助教师和学生对评价计划和评价目标一目了然,可视化地检查评价过程。在项目实施过程中,学生参照评价时间线完成各个阶段的评价。

在制定了项目评价时间线后,就要对其中的评价要点进行详细的描述,这就是项目评价计划。项目评价计划包括对项目评价时间线中各个评价要点在评价中如何使用的说明和各种评价的目标是什么的说明。

（4）论证评价方案

论证的具体内容包括评价方案与项目活动目标的适恰性，相关评价指标的可操作性，重点要关注评价方案是否有利于促进项目式学习目标的达成，是否符合学生的特点，评价内容和评价方式是否与项目学习目标相一致，是否指向学生的理解应用和思维发展，评价主体是否多元，以及评价是否规范与具有开放性等。

特别要强调的是，在项目式学习的具体实践中，评价的设计应先于学习活动来进行，即确定项目主题和活动目标之后就要着手设计评价，这样教师在对整个项目式学习活动进行规划和设计时就会更清楚日后的评价标准，就多一个角度来考量学习过程的有效性。在长期的实践中，项目式学习评价是教师主动进行反思、改进的助力，也是促进学生学习改进的有效手段。

五、初中历史项目式学习的实施条件

（一）项目学习团队的组建

1.组建合理的项目学习团队，为项目开展提供机制保障

一个成熟的、健全的项目学习团队是项目式学习顺利开展和成功的前提，也是影响团队绩效的一个重要变量。它包括团队组建的方式和团队规模两部分。

通过学习项目式学习相关理论，较为常用的项目团队组建的方式归纳起来主要有以下三种。一是基于学生的交往意愿来组建团队。这种学生自组织方式被认为是目前最有效的团队组建方法，其优势在于项目团队成员关系融洽，沟通顺畅。其不足在于没有将团队成员的能力与项目开展需要进行有效匹配，容易造成项目所需具备某项能力的人员缺少，影响项目的完成质量。二是教师基于学生的学习风格和能力来组建团队。这种组建方式

能够实现团队成员之间的知识和能力互补,有利于项目目标的实现,但也隐藏着潜在的沟通和人际关系障碍。三是根据项目开展所需团队角色,结合学生兴趣来组建团队,这种组建方式更有针对性。任何一种项目团队组建方式都有其自身的优点和缺点,这就要求在实际团队组建时需要结合项目的特点,综合考虑团队成员对项目的兴趣、学习能力、已有经验、性格、特长,以及以往的人际冲突等影响项目开展的多种因素。

在团队规模方面,团队规模过小可能存在因学生精力不足或某些关键能力欠缺而造成执行力量减弱的风险;团队规模过大会带来更多的沟通和协调困难,还容易出现"搭便车"现象,部分成员在项目活动中无法给团队作出应有的贡献。因此,适宜的团队必须达到包含不同能力、经验和学习风格的学生,以应对项目实施过程中所面临的各种难题,但不能因规模过大给项目带来反向作用。通过对项目团队规模的研究发现,团队人员数量在2~20人不等。但大多数团队规模在5~6人左右。当然,除了考虑上述影响团队规模的因素之外,还需针对项目的复杂性和资源条件等因素来确定团队规模。相比较而言,较为复杂和难度较高的项目,其项目团队规模应比相对简单和难度较低的项目团队规模更大。另外,还需要考虑开展项目所需资源约束这一因素。

有鉴于此,笔者制定了以下项目团队组建方案。

案例链接

团队人数:4~8人

组建原则:组间同质、组内异质及学生的交往意向

组建方法:学生自由结组,教师适当调节

注意事项:根据项目学习内容的需要,适时重新组建项目学习团队

笔者这样进行团队设计借鉴了合作学习的相关理论。布鲁纳在小组规模研究的总结中就明确建议,5~6人是小组讨论的理想数字。而在项目式学习中,可根据项目大小和开展需要,适当增加或减少1~2人。团队的组建一般采用组内异质、组间同质的原则。组内异质是将学生按性别、能力、个性特点、家庭、社会背景等混合编组,形成一个异质学习团体,为团队内部互

助提供了可能。组间同质即各个团队在众多的特征方面是可资比较的,不同层次的学生都有机会表现自己并取得成功。这就为各项目团队间的公平竞争打下了基础。此外,在团队组建中,还应注重学生交往互动中的感情层面,适当考虑学生的交往意向。

在具体操作中,教师可在项目开展之前,向学生介绍以上团队组建原则,对学生提出具体要求,之后让学生先自由组合,要求他们先写出想同组的若干同学的名字以及同组理由供教师参考。以此方式收集上来的信息能帮助教师更多了解学生的合作意向,这就为学生创设了较为民主、和谐、开放的氛围,体现出对学生主体的尊重,调动学生参与项目学习的兴趣。同时,面对学生自由结组可能造成的项目所需某项能力的人员缺乏问题,还需要教师进行协调。当学生把项目团队的名单交给教师后,教师要依据以上原则以及平时对学生的了解情况进行多方面协调,并以多元智能理论为依据把学生的阅读能力、提取信息的能力、表达能力、合作交际能力,以及学习风格、家庭环境、心理健康、朋友关系等方面的因素适当考虑其中,将学生重新搭配。具体协调过程中所遵循的一个基本思路是:第一,发挥学生的优势智能,促进学生积极参与;第二,弥补学生的弱势智能,帮助学生全面发展;第三,考虑学生交往意愿,调动其主动性。这就充分体现了教师主导与学生主体的结合。此外,在组织项目学习团队时,团队成员不宜固定不变,要根据学习内容的需要,适时重新组建项目学习团队。

2.角色分配

组建成熟健全的项目学习团队,需要教师的精心发现和培育。别具特色的学习团队是整个项目活动的中心,是实现活动目标的重要保障和前提。为保证高效率地实现项目活动目标,提高项目活动的整体效益,必须重视项目式学习的团队设计,在项目团队组建完成之后,对团队成员进行分工,责任到人才是使团队成员全员参与,高效进行项目式学习的关键要素。在实践中,可以为每个团队设立如下一些角色,并采用角色定期互换的办法。

案例链接

组长:负责组织工作,包括组织项目学习的环节,具体包括知识获取和应用、交流协作、成果汇报三大环节。维持好纪律,保证每个成员都有全程参与机会。

信息员:在知识获取和应用环节,负责整理学生搜集、处理的信息,做好观点和资料的分类汇总。

作品制作者:负责将项目组成员的阶段性研究成果以作品的形式呈现出来,作品形式可以在征求组员意见的前提下结合作品制作者的特长决定。

记录员:在交流协作环节,负责记录每个成员的发言次数,是否围绕主题,观点是否新颖等。并负责记录本团队成员发言内容和讨论的结果及存在的问题。尤其要将交流中暂时难以解决的问题梳理汇总(后期探究或寻求教师的帮助)。成果汇报环节负责把团队内部合作和团队之间交流的结果进行归纳总结。为后面的总结反思做好基础。

汇报员:负责在成果汇报环节,作为观点和结论的综合者和陈述者,向他人展示和分享本团队的学习成果,进行意见交流。

合理的角色分配使不同分工的学生因角色、视角、认识、理解不同而观点有差异,差异引发了对话,对话活跃了气氛、引出了问题、推动了思考,大大提升了学生参与项目活动的广度与深度。同时,角色的互换给每个学生提供了参与的机会,使每个学生都能承担不同的任务,从而在各种不同位置上得到体验和锻炼,在一定程度上促进学生从不同视角探讨问题,在激励学生主动参与的同时也使他们的自主性与能动性得到发展。同时,增加了团队的动态性,使项目团队工作变得更加有趣、真实。

(二)项目学习团队的建设

1.学生自主管理和主动学习习惯的培养

现在的中学生大多是在以教师为中心的教学模式下成长起来的,比较适应结构化的教学方法,而对需要承担较多责任的教学模式往往不适应。长期的被动接受式学习,使学生对教师产生了很强的依赖心理,听课、笔记、练习、复习、作业等一系列教学环节,他们习惯了按部就班,形成了被动学习的习惯。而项目式学习是一种探究性学习,它要求教师放权给学生,变学生的被动学习为能动学习。改变学生的学习习惯绝非一日之功，加之学生缺乏项目式学习开展的实际经验，他们会在充满不确定性和复杂性的项目中陷入困境。这就要求教师不能急于求成，要把学生学习习惯的养成看作是一个长期的、循序渐进的过程，这要求教师从以下三个方面着手。

第一，明确项目式学习的开展需要培养哪些习惯。对于项目式学习的开展而言，到底培养哪些习惯更重要，如何才能养成，学生往往并不明确，也不知道养成这些习惯的过程意味着什么。鉴于这种情况，可以在项目开展之前召开主题培训会，将与项目式学习开展相关的自我管理习惯和自主学习习惯进行分解，让学生对于这些需要养成的习惯清清楚楚。比如，自我管理习惯可分解为目标管理、时间管理、空间管理、情绪管理等四个方面，自主学习习惯可分解为专心学习、认真倾听、善于思考、勇于表达、敢于质疑、及时总结、整理笔记等七个方面。

第二，明晰习惯养成的重要性和具体标准。为了将习惯培养落到实处，在培养每个小的习惯之前，可利用早自习、大课间等碎片化时间组织学生召开微型班会，让他们去搜集资料，引导他们对养成这些习惯产生兴趣，比如，什么是目标管理？这一习惯的培养对于项目式学习的开展与推进有什么重要意义？同时，要让学生对养成某个好习惯自主制定清楚具体的标准。又比如，什么是认真倾听？怎样做是勇于表达？学生对这些问题的回答都要一清二楚。

第三，进行持续评价和总结。对于初中生而言，要使其自主管理和主动学习的习惯培养落到实处，持续的评价和反馈是不可或缺的环节。在具体实践中，可制作好行为、好习惯记录卡，个人成长记录袋或电子档案等，记录学生在学校的学习状况、常规表现和参与活动的详细信息，每个项目组安排一名专门负责录入信息与更新电子档案的同学。初中学生一般都非常在意档案里记录的信息，因为这份记录代表着他们在班级和组内所做的工作、取得的成绩和个人形象。记录着他们每天的言行，对于同学们的点滴进步，可通过评选守纪之星、守时之星、作业之星、评选最学生等方式及时给予肯定，帮助他们在持久的坚持中注入动力，引导其在一言一行中完善自己。

2.合作技能的培训

"合作技能"是美国明尼苏达大学合作学习中心的约翰逊兄弟二人提出的合作学习要素之一。在历史项目式学习中,合作技能是保证团队成员深度参与的重要条件。

下面是笔者根据自己的实践探索设计的一个有关项目团队合作技巧培训内容的方案。

一是认真倾听他人的发言,并适时作出积极的信息交流。可使用言语信号,如"我同意这种观点";也可使用非言语信号,如目光确定,侧耳倾听。不随意打断别人的发言,把不清楚的问题记下来,待对方发言结束后,再询问。此外,在倾听的同时还要学会质疑,遇到问题时要虚心请教。

二是学会准确表达自己的观点,对某一事物的说明及对个人观点的陈述应该做到表达准确、精炼,条理清晰,尽量不重复别人发言的内容。

三是学会提出不同的看法或建议,并能用翔实的论据说服他人。修正他人的观点,态度要诚恳,切勿伤人。

四是学会反思、自控,虚心接受他人的意见,不能随意打断他人的发言,尊重他人表达自己思想的权利。

以上合作技能的训练,能够使学生学会倾听与表达并形成自己独到的见解,更深入地参与到项目团队的合作探究中,有利于学生超越性的发展,也有利于其主体参与能力的提高。

(三)项目学习时间的安排

与以往学习活动不同的是,项目式学习活动是高参与性任务驱动型的学习活动,这打破了已有的"堂堂清"的课堂教学模式,要求教师站在课程的高度,从学科的本质和教育功能出发,合理规划一个学期或者一个学年的教学,科学、灵活地安排学习时间。

第一,统筹好课内和课外时间。项目式学习探究活动非单个学时可以完成,一般需要比较长的周期,这需要教师对一个学期的课时和学生的课下学习时间进行合理统筹。哪些项目学习的环节可以在课后或者假期完成,哪些需要在课堂上交流展示,都需要教师在学期之初就做好规划,以合理兼顾项目及课程的顺利推进,切忌顾此失彼。此外,为了避免降低学生进行项目式学习的积极性,各个项目阶段的实施时间间隔不易太长。

第二,避免与其他课程的时间冲突。与小学相比,初中生的考察和考试科目明显增加,包括历史学科在内的很多学科都属于起始学科,学生需要有一个适应的时间。教师在安排某一学科项目式学习活动时间时,要尽量避免与其他课程的时间冲突,此外,时间的安排要有一些弹性,预留出部分时间以应付一些特殊情况的发生。目前学校的教学时间安排通常还是45分钟,一节课无连排,这给项目式学习带来一定的困难,鉴于此,学校可安排长短课结合的课表,每天都有80分钟一节的课,分配给各学科的教师,方便他们项目式学习,实践性学习等。

(四)项目式学习与学校其他课程、教学的关系

项目式学习基于学科,往往又超越学科。以历史学科为例,初中历史项目式学习的规划与实施需明确指向历史课程的学习目的和价值,紧密围绕历史学科的核心概念和本质问题,同时又要适当关联其他学科知识、结合相关社会实践、融合学生现实生活、关联学生生成问题,呈现出学术类、实践类、生活类、问题类等四种实施形态。这不仅改变了初中历史学与教的方式,也改变了当前历史课程形态中课程目标、课程内容、课程评价等要素,是深化历史课程改革、落实立德树人教育目标的有效途径,也是国家课程校本化的可行路径。

教学需要变革,但不是颠覆。有了项目式学习,传统的教学是不是不再需要?答案显然是否定的。项目式学习要改变诸如灌输式、传授式、讲解式等传统的教学方法,但并不是要彻底将这些方式都赶出课堂。在项目式学习的某个环节或者说某个学科的某个主题,传统的教与学方式仍然具有一定优势。比如有意义的讲解、基于情境的传授,仍然能够促进学生认知结构的重组,帮助学生加深对于概念的理解和应用。还有,传统的、标准化的测试作为一种单位时间内高效地检测学生学习效果的重要手段,也仍是必要

的评价方式之一。

因而,这里提倡的项目式学习,作为一种在系统学科知识学习的基础上,综合运用多学科学习成果进行自主学习的综合性、活动性的教育实践形态,不可能取代当前系统的学科教学,也并非倡导用项目化学习替代学校其他课程、教学形态,在当前的教育制度和文化背景下,这也是不可能的。事实上,我们需要深刻认识到不管是学科内的项目式学习,还是跨学科的项目式学习,其与传统的学科教学相比,更多的是课程组织方式上的不同。前者是以学科知识为核心,将相关知识以项目为单位组织起来,予以实施,后者则更多关注学科知识与学生的生活、实践的关系,以真实情境中的关键性问题为核心,将各种相关事实材料、经验组织起来,更注重知识的应用。这种变革需要处理好项目式学习与学校其他课程、教学的关系。项目式学习更像是一艘大船,兼容和搭载着有效的,甚至是传统的各种教学实践。无论是传统的方法,还是创新的实践,一定要发生在更具意义的场景和更具学习动机的任务中。项目式学习的设计与实施不会替代学校其他课程、教学形态,而是冀望于各种学习和平共处、参差多样、相互映照、相互支撑、相辅相成,共同促进学生的发展。

(五)明确教师的角色定位

项目式学习不同于传统的讲授式教学。传统的讲授式教学主要完成知识传递的目的,授课结束以后为学生布置相应的作业以及时内化、巩固所学内容,每节课之间也没有太多的关联。而项目式学习作为一种学生积极主动参与的、有意义的实践性学习,其在目标达成方面不仅仅止步于帮助学生获取基础知识和提高基本技能层面上,而要致力于发展学生的高级素养。这就需要教师聚焦学科的本质和思想方法,通过指导学生完成项目,掌握学科的核心知识与概念,同时发展学生的批判性思维、创新能力、合作能力、沟通交流能力等一系列高级素养,并能够帮助他们形成正确的世界观、人生观、价值观,获得积极的内在学习动机和阳光进取的学习态度。一次项目式学习有时需要很长的时间,可以是一周或一个学期,为此对教师的整体规划、过程性指导和评估等都有较高的要求。

在初中历史教学中开展项目式学习,必须要准确定位师生角色,发挥好教师的启发引导作用,让学生自主开展学习研究,同时要运用好项目组这一载体,使学生在历史研学活动中更加投入,促进学生综合素质提升。综合已有研究成果和具体实践,教师在项目式学习过程中,主要需要发挥四方面的作用。

1. 做好项目规划

做好项目规划是开展项目式学习的前提,这需要教师综合考虑学生知识技能背景、学科教育功能、课程标准具体要求和项目顺利开展的需要,确定项目探究主题、活动目标、活动方案和评价方案。对于初中历史教师而言,要做好初中历史项目学习的规划需要如下前提。

(1)历史学科方面

一是要深刻理解历史学科的育人价值。每个学科对于学生的成长都具有独特的育人价值,这也是该学科教育在全面贯彻党的教育方针上的独特贡献。对于历史学科而言,其具体表现为在教育教学中落实历史学科的核心素养,这就是历史学科育人价值的集中体现。通过项目式学习在历史教育教学中的实施,我们可以帮助学生形成具有历史学科特点的价值观念、必备品格与关键能力。历史学科是在一定历史观指导下叙述和阐释人类历史进程及其规律的学科,其重要的社会功能是探寻历史真相,总结历史经验,认识历史规律。历史学科的学习可以帮助学生拓宽历史视野,发展历史思维,提高历史核心素养,让学生能够从历史发展的角度理解并认同社会主义核心价值观和中华优秀传统文化。教师要深刻理解历史学科这些独特的育人价值,这是实现项目式学习合理规划的关键基础。

二是要深刻理解课程标准的价值。深刻理解历史学科的育人价值和学科核心素养的内涵,是实现项目式学习的前提,而要从整体上把握历史学科,就必须深刻理解历史学科的课程标准,清晰历史课程设计、教材编写的思路。2011版历史课程标准包括历史学科的课程性质、课程基本理念、课程设计思路、课程目标、内容标准、实施建议等。其中,课程性质明确了历史学科对于社会发展和学生成长的价值：历史课程是人文社会科学中的一门基础课程，对学生的全面发展和终身发展有着重要意义。课程基本理念明确了历史学科的育人方向、价值体系、学习方式及其特点、学科学习评价体系的建构方式。课程设计思路从培养学生的历史素养和人文素养出发，强调遵循历史教育规律，充分发挥历史教育功能，使学生掌握中外历史基础知识，初步学会学习历史的方法，提高历史学习能力，逐步形成对历史的准确理解，并提高正确认识现实的能力，达到课程目标的要求。课程目标和实施建议则是帮助教师从历史学科的角度理解如何落实立德树人的根本任务，帮助教师明确学生学习后需要掌握哪些必备的学科知识等具体目标，以及如何更好地达成这些目标。

三是要深刻理解学科核心素养的具体表现和内涵。学科核心素养是教师选择教学素材，形成学习任务的导航，教师只有深刻理解任教学科的育人价值，才能设计出更好的学习任务。作为历史教师，不仅要理解历史学科核心素养的内涵，还要明确各要素之间的本质和联系。历史学科核心素养是学生在接受历史教育过程中（学习历史过程中）逐步形成的具有历史学科特征的思维品质和关键能力，是历史知识、学习历史的能力和方法、学习历史所形成的情感态度和价值观等方面的综合体现；是具有历史学科特点的关键成就，是历史学科育人价值的集中体现。主要包括唯物史观、时空观念、史料实证、历史解释、家国情怀等五大方面。这五个核心素养是一个相互联系的整体。唯物史观是学习和探究历史的核心理论和指导思想；时空观念是了解和理解历史的基础，是认识历史所必备的重要观念；史料实证是学习历史和认识历史所特有的思维品质，是理解和解释历史的关键能力与方法；历史解释是在形成历史理解和认识的基础上叙述历史的能力，是检验学生的历史观和历史知识、能力、方法等方面发展水平的主要指标；家国情怀是学习历史和认识历史在思想、观念、情感、态度等方面的重要体现，是实现历史教育育人功能的重要标志。有了这样的理解，才能够从整体上把握好历史学科育人的价值本质和途径。

（2）教师要深刻理解并尊重学生

教师的学科专业发展永无止境，作为历史教师，仅囿于历史学科一定无法胜任中学历史教学任务，最重要的是还必须具有超越学科的专业——学生研究，项目式学习也一样。一次成功的项目式学习背后一定首先有一名优秀的学生研究者。随着新课程改革的不断深入，教师学生主体意识的不断增强，项目式学习的规划要求教师有意识地停下脚步去亲近学生、观察学生，从他们的心理特征和实际需求出发，规划和调整项目式学习活动。如何研究学生？

一是要读懂学生的共性特征。这里的"共性"即初中生的普遍特征。教师在理解学科学习规律的基础上，还必须理解学生的学习规律，重视学生的学习思维，从学的角度来研究怎样教。初中生在生理、心理发生显著变化的同时，智力发展也取得了巨大进步。这种智力进步主要表现在两个方面：在量的方面，变化主要表现为由于初中生各种基本智力因素（如语言、感知觉、记忆、想象及思维能力）的进一步提高和完善，使得他们能更轻松、更快捷、更有效地完成各种认知任务；在质的方面，主要表现在初中生认知结构及思维过程的具体变化上，新的认知结构的出现使初中生在解决问题时，能逐渐熟练地运用假设、抽象概念、逻辑法则以及逻辑推理等手段，提高了解决问题的精确性及成功率。[1]

案例链接

七年级学生在学习张骞出使西域的背景时，鉴于他们的历史知识储备不够，理性思维能力、分析问题能力比较欠缺，笔者为他们设计了一个微型项目，并为他们提供现成的材料，指导他们通过完成一个微型项目学习主动思考和分析问题。为其提供的材料如下：

①让同学们回忆前面所学过的汉匈和战的内容，回忆汉武帝时军事上反击匈奴的史实；

②出示一段汉武帝之前西域各部与匈奴关系的史料：

---

① 林崇德.发展心理学[M].北京：人民教育出版社，1995.

西汉初年,匈奴骑兵西进,征服了乌孙及楼兰等部。匈奴统治极其残暴,控制商道,掠夺财富,压迫西域各族人民。匈奴大败大月氏后,杀其王,竟以其头为饮器。大月氏西逃后深怨匈奴而图报复,却找不到盟友共击匈奴。汉武帝从匈奴降者口中听说此事后,下令招募使者出使大月氏。通过这段史料学生能很快认识到西域各部受到匈奴的剥削和压迫。

③通过视频再现汉武帝招募勇士的情景。

这样的设置,使学生自然而然地得出了结论:张骞出使西域目的是联络大月氏,夹击匈奴。

此外,随着信息时代的到来,学生的成长环境发生了重大变化,人才培养的着力点也从记忆和计算转向了创新和想象。互联网移动终端的高速发展,让网络学习日趋常态,学生中的数字原住民越来越多,他们靠技术手段快速获取信息、交流信息的能力大大增强,他们喜欢挑战,喜欢主动学习,喜欢创造性学习。教师只有了解现在的学生获取信息的特点,学习的特点,思维的方式,生活的习惯和环境才能设计出更符合学生的具有挑战性的学习任务。

案例链接

八年级学生在开展"新中国的外交"这一项目时,一个项目组的学生从回顾周恩来总理的外交生涯入手,穿过历史的时空,设想自己作为总理外事活动中的一位随行人员,参加了总理的三次重要的出访活动:第一站,1950年,苏联莫斯科;第二站,1954年,瑞士日内瓦;第三站,1955年,印度尼西亚万隆。在出访的每一站,学生以外交部发言人的身份,阐述中华人民共和国政府的外交立场,讲述经历的"生动",并引入三段《周恩来外交风云》中的相应视频材料,增强历史感。

这一项目式学习的开展充分尊重学生的学习特点,为学生学习和展示提供了充足的时间和广阔的空间,从而有效地达成了教学目标。

二是要读懂学生的个性特征。《国家中长期教育改革和发展规划纲要》指出:"尊重教育规律和学生身心发展规律,为每个学生提供适合的教育。"《学会生存》一书中提到:"教育目的在于使人成为他自己,变成他自己。"让教育适合学生,就是要发现差异、尊重差异,引导学生找到适合自己的成长成才路径。教育应该在全面开发每个人大脑里的各种智能的基础上,为学生创造展现各种智能的情境,给每个人以多样化的选择,使其扬长避短,从而激发每个人潜在的智能,充分发展每个人的个性。

2015年,小升初"就近入学"政策在天津全面实施,其初衷是为实现义务教育的起点公平,促进学生和学校的均衡发展。但这一政策的实施,也给当前的课堂教学提出了新的挑战,一方面,同一学校、同一班级内部的学生学习水平参差不齐,集体讲授的节奏难以控制,教师的个别辅导应接不暇。教师要站在学生成长的立场来思考教育供给,在发现差异、尊重差异、满足差异的理念下进行项目规划与实施,使任务设计既要让全体学生广泛参与思考,又要充分挖掘部分学生的潜力,才能满足不同学生学习和成长的需求。

案例链接

在讲授"祖国境内的远古居民"一课时,教材中的"动脑筋"有一个题目:"想象一下,北京人一天是怎样生活的?"授课教师平时对学生比较了解,知道现在的初中生个个有一技之长,于是就根据多元智能理论,巧妙地将题目改为"用我们自己擅长的表达方式,展示北京人一天的生活"。在这样宽松的教学情境中,同学们产生了强烈的学习欲望和探究欲望,每个人都在思索怎样用自己的方式来完成题目以展示自己的特长。

答案比我们预想的还要好,他们有的用绘画的形式画出北京人一天生活的一个片段;有的用自己优美的文字编写了剧本;有的把自己想象成为北京人,表演了一段小品。通过这个教学案例,我们课后反思:在创设问题情境时,教师既要关注学生的年龄特点、已有知识和经验,还要关注学生的个体差异,唯有如此方能较好调动不同层次学生独立思考的积极性,培养其独立思考的学习能力。

三是要深刻理解项目式学习的相关理论。笔者认为,初中历史项目式学习的实质是将项目式学习的理念、方法与历史课程教学相融合的一种教育实践形态。其在日常教学中的系统化设计与实施,不仅改变了初中历史学与教的方式，也改变了当前历史课程形态中课程目标、课程内容、课程评价等要素，有助于解决初中历史课堂教学课程定位偏颇、教学目标偏离、教学内容偏差、教—学—评方式陈旧等弊端，是摆脱当前历史课程实施困境的重要手段之一，是深化历史课程改革、落实立德树人教育目标的有效途径，也是国家课程校本化的可行路径。

初中历史项目式学习基于历史学科，又超越历史学科。其规划与实施需明确指向历史课程的学习目的和价值，紧密围绕历史学科的核心概念和本质问题，同时又要适当关联其他学科知识，结合相关社会实践，融合学生现实生活，关联学生生成问题，实施中会呈现出不同的实施形态。初中历史项目式学习作为一种新的历史课程实施形态，设计角度还有待完善，学习资源还需在实践中逐步积累，实施策略还需不断调整和完善，与传统教学的关系还有待处理，这些问题会在今后的实践中探索解决。

2.提供关键指导

项目式学习的另一大特点是充分开发教学中人际交往的资源，利用师生及生生之间的互动来促进教学进程。它通过对传统以知识本位、教师中心和传授、灌输为主要特征的课堂教学模式进行改造，使教学过程真正建立在学生自主活动、主动探索的基础上。在项目式学习过程中，学生承担了比以往更多的学习责任，从表面上来看，教师失去了课堂上的一些"权力"，但实际上对教师的要求并没有降低，反而更高。它要求教师在项目推进中及时给予学生相关调研方法、历史研究方法等方面的指导。比如怎样制作调研与访谈问卷，人物访谈中有哪些注意事项和技巧，如何进行数据的搜集和处理，怎样阅读和分析历史材料等，同时对学生进行适时启发，教给学生怎么思考，传授学习的方式方法，在学生学习遇到困难的时候进行点拨，从而引导学生更好地自主学习和相互讨论，有效达成项目式学习的目标。

总之，教师不是项目式学习活动的局外人，学生的整个学习过程都离不开教师适当的监控与适时的介入。教师对项目式学习过程的介入表现在方方面面，或跟学生一起讨论、活动，或倾听、观察项目组活动，或对项目组的活动进行适时的调控，提供必要的学习方法指导。比如在项目组活动期间积极巡视,随时提供必要的点拨和疏导,及时发现问题,并能抓住学生讨论的转折点,将讨论引向深入。

案例链接

以下是七年级学生"重走丝绸之路"这一项目式学习活动中教师及时发现问题,并将讨论引向深入的一个教学片段。

为突破丝绸之路的历史作用及其文化内涵这一难点,笔者将全班同学分为商人和文化旅游观光者两个项目组,组成一个联合考察团重走丝绸之路。并让这两个项目组站在自己的立场上,从经济和文化交流方面探讨丝绸之路的历史作用。学生呈现上来的阶段成果如下:

商人小组以表格的形式从经济交流方面总结了丝绸之路的作用。表格如下:

输入	蚕豆	黄瓜	芝麻	大葱	核桃	葡萄	苜蓿	胡萝卜	汗血马
输出	梨	杏	桃	瓷器	漆器	丝绸	养蚕技术	冶金技术	凿井技术

文化旅游小组则即兴创作了一段简短的丝路风光的介绍,但同学们对丝绸之路的文化内涵这一难点仍没有理解。

为突破丝绸之路的文化内涵这一难点,笔者指导学生搜集敦煌莫高窟的佛教壁画,引导文化旅游项目组以此为切入点进行更为深入的讨论与交流。同学们接到新的任务后,先是各自独立思索,在形成自己的初步认识之后与其他同学交换意见,在彼此的交流中他们不断完善自己的认识,同时也不断产生一些新的想法,并在交流和碰撞中借鉴他人的思维方法和思维成果。通过分析与讨论,同学们最终得出佛教是经由丝绸之路传入中国的,进而总结丝绸之路不只是在经济上互通有无的"商品交易之路",也为沿线留下了重要的历史文化遗产,更是中外"文化交流之路"。

在历史项目式学习的教学过程中,教师要树立这样的教学理念:教学是动的、是活的、是情境化的。教师要在活动中根据不断变化的场景随时调整项目式学习的节奏、讨论课堂中生成的教学问题、补充学生需要了解的相关内容。

3.制定项目探究计划并做好过程管理

项目探究计划就是一份活动计划，也是一份活的文档。这一探究计划要在项目式学习初期就制定好，以便推进后续的一系列学习活动。项目探究计划不仅仅是一张基于时间和显示关键活动的进度表，而是一个综合性的计划，制定计划的过程就是思考如下一系列问题的过程。比如项目式学习过程中需要开展哪些活动？什么时候开展这些活动？项目完成过程中的关键时间节点有哪些？是否有足够时间探究更多的相关问题？项目开展和作品完成需要哪些技能？成员如何分工？谁来负责每个环节的落实？活动的开展需要使用什么技术、设备、工具、资源？当前有哪些可用学习资源？还需要那些资源？用什么途径和方法获取以上资源？采用哪些具体的研究方法？之前需要做哪些准备?(如人物访谈提纲和访谈记录表)项目的主要成果是什么？作品采取何种形式？项目可达成哪些既定目标？除项目作品还有哪些收益？项目完成有必要资金吗？是否需要向学校提出申请？等等。

方案和计划不是一劳永逸的，教师需要在每个关键节点检查项目的进展情况，指导学生及时反思和调整探究计划，做好必要的过程管理和风险排查，直到项目完成。比如在项目实施初期指导项目组进行工作分解，明确定义当前需要完成的工作及下一步工作计划；在项目开展的中期把握项目是否与既定活动目标相悖，并有意识地做出调整使项目能够继续进行；在项目进行的后期检查项目是否达到预期的阶段目标，既定方案是否需要修改。

4.给学生提供展示创造机会并给予积极的评价反馈

学生的讨论、争鸣是一种很好的培养创新思维能力的方式，但其终端应有一个集体的辐合思维环节，这就要求教师在项目式学习结束后，及时对学生的观点、论争进行归纳和评点，从中提炼出创新思维的成果。教师进行总结时，首先要在学生讨论交流的基础上，引导学生对项目式学习的整个过程进行反思，并思考今后如何修正、改进。之后，要进一步在思维方法上强调从新的角度观察思考问题；在思维结果上，肯定学生的正确分析和结论，并对学生通过合作交流仍未解决的问题，加以重点启发和巧妙点拨。

案例链接

以下是在学生项目式学习的基础上进行总结升华的一个案例。

九年级学生在开展"日本印象"这一项目时，笔者以日本历史知识为载体，让学生以项目组为单位进行问题探究，探究过程中的一个题目是："学过日本历史后，日本这个国家给你留下最深刻的印象是什么？请尝试用一个关键词概括并用相应史实加以说明。"各项目组纷纷发表自己的意见，提出"学习""借鉴""侵略""霸道""野心""改革""经济发达""科技领先"等关键词，并有相应的史实支撑。

最后，为了将学生们的认识加以深化和提升，笔者结合这些关键词引导学生进行了总结升华，得出对日本比较全面、客观的评价：透过这些关键词，不难看出，日本是一个经济发达、科技领先的国家；是一个能顺应历史发展趋势，善于学习、借鉴，勇于改革、创新的国家；又是一个在历史上野心极强、富于侵略的国家。因此，我们应该在了解日本及其文化的基础上，虚心学习、认真汲取日本发展和强大的经验与教训，同时警惕日本军国主义的复活。

这样，学生不但掌握了日本历史上的重大事件，提高了归纳、概括历史知识的能力，还对日本这个国家有了正确的认识和评价，世界意识、国际意识也得到了一定程度的培养。

由此可见，通过学生的独立思考与组内交流，学生们虽然能得出某些发现，但往往因受到其知识、经验方面的局限而无法将他们的认识加以深化和提升，因此有必要在教师的引导下对相关知识进行梳理和总结。当然，教师也可根据教学的需要在总结的基础上提出新的问题，引导学生重新审视所学知识，加深对重难点的领悟，进一步补充、完善知识结构，甚至可以把问题的探讨和争鸣延伸到课外去。

六、初中历史项目式学习的关键策略

项目式学习作为一种实践性学习，让学生的成长从提高解答应试的能力转向提高解决问题的能力。评价一次项目式学习成功与否,不在于教师讲了多少,而在于学生通过参与项目活动悟出了多少,获得了多少新知识、新理解。而这些新理解是在具体情境的问题解决中建构出来的。实现这样的学习,必须抓住学习情境创设策略、历史知识整合策略、思维的外显策略和学习过程中的深度互动策略等关键策略。

(一)学习情境创设策略

核心素养是个体在面对复杂的、不确定的现实生活情境时,在分析情境、发现问题、提出问题、解决问题、交流结果过程中表现出来的综合性品质;是个体解决真实的专业领域和现实生活问题时所需的关键能力与必备品格。这种素养是学生在解决具体问题和创生新意义的过程中形成和发展的,中间的重要载体就是情境。教学情境是教师在教学过程所创设的知识与情感氛围。它通过赋予历史人物、历史事件、历史现象和历史认识以情和境,使原本抽象、晦涩的历史知识和认知变得具体化、生动化、背景化、生活化、问题化和思维化,有利于拓展学生的历史视野,启发学生的历史思维,培养学生的历史意识,使学生更加主动、深入地参与教学过程,提高课堂教学的有效性。在初中历史项目式学习实施中,情境对教学活动的顺利开展与核心素养的落地具有重要意义。

1.教学情境在初中历史项目式学习实施中的教学价值

(1)情境是沟通历史与现实的桥梁

克罗齐说:"一切历史都是当代史。"现实由无数已经发生过的历史事件共同影响而成,与历史之间存在着无法割断的联系。在初中历史项目式学习中,学生需要识记、梳理的历史知识较为系统、严谨,时间、人物、事件、线索都要涉及,学习难度相对较高,很容易使学生产生畏难情绪,更不会学以致用,难以发挥史学的教育功能。教学情境正是沟通历史与现实的桥梁,它将历史与现实相联系,使学生认识到历史就在我们身边,它在形塑我们当下的同时,又给予当下无限敞开的可能。这不仅能提高学生参与项目学习的热情,更有利于其认识学习历史是为了理解现实、把握今朝。

(2)情境是历史知识转化为学科素养的途径

历史知识是素养形成的媒介和手段。历史学科核心素养不是学生先天具有的,也不是靠历史教师直接进行知识灌输教出来的。它是在长时段教学过程中,"借助具体的教学情境,在问题解决的实践中不断积累、逐步培养出来的。"①核心概念的建立需要创设情境,历史规律的探究需要问题情境,应用知识解决具体问题需要结合具体的实际情境,因此,真实、具体、富有价值的问题情境是项目式学习顺利开展和学生学科核心素养形成和发展的重要载体。学科素养导向的初中历史教学,要求历史教师在教学过程中根据情境教学的相关理论、历史学科的学科特点,以及学生学习历史的认知规律创设特定的教学情境,将学生难以理解认知的历史问题与尽可能真实的历史情境相结合,为学生搭建利用已有知识和经验解决问题的平台,以此来激发学生的学习兴趣,促进学生优化认知过程,构建历史知识结构的基础上训练和发展学生的学科素养。因此,历史知识转化为学科素养的重要途径是教学情境,构建从真实的情境中思考、建构、探究的认知路径,是历史知识通向学科素养的必然要求。

(3)情境是项目式学习开展和深入的前提

历史学习不是让学生简单被动地接收信息,而是他们主动地建构历史知识的意义。学科素养导向的历史教学,要求教师从重视知识传递走向重视知识建构,引导学生通过分析、比较,揭示历史概念的共性与个性,分析历史事件的联系与区别,根据因果关系和逻辑联系重构历史知识,加深历史理解。初中历史项目式学习的过程,正是学生根据自己的已有知识和经验,围绕一定的建构主题进行资料收集、筛选归纳、综合思考与思辨表达的过程;是学生通过主动参与问题解决发掘现象背后客观规律和普遍理论的过程;是学生通过对相关历史知识的理解与内化进而实现对历史知识的意义建构过程。在这一学习过程中,教学情境正是组织和调控项目推进过程的主线,是学生探究、解决核心问题,实现对历史学科重点知识的学习和核心素养培

---

① 胡书英.基于学生核心素养的教师教学方式的转变[J].教育科学论坛,2016(20).

育的关键。

2.初中历史项目式学习情境链接策略

在项目式学习的规划和实施过程中,为了更好地达成学习目标,需要通过好的情境素材把核心素养和课程内容进行深度关联,形成一个学习内容、学习活动、持续性评价相统一的实践性学习过程。在将知识内容转化成学习任务的过程中,情境素材的重要价值是形成驱动性任务,引导学生学习和探究的深入。好的情境素材能够引发学生的认知冲突,挑战学生的认知角度,丰富学生的认识思路,帮助学生形成正确的认识方法。那么,怎样来选择好的情境素材呢?具体选择时要用好链接策略。

(1)链接背景知识创设情境

背景知识是指与教材内容相关联的知识的总称。在历史教学中,背景知识是学生理解教学内容的认知停靠点。项目式学习作为一种典型的建构性学习,它要求学生在教师的帮助下,以一定的经验、知识为背景,在一定的情境中思考、探索、建构自己的新知识。没有必要的背景知识,历史教学往往无法进行,项目式学习也无从开展。然而,由于篇幅所限,教材对某一历史事件或历史现象的叙述往往追求简要扼要,很多时候只是呈现了历史事件的大致脉络,或只是提供了一个知识框架,叙述也多是结论性语言,对于历史事件发生的背景、原因、具体经过等着墨不多。而这些恰恰是学生建构历史知识、开展项目式学习的必要前提。历史无法再现,但我们可以通过搜集相关背景材料,对教材内容进行补充,创设情境,设计问题,推动项目深入的同时培养学生提取有效信息,分析、解决问题的能力。

案例链接

对于"家庭联产承包责任制"这一内容,教材上是这样叙述的:党的十一届三中全会以后,党和政府实行改革开放政策。改革先从农村开始,以调动农民的生产积极性,促进农村经济发展。1978年,安徽凤阳小岗村农民实行分田包产到户,自负盈亏。

为什么改革首先在农村开始?因何在安徽取得突破?教材上的内容没有提及。因此,在"经济体制改革"这一项目式学习开展过程中,笔者为第一项目组设计的探究主题是"问题与困惑",并提供了下面两则材料来创设情境,设计问题,作为教材内容的补充,引导第一项目组进一步论证和阐释教材的观点。

材料一

(中国)人口由1953—1954年调查的5.86亿,增长到1957年大约是6.30亿,1970年是8.20亿,1974年是8.80亿,20世纪80年代初为10亿出头。

——费正清《伟大的中国革命》

材料二

主要农产品产量 （单位:百万吨）

	1952年	1957年	1965年	1978年	1980年
粮食	163.42	195.05	194.53	304.77	320.56
棉花	1.30	1.64	2.09	2.16	2.07
油料作物	4.19	4.19	3.62	5.21	7.69
甘蔗	7.11	10.39	13.39	21.11	22.80

——徐中约《中国近代史》

探究以下问题:

1. 材料一是我国从1953年到20世纪80年代初人口变化的数据,请同学们迅速浏览材料中的关键字,说出这段时间我国人口发展呈现怎样的趋势? 请大家再关注材料中的首尾两个关键数字"5.86亿""10亿出头",你有何发现?

2. 材料二是一个有关主要农产品产量的数据表,请通览这张表格,迅速说出产量最高的是哪种农产品? 从粮食产量的首尾两个关键字"163.42""320.56",你有何发现?如果将两则材料结合起来看,同学们又有什么新发现?

通过这两则背景材料的补充和教学情境的创设,第一项目组同学不但对20世纪50年代到80年代这段时间我国人口变化和农产品的产量有了比较清晰的了解,还分析出这段时间农产品的增产产量由增长的人口消耗掉了,粮食的人均产量在近30年里几乎没有增加。那当时的人均日产量是多少？能满足人们日常所需吗？带着这样的疑问，第一项目组同学又结合1980年粮食产量的数据计算出当时粮食人均日产量大约是每天1.7斤。而通过百度搜索，他们了解到正常人一天的消耗包括粮食、肉、蛋、奶等总和大概2.3斤，当时物资匮乏，饮食单一，人们日常食用主要是粮食作物，人均每天1.7斤粮食是很难满足需要的。由此对粮票的发行和计划经济体制有了更深刻的理解，对改革因何在农村首先突破有了准确的分析。

在此基础上，为了让学生了解农村改革为何在安徽省首先突破，笔者又补充了以下背景知识。

材料三

1977年6月，万里上任安徽省委第一书记后，调查发现，全省28万个生产队中，只有10%的生产队能维持温饱；67%的队人均年收入低于60元，40元以下的队占25%。

——李向前：《旧话新题：关于中国改革起源的几点研究》，《中共党史研究》1999年第1期

材料四

万里下乡调查三个月，所到之处，询问农民最大的愿望是什么？农民的回答：第一是"吃饱肚子"，第二是"吃饱肚子"，第三还是"吃饱肚子"。

——《中华人民共和国史》第十卷

请回答：从材料三、四可以看出当时我国面临的最大问题是什么？面对这样国情，我国的改革将在哪里突破？以怎样的方式突破？

这些背景材料的补充和情境的创设依据任务完成的需要丰富学习内容，避免了对教材的简单提取和反复，将学生带入与学习主题相关的场景，激发了学生的探究欲望。在这一项目主题探究过程中，学生不再是机械式地被动接受知识，而是在真实的问题情境中，运用所学知识分析问题，解决问题，在获取新知识的同时，构建起了一个新的学习内容框架体系，使历史学科核心素养在这一体系中找到落点，大大提高了项目式学习的效果。通过研读材料、解决问题，学生认识到万里所看到的情景正是20世纪70年代末中国最大的国情——贫困落后，温饱问题亟待解决。从而对改革何以在

农村、在安徽省取得突破有了清晰的认识,加深历史理解的同时,提高了历史解释能力。

(2)结合图文材料创设情境

历史课程是人文学科中的一门基础课程,图文材料是中学历史教学的常用资料。根据课程标准的要求,本着服务于教学目标达成的需要,将插图、地图、表格等相关图文材料运用于新的学习情境的创设,有利于调动学生的视觉、听觉等多种感官,激发学生的想象和联想,使学生在新的语境中感受问题,引发思考,又在思考中发现新的问题,使问题与思考产生良性互动,以此推动项目探究活动的深入开展,培养学生积极探索问题的创新意识及创新思维,促进历史学科核心素养的培育。

案例链接

在开展"经济体制改革"项目式学习时,笔者为第二项目组同学提供了小岗村18位社员签字并按下红手印的那张搞大包干契约的图片及这份契约书的具体内容。利用图文材料创设了如下教学情境。

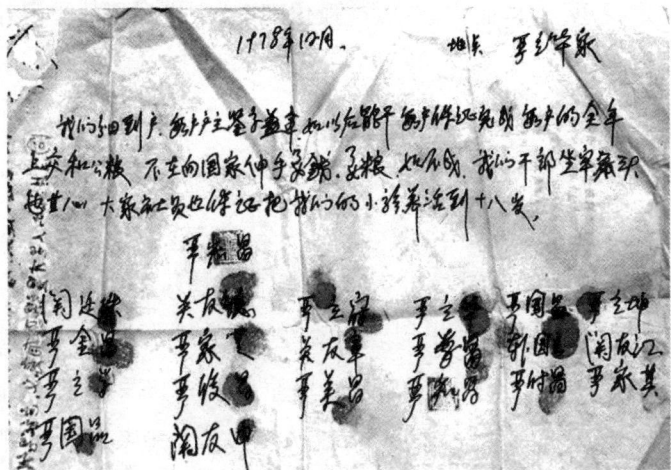

小岗村18位农民按下红手印的"包产到户"契约

请同学们在观察图片的基础上自行阅读以上文字材料,用四个字概括这份契约的核心内容是什么? 并指出这种做法在当时是否符合政策规定? 为什么?

第二项目组同学通过对图片的观察和对契约内容的阅读与分析,准确回答出契约的核心内容是"分田到户",这种做法在当时不符合政策规定,所以"干部有坐牢杀头的可能"。所以对小岗大队的农民来说,这份"包干契约"可以说就是他们押上身家性命的"生死文书"。

18个红手印的生死文书是一份非常珍贵的文物史料,通过对图片的观察和文字材料的研读,第二项目组同学回到历史现场,去经历当事人的那种壮举,感受小岗村村民当年签订契约时的复杂心情,从而体会历史每前进一步,都会付出巨大的艰辛,往往阻力重重。然而正是小岗村农民签下的这一生死文书,拉开了中国农村经济体制改革的序幕,从中体会小岗村村民"敢为天下先"的改革精神。

(3)借助历史实物创设情境

历史教学中的实物主要指模型、教具等直观形象的材料。在初中历史项目式学习中,利用实物模拟生活情境进行辅助教学,能迅速引起学生的注意,进而引发他们思考,让学生在项目推进过程中自己观察、亲手触摸、亲身体会,有助于调动学生参与项目探究的欲望,帮助学生集中注意力的同时,激活学生的形象思维,从而突破难点、强化理解,产生较好的学习效果。

案例链接

在开展"经济体制改革"项目式学习时,笔者引导第一项目组同学自行收集改革开放前的粮票,引导他们仔细观察并提取粮票正反两面的信息。并利用粮票这一实物,创设如下教学情境:"这是一张1973年的天津地方粮票。粮票有正反两面。大家看粮票的正面有哪些信息?"面粉"二字说明这张粮票的使用时受到了什么限制?"一市斤"说明粮票在消费时受到了什么限制? 正面"天津市"和背面"只允许在本市范围内使用",又说明了什么? 粮票的发行反映了当时人们怎样的生活状况? 从侧面又反映了哪些问题"? 引导第一项目组在搜集、观察粮票的基础上分析思考和讨论交流如何解决这些问题。

粮票是计划经济时代的重要反映。这一教学情境的创设,将教材相关内容与学生调查、探究之间建立起联系,并进行了有效整合。通过呈现粮票这一实物史料,帮助学生体验计划经济时代人们的生活,从日常生活的视角思考历史大时代的主题,同时也加深学生对计划经济体制特征的理解,推动项目学习高效开展的同时掌握史料分析的方法,培养史料实证意识。通过这一探究过程,学生认识到粮票的发行是国家对粮食及粮食作物实行定人定量、计划供应和限地区使用的政策,其发行和使用正是当时农产品短缺和物质匮乏的一个侧面反映。

(4)联系学生生活创设情境

心理学研究表明,学生的学习效果不但与其智力水平、学习方法有关,还与其心理状态有关,为学生构建贴近其生活实际的问题情境,使学习的内容与学生已有知识和生活经验相联系,是项目式学习取得成功的又一关键因素。历史学是一门和实际生活联系密切的学科,历史教师应善于选取学生熟悉的日常生活素材,将问题情境置身于现实的生活背景之中,多视角链接生活和生产策略,让学生体会历史与生活、生产的联系,感到生活中处处有历史,学习起来自然、亲切、真实,增强学习历史的兴趣,有助于提高项目式学习的有效性。

案例链接

在开展"经济体制改革"项目式学习时,为了帮助第四项目组同学突破"社会主义市场经济的建立及其影响"这一难点,笔者指导第四项目组同学走出家门,走进市场、超市、商场进行实地考察,并登上淘宝、京东等购物平台开展购物体验。在此基础上引导他们思考:"在这些购物、消费场所或平台上进行消费,你的直观感受有哪些? 对比之前人们持粮票等票据进行抢购的场景,购物环境和购物体验有哪些不同? 请同学们结合今天所学,想一想是什么改变了人们的生活?"通过这样的活动和问题设计引导学生了解历史,说出改革开放以来发生在日常生活中的变化,并结合所学知识和生活常识分析产生这些变化的原因,促进学生在项目探究活动中体验历史、感悟成长。

这种情境的创设和问题的设计从现实生活入手,以学生熟悉、关注、感兴趣的题材作为问题情境的载体与材料,使得原本枯燥的教学内容与学生的现实生活相联系,拉近了历史与现实的距离,引发了学生的好奇心和探究的欲望,调动了他们学习历史的热情,引导学生主动的思考和探求,顺利的推进项目式学习的展开。第四项目组同学积极参与、各尽所能、各尽所长,用自己独有的方式诠释改革开放以来日常生活的变化,表现对历史的感悟与认识。通过走访探究和汇总展示,他们深刻体验到从市场到超市、商场,从实体店到网购平台,人们日常所需应有尽有。这些购物场所和平台的出现为人们提供了良好的购物环境和充分的选择空间,大大提高了人们消费的幸福感。对比之前的物资匮乏、票据所代表的计划经济时代,正是改革开放创造了经济社会发展的"中国速度",是改革开放改变了人们的生活。

(二)历史知识整合策略

在传统历史课堂教学中,学生历史知识的学习经常由于缺乏全局性、整体性,而使知识本身呈现碎片化、局部化的状态,虽然突出了局部某一具体内容的关键点,但却打破了历史知识原有的联系,给人以支离、割裂感。须知,历史学科的基本特征就在于它具有鲜明的综合性、整体性、系统性。如果教学仅仅局限于单个碎片化的知识教学,而忽略或漠视这些基本特征的传递,长此以往,不仅无助于学生有效地习得具体的历史知识,而且会影响学生整体历史知识体系的构建,影响学生系统深入地理解和认识历史,甚至影响学生完整、科学历史观的形成,无法达成新课程赋予历史学科的教育目标要求。初中历史项目式学习即是要借助项目构建历史知识之间的关联性,引导学生在时空背景、因果关系、逻辑联系中实现对知识的有序积累和对知识结构的整体把握,进而梳理历史发展的线索,探究历史发展的真相,认知历史发展的规律,总结历史的经验教训,提高综合思维能力和学科核心素养。这要求教师引导学生对历史知识进行整合,从整体上把握知识结构,这是培养学生历史学科素养、开展项目式学习的基础环节。那么,如何对历史知识进行整合呢?

1.依时空顺序整合知识点

"历史思维是以时间、地点、人物为基本线索,揭示历史本质和规律的认知体系"。[①]时空观念是历史学科固有的特点和思维方式,也是新一轮课程改革所关注的历史学科核心素养之一。历史学习必须建立在明确的时间概念和空间概念基础之上,离开了时间和空间的准确定位就无从谈论历史的发生。因此,进行项目规划时,必须注重历史事物的时序、空间特点,依据课程标准的要求,按照一定的时空顺序整合教学内容,围绕特定时空序列和逻辑顺序下的核心内容制作专题的、模块的项目学习主题,并据此实施教学,让学生了解同一场域,不同时域社会历史形态的更替、历史事件的发生、发展的连续性(纵向联系),以及在同一时域,不同场域中历史事件、历史现象之间的差异性和关联性(横向联系)。这样可使孤零、无序的教学内容体系化,即形成特定专题、模块下的系列探究主题和学习内容,以此培养学生的时空能力和整体观念。

案例链接

笔者在执教人教版义务教育课程标准实验教科书九年级上册《世界历史》时,对"19世纪末20世纪初的历史"进行复习时,以"第二次工业革命"为切入点,将"19世纪末20世纪初的中国和世界"作为项目探究主题,引导学生对中国史和世界史按时空顺序逻辑立体整合,将第二次工业革命影响之下的资本主义、民族主义、社会主义三大思潮,从西方和中国两大不同场域分别梳理出几大模块,(如图1),通过自主探究、合作交流、作品呈现等学习环节比较全面地掌握这一时期的阶段特征。

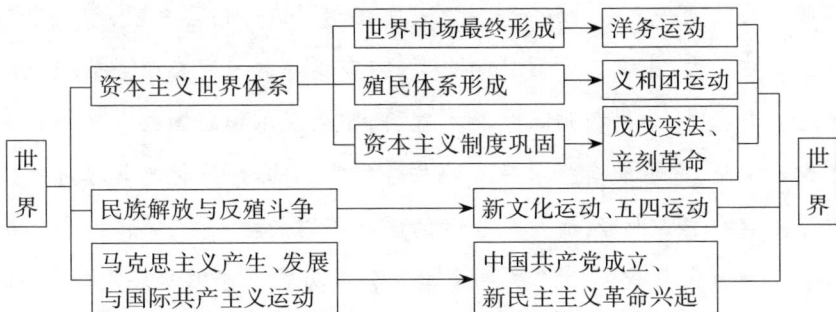

19世纪末20世纪初的中国和世界

① 赵恒烈.历史思维能力研究[M].北京:人民教育出版社,1998.

这种对教学内容的整合,从时空观念培养的角度来讲,有利于实现学生思维体系化、结构化。当学生自主学习某一具体历史知识点时,能准确地在立体的历史时空框架中实现知识定位与思维定向,在此基础上进行解读、分析和判断,有利于避免孤立地掌握历史知识和生搬硬套地分析、解决历史问题的现象,有利于学生思维能力的提升和历史学科综合素养的发展。

2.据逻辑联系升华知识点

"历史是一门注重逻辑推理和严密论证的实证性人文社会学科。对历史的探究是以求真求实为目标,以史料为依据,通过对史料的辨析,以符合史实的材料作为证据,进而形成对历史的正确、客观的认识"。[①]项目的设计和实施,应该关注这一学科特点与要求,力争使每一个项目主题的规划传递特定的教学内容,达成特定的教学目标和任务。在规划项目式学习内容时,教师不应该只是关注学生是否记住了时间、地点、结果等有关历史现象和历史事件的碎片化知识点,更应该关注知识之间的逻辑联系与学生历史思维的发展。利用项目引导学生积极主动地参与教学,启发他们对历史材料进行研读,对历史问题进行思考与探究,对历史事物进行理性分析和客观评判,将培养学生历史思维能力、形成历史学科的核心素养作为教学的重要目标。

案例链接

现行人教版教材八年级上册对"第一次国共合作的实现"这一内容的表述只涉及国民党一大召开这一知识点,而在学习这一内容之前,学生也只是了解了中共一大、中共二大召开等史实,内在逻辑联系存在明显的缺失。在学习这一内容时,如果教师只是照本宣科,学生很难理解国共两党为什么走向合作。因此,笔者没有将第一次国共合作实现的时间、标志等零碎的知识点作为教学的主要内容,而是从当时的国际国内局势入手,将国共合作镶嵌在一个大的时代背景下,将"第一次国共合作为什么能够实现"作为探究主题,通过项目的开展,指导学生理清"列强的侵略""共产国际的成立""国共

---

① 叶小兵.培养学生的历史学科核心素养——历史课程教材改革的新思路[R].叶小兵在全国历史学科核心素养研讨会上的报告(2016年4月27—28日).

两党不同的遭遇、共同的困境"等知识之间的逻辑关系,让学生加深对这一问题的认识。为达到这一教学目标,在实施中为学生提供了以下三组材料,并结合材料设计了三个问题链。

材料如下:

【第一组】

材料一:一战后,1921 年 11 月 12 日至 1922 年 2 月 6 日,美、英、日、法、意、中、荷、葡、比九国在华盛顿举行会议。《九国公约》的签订使中国恢复到几个帝国主义大国共同支配的局面。

——人教版义务教育课程标准实验教科书《世界历史》(九年级 下)

材料二:

帝国主义国家	扶植军阀派系	代表人物	控制区域
英国、美国	直系	冯国璋 曹锟 吴佩孚 孙传芳	直隶、江苏、江西、湖北
日本	皖系	段祺瑞	安徽、浙江、山东、福建
日本	奉系	张作霖 张宗昌	黑龙江、吉林、辽宁
英国、美国	滇系	唐继尧	云南、贵州
英国、美国	桂系	陆荣廷	广东、广西
日本	晋系	阎锡山	山西

材料三:

出示《北伐前夕国内政治形势略图》,加深学生对军阀割据的感性认识。

【第二组】

材料一:1917 年十月革命后,苏俄政府为了打破外交上的孤立局面,成立共产国际输出革命,同时积极地在中国寻求合作伙伴。1921 年华盛顿会议以前,共产国际一直在谋求与吴佩孚联合。 1921 年华盛顿会议召开,北京政府决定出席该会,共产国际开始转而联合孙中山。

——陈廷湘《中国现代史》

【第三组】

材料一:1922 年 6 月 16 日,孙中山一手护植起来的陈炯明发动叛乱,欲置孙中山于死地。孙中山退到永丰舰抵抗失败,退居上海。

——陈廷湘《中国现代史》

材料二：1923年共产党领导的京汉铁路大罢工在2月7日遭到北洋军阀的疯狂镇压，二七惨案爆发。

问题链如下：

【问题链之一】一战后，国际上召开了一次重要的会议，是哪次会议？这次会议给中国带来了怎样的影响？此时的帝国主义国家又是用怎样的方式侵略中国？给中国带来怎样的危害？看着这张地图，你有怎样的感受？当时的中国给你的第一印象是什么？

【问题链之二】二十世纪20年代初期，国际格局还有一个显著的变化是什么？刚刚诞生的苏维埃政权面临怎样的危机？苏俄怎样摆脱这种危机？对中国革命产生了怎样的影响？

【问题链之三】国共两党领导的革命在蓬勃发展之时遭遇了怎样的危机？如何摆脱这种危机？

在项目开展的过程中，笔者在引导学生阅读、分析材料的基础上解决以上三个问题链，使学生认识到：20世纪20年代，世界格局发生了两大显著的变化，给中国尤其是中国革命带来了重大的影响：一是由于华盛顿会议的影响，列强侵略的加剧，中国出现军阀割据局面，这些给中国革命带来了消极影响；二是共产国际的成立及其谋求与孙中山联合，对中国革命与国共合作产生了积极作用。通过对第三组材料的分析，则认识到当时国共两党面对不同的遭遇、共同的困惑，都急需同盟者以壮大革命力量。由此水到渠成地得出结论：在国共两党的努力下，在共产国际的帮助下，国民党召开第一次全国代表大会，使第一次国共合作得以实现。

这些内容的设计和材料的补充，鼓励和引导学生从整体上多视角、多层面、多联系中观察、分析历史现象，把握历史事件之间的逻辑联系，打通中外历史的通道，积极探究历史的真相，提高综合思维能力。相关问题的解决，着眼于知识点之间整体逻辑联系以及学生历史思维发展，加深了学生对知识的理解。

3.按因果关系系统整理知识点

人类社会的历史就是过程，是原因—经过—结果的演进过程。因果关系布满了历史学科整个结构体系。有次要、外在的因果关系,有必然、内在的因果关系;有直接、显著的因果关系,有间接、隐性的因果关系。①在历史教学过程中,教师应注意引导学生关注历史事件之间因果关系以及对历史发展必然性和偶然性等问题的探讨。然而,在实际教学中,为了突出某些知识点(如重点、难点、疑点),或是反映某个教学环节、教学主题的教与学活动,教师们往往需要设计制作几个相对独立的教学环节,以碎片化的形式呈现出来,学生在自学过程中有时很难在几个环节之间建立起一定的联系,往往是"知其然,不知其所以然"。在这种情况下,如果教师能根据教学的需要,恰当地借助项目化学习,将同一主题下的教学内容围绕历史发展主线和因果关系进行有机的衔接,就能扬长避短,使学生获得结构化、系统化的学习效果,达到对知识片段的融会贯通。

案例链接

《全日制义务教育历史课程标准(2011年版)》对"经济体制改革"一课的要求是:"了解农村改革的发展和社会主义市场经济体制的建立和完善,认识邓小平对改革所起的重要作用及改革对于中国发展的重大意义。"关于本课,部编人教版教科书设置了三目,分别是"家庭联产承包责任制""城市经济体制改革""社会主义市场经济体制"。常规的教学思路是按教科书编排顺序,按部就班地呈现各目内容,展开教学,但这样的教学往往抽象枯燥,缺乏主线、核心与灵魂,只能让学生粗略地了解中国经济体制改革的几个点,形成一些肤浅的认识,很难对中国经济体制改革形成深刻的理解与认同。

基于以上认识,笔者在设计教学时,查阅了大量史料,精心整合课程内容、设计教学环节,从历史细节入手,力图以时间为序、逻辑为纲、因果为索,将四十年波澜壮阔的改革历程设计为"问题与困惑""尝试与突破""阵痛与嬗变""瓶颈与突围""深改与创新"等五个环节,并辅以相关材料,向学生展现一幅更加广阔的中国经济体制改革画卷,将学生分成五个项目组开展探究。

---

① 杨子坤.浅论历史的因果关系[J].中学政史地(高三),2000(09).

这一项目式学习思路的设计和知识结构的构建,深入"经济体制改革"这一历史事件的本质和内核,注重学生对历史知识的逻辑理解和内涵认知,通过内容的重组、整合与呈现,实现系统设计,帮助学生明晰本课教学内容的内在结构,深刻认识历史发展的趋势,更加深入地思考和探究四十年前开始的那场深刻变革是因何而生发? 想要走到哪里去? 依靠什么而成功? ……在解决这些问题的过程中,体验最初的改革精神和时代印记,感受改革的辉煌成就与前进中的艰辛,从中汲取无穷的改革智慧与力量,凝聚新的改革动力与共识,逐步形成对历史和现实的认识与理解,而这正是历史教育的核心价值所在。

4.循"点""线"规律网罗知识点

一般来说,历史知识由历史人物、历史事件、历史现象及历史发展的基本线索构成。2011版课标及教科书内容的编排体现了"点—线"结合的呈现方式。历史人物、历史事件、历史现象即具体的"点",历史发展的基本线索即清晰的"线"。依据这样的内容编排,历史教学的过程就要展现出一个个"点",以及"点"与"点"联系的基础上呈现出"线"的发展状况,使学生在掌握历史事实的基础上理解历史发展的过程。

在项目主题规划过程中,我们常常会对某些教学内容进行整合,以保持知识内容的相对完整性和一致性,学生将相关的知识梳理成线、编织成网,这就成为我们项目顺利开展的关键。因此,在一个项目的学习结束后,教师应引导学生梳理历史发展的基本线索,按照时序的发展,将各个时期的基本特征及发展变化加以梳理,引导学生认识历史发展的趋势,明晰教学内容的整体结构。

案例链接

在学习了《新民主主义革命的兴起》这一单元的内容——"五四运动""中国共产党成立""第一次国共合作实现""黄埔军校""北伐战争""南昌起义""秋收起义""井冈山会师""红军长征"后,笔者引导学生以项目组为单位梳理"新民主主义革命的兴起"阶段的重大事件,使学生认识中国新民主主义革命从开端到发展兴盛起来,有一个艰难的过程。它以五四运动为发端,历经中国共产党诞生、第一次国共合作与破裂,到中国共产党独立领导武装斗争、开辟农村革命根据地,一直到红军长征,革命转危为安,中国共产党在经历了无数挫折之后,独立自主地担负起领导中国革命的重任。

在学习了《新民主主义革命的兴起》《中华民族的抗日战争》《人民解放战争的胜利》三个单元的系列微课后,笔者又和学生一起归纳新民主主义革命三十年的发展历程(包括1919—1923年酝酿革命、1924—1927年国民大革命、1927—1937年土地革命、1937—1945年抗日战争、1945—1949年解放战争五个阶段)及各个阶段主要矛盾和国共关系的变化,使学生认识到中国共产党的诞生给中国人民带来了真正的希望,使中国革命的面貌焕然一新。在中国共产党的领导下,中国人民经过二十八年的艰苦斗争,终于推翻了帝国主义、封建主义和官僚资本主义三座大山,中国真正获得了新生。通过这种归纳与梳理,学生由衷地感知党领导人民奋斗的艰辛历程,激发对中国共产党的热爱之情,自觉产生接受中国共产党领导,为中华民族的伟大复兴而奋斗终生的信念。

通过对所学内容进行梳理,学生将单元、模块之间的知识点建立起了联系,将散乱的知识碎片编成一个个结点,并织成一张彼此联系的知识网,构建为知识框架结构,使所有知识点都找到了相应的位置。从学习效果上看,这种在自学相关内容、进行微观历史探讨基础上进行的知识框架结构的构建使学生联想的知识面更宽,思维的联接点更广,更容易发现新问题,诱发新的求知欲。这样的教学也能够使学生感悟历史的发展规律,总结历史的经验教训,并在一定程度上形成对现实和时代的认识与理解。

(三)思维的外显策略

项目式学习倡导学生在各种复杂多样的真实情境中,借助一定的资源和学习工具,通过不断的探究、研讨、质疑和反思,用学生已有的知识与经验分析解决各种复杂的问题。它是一种真正的、以学生发展为中心的实践性学习,强调基础知识和基本技能的应用,强调思路方法的建构、打破与重构,是提升学生学习力的有效措施。学生这一学习过程需要教师的持续关注,尤其是解决问题的思路、方法等的形成过程,更是教师应该予以关注的重点。在这一过程中,让学习过程中内隐的思维显性化是一个重要的策略。如何让学生的思维显性化?

1.借助学生的自我表达让思维外显

多年的教学经验告诉我们,每一个学生都是一个独立的个体,都有不同的经历及成长背景,在个性、兴趣、思维方式、人生观和价值观等方面也都有很大差异。课堂上有的同学愿意和别人分享自己的想法,喜欢举手回答问题;有的学生性格比较内向,更喜欢倾听;有的同学思维活跃,紧跟上课节奏;有的同学惰性较强,学习过程中经常开小差。面对一个个不同的个体,怎样及时而准确地了解他们的参与状况和掌握程度? 让学生的自我分析和表达不失为一个有效的策略。

案例链接

学生在开展"列强的侵略"这一项目式学习时,有一个项目组以表格的形式对中英《南京条约》《天津条约》《北京条约》、中日《马关条约》《辛丑条约》异同点进行了比较,比较项目包括割地、赔款、开放通商口岸、其他特权等。其梳理的关于赔款内容的条约包括中英《南京条约》、中日《马关条约》《辛丑条约》,并对赔款数额进行了汇报。这时,项目组内其他一位同学站起来:"老师,《天津条约》《北京条约》也有赔款。""没有。""老师,您看教材……""老师,我是在《中国简史》上看的。"

这种做法让学生在项目组中描述自己的思维过程、解决问题的路径和方法,说出当前存在的一些疑虑,并和大家一起讨论,既可以比较清楚地了解学生的所思所想,又可以集思广益,形成解决问题的思路和方法,往往会收到意想不到的惊喜。

此外,初中历史项目式学习兼具客观性和主观性的特点。其所涉及的历史知识既有史实,又包含史论和史法,呈现出多维度的特点。初中历史项目式学习不应以教科书中历史问题的解决为终极目标,而应在整体建构所学知识的同时,将落脚点置于与所学历史内容相关联的现实问题的处理。"要求学生学会在不同的时空框架下理解历史的变化与延续、统一与多样、局部与整体,并据此对史事作出合理解释;要求学会在认识现实社会时,能够将认识的对象置于具体的时空条件下进行考察。"①这要求历史教师在新课学习结束后,要从课程的逻辑性和完整性出发,引导学生以恰当的方式对所学内容和学习过程进行整体建构,从而更为科学、有效地达成教学目标。这也是学生自我分析和表达的有效途径。

案例链接

在"经济体制改革"项目式学习小结和延伸学习环节,笔者引导学生以数轴的形式梳理了我国四十年波澜壮阔的改革历程,建构起对经济体制改革完整的认识体系,同时为了给学生提供多元的学习机会,鼓励他们发展创新思维与情感,笔者设计了这样一个问题:"通过本课学习,你有哪些收获?结合今天的学习,联系当今社会现实,你认为我国深化改革要注意哪些问题?"

学生的回答格外精彩,有的超出了笔者的预期。"改革应不忘初心,以人民为中心,不断提高人民的生活水平。""虽然改革已经取得了很大的成就,但也产生了新问题,改革还要继续下去。""改革是为了实现中国梦,实现中华民族的伟大复兴。""改革的过程中会遇到困难与艰辛,我们应学习小岗村民的那种勇于改革的精神。""改革一定会使我们的生活更美好。""改革的重任有一天会落在我们肩上,我们只有努力学习,不断提高自己,才能承担时代赋予我们的重任。"……

从学生的发言可以看出,通过学习与探究,他们对"经济体制改革"的历史有了较为全面的了解,对"全面深化改革"的现实有了一定程度的思考,对自己今后的生活有了更美好的憧憬,对自己肩上的责任有了更清晰的认识……这必然会积累、内化为他们未来所需的某种关键能力与品格,成为他们完善人生和奉献祖国的一笔宝贵财富。

在学生发言的基础上,笔者进行了总结升华:我们重温改革,就是要感受波澜壮阔的改革历程,体验改革开放的辉煌成就,认识改革过程中的艰

---

① 杨德志.基于历史学科核心素养的史实正确评价问题[J].天津师范大学学报(基础教育版),2018(03).

辛,通过这样一个过程,唤醒最初的改革精神和时代印记,汲取无尽的改革智慧和能量,汇集新的改革动力与共识。2018年是我国改革开放四十周年,这是一个重要的历史节点。我们重温"改革精神",再忆改革历程,目的是再释改革决心。

由此可见,每一次项目式学习的最后,不一定是以句号为终结,而可以是冒号、破折号甚至问号等,帮助学生走向可持续性的学习与思考。项目式学习只是为学生观察世界打开了窗口,课后的观察与探究才是学生了解历史、审视现实、面向未来的不竭源泉。

2.通过学生的质疑讨论让思维外显

在教学组织形式方面,项目式学习多是以项目组为核心来设计教学环节。通常情况下以"组内异质、组间同质"的原则来划分项目组,"组内异质"使同一项目组的成员在性别、成绩、家庭背景、交往技能等方面存在一定差异性和互补性,从而有助于提高学生理解的深度和推理的质量,为小组成员间的互助合作提供可能。这种组织形式将学生与学生之间的互动纳入教学之中,让学生们共同参与,最大限度地促进他们自己以及他人的学习。当学生产生不同意见时,给他们提供时间、空间和机会,让他们充分表达自己的想法,也鼓励有疑问的学生,把心中的疑问表达出来,引导学生的思考和讨论不断深入。在这一过程中,学生的思维流量大大增加,思考品质大大提高,得到的结论也更加严密,获得的成功体验更加丰富。

案例链接

学生在开展"中国古代政治制度的演变"这一项目式学习时,有一个环节是隋唐时期选官制度的重大变革,即科举取士制度的诞生与完善。该项目组的同学都很认真地翻阅教材,搜集资料,对相关内容进行了梳理。以下是一位同学梳理的具体内容。

诞生:隋文帝时期为加强统治,初步建起了通过考试选拔人才的制度,隋炀帝创立进士科,标志着科举制的诞生。

完善:唐太宗统治时期是我国古代科举制发展的重要时期。增加科举考试科目,鼓励士人报考,进士科成为最重要的科目。武则天在科举考试方面创立了殿试制度,亲自面试考生。

作用:科举制的创立是中国古代选官制度的一大变革,加强了皇帝在选官和用人上的权力,扩大了官吏选拔的范围,使有才学的人能够由此参政,同时也推动了教育的发展。此后,科举制成为历朝选拔官吏的主要制度,一直维持了1300多年。

笔者请该同学在项目组分享了他梳理的成果,并对其认真阅读教材、回答问题思路清楚等优点进行了肯定。之后,又询问该同学:"你在学习中有什么问题和困惑吗?"他摇了摇头。"那为什么说科举制的诞生加强了皇帝在选官和用人上的权力?"学生陷入了沉思。"其他同学能解答吗?"这时另一位性格比较内向的同学说:"老师,我记得魏晋南北朝时期的选官制度是九品中正制。'中正'就是选拔评鉴人才的官员,因为魏晋时期中正官长期是由门阀世族大家来担任,所以官吏的选拔权实际上是被上层贵族所垄断。他们在选官的过程中,主要看中的是门第,而不是注重能力。""你是在哪里看到的这些信息?""我家有一本《中国古代政治制度史》。"……

学生的思维被充分调动起来,他们把九品中正制和科举制进行了比较,从科举制的组织、报名、参考的资格、选拔方式等方面认识了科举制的进步性:

首先,科举制由各级政府进行组织,这就打破了九品中正制下世家大族垄断官场的局面,加强了皇帝在选官和用人上的权力,达到了加强中央集权的目的。

其次,从科举制报名、参考的资格来看,科举制不看门第,这就扩大了官吏选拔的范围,使有才学的人能够由此参政,尤其为寒门子弟提供了当官入仕的机会,这就促进了社会阶层的流动,使"朝为田舍郎,暮登天子堂"成为一种可能。

最后,从选拔方式来看,科举制以考试方式来选拔官员。这在一定程度上体现了公平与公正,也推动了教育的发展。同时保证了专制政府行政人员的来源和文化素养,提高了行政效率,"满朝朱紫贵,尽是读书人"正是其鲜明的写照。

3.通过教师的启发和追问让思维外显

随着历史学科五大核心素养的出台,历史课程功能有了新的发展,它要求学生在习得历史知识的同时,能够有效拓展历史视野,发展历史思维,提高历史学科核心素养,即将历史学的研究和学习方法运用到理解和解决现实问题的过程中,最终作用于"立德树人"的育人总目标。历史学科知识作为学生历史素养形成的重要基础和载体,承载着学科认知、审美涵养、思维习得、智慧启迪等诸多功能,摒除学科知识的浅层化和学生思维的表层化,由传统的符号记忆转向逻辑理解和内涵认知,走向帮助学生对教学内容深度理解的教学成为广大历史教师的应然追求。

在项目开展过程中,学生的探究、讨论、争鸣是一种很好的培养创新思维能力的方式,但其终端应有一个集体的辐合思维环节,这就要求教师在学习结束后,要及时对学生的观点、论争进行归纳和评点,从中提炼出创新思维的成果。教师进行总结时,首先要在学生讨论交流的基础上,引导学生对学习的整个过程进行反思,并思考今后如何修正、改进。之后,要进一步在思维方法上强调从新的角度观察思考问题;在思维结果上,肯定学生的正确分析和结论,并对学生通过项目学习仍未解决的问题,加以重点启发和巧妙点拨,对内容方法,思路表达等方面进行追问,留给学生更多的探索空间,让学生进行更深入的探讨和更充分的表达,也让其思维有更大的发展空间。追问可以帮助学生产生更多的问题,引发学生更多的想法,避免出现学生只有实践的形式,而没有实践的深刻体验,为了做项目而做项目的情况发生。

案例链接

学生在开展"中国古代政治制度的演变"这一项目式学习时,一个项目组的同学在汇报探究成果时,涉及了隋唐时期的三省六部制,指出这一中央官制的推行是历史的一大进步,对于其进步的原因分析却没有提及。在学生汇报结束后,笔者首先对同学们的学习结果和学习过程进行了点评,在此基础上,进行追问:"三省六部制是历史的一大进步,为什么这样说呢? 如果将其与三公九卿制相比,会有哪些发现呢?"并让学生结合以下两幅示意图继续探究。

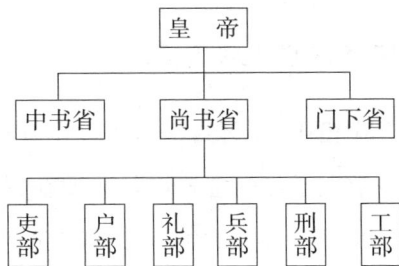

"三省六部"示意图

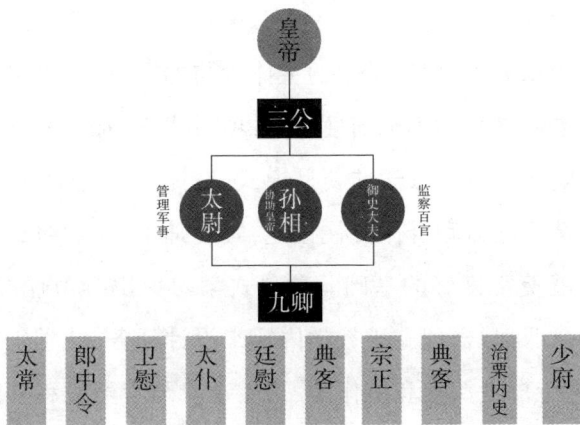

"三公九卿"示意图

通过对两张示意图的比较以及对三公九卿、三省六部等机构职权范围和决策程序的梳理,学生得出了以下认识:

一是三公九卿制中的三公即丞相、太尉、御史大夫。分别负责行政、军事和监察。"三公"中的丞相处于一人之下、万人之上,容易威胁到皇权。而在三省六部制下,三省的长官都称为宰相,这样把相权一分为三,削弱了相权,加强了皇权。

二是三省六部制相对于三公九卿制是一大进步。为什么这样说呢?

从职能上看,三省和六部各司其职,分工明确,提高了中央政府的办事效率。从行政程序上看,三省将决策权与执行权分解,既能够相互牵制,又能够互为补充,使中央决策程序趋于规范化,增强了决策的科学性。因此,三省六部制是中国古代政治制度趋向成熟的重要标志。

(四)学习过程中的深度互动策略

与传统的教与学方式相比,项目式学习更强调互动,它将教学各动态因素之间的互动作为促进学生学习的主要途径。要在深度互动中来达成预期目标,需要借助深度互动策略,帮助学生将已有的知识经验运用到真实的问题解决之中。

1.设计驱动任务,促进学生与任务的深度互动

项目式学习在一定程度上是一种任务驱动学习,学习任务的设置在调动学生主动性和积极性、促进学生的主体参与的同时,有助于解决学生主体参与的缺失与主体参与的不平衡性,促进项目式学习的深入开展,形成比较规范的适合历史学科课堂教学的新型模式,在提高学生学业成绩的同时,培养学生的自主学习能力和合作交往技能,实现师生共生共长,为个体适应社会和可持续发展奠定良好的基础。项目式学习突出学习任务的设计,它要求教师综观整个课程,合理安排教学内容来设计任务,使学生在强烈的问题动机驱动下,进行自主探索和协作学习,主动参与学习过程并成为学习的主体,从而提高项目式学习的有效性,培养学生的学习能力。那么,如何设计学习任务呢?

(1)任务的设计要有科学性

项目式学习作为一种现代教学的组织形式,在改善学习氛围,促进学生主体参与等方面有它的优越性,但任何一种教学方式和策略都不是万能的,并不是所有的教学内容都可以通过项目式学习来实施。如果学习任务的设计侧重于基础知识的掌握,或者问题过于简单,缺乏挑战性,学生就会产生轻视和厌倦的心理;任务太困难,学生则会望而生畏,因难而退。在这种情况下盲目地采用项目式学习方式来组织教学会使学生缺乏学习的动机而倾向于成为学习的旁观者,项目式学习也就失去了它应有的价值,其应用效果自然会大打折扣。综合项目式学习特性对学习内容的要求,笔者认为在初中历史项目式学习的任务设计要有可操作性,难易适中,梯度分明。所谓"难度适中",即接近学生的"最近发展区",让学生"跳一跳,摘得到果子",从

而使主体参与和能力培养成为可能。所谓"梯度分明"就是说任务的设计由浅入深,合理安排,以满足不同层次学生的需要,这是促进学生整体参与和发展学生个性的关键。

案例链接

八年级学生在开展"近代化的探索"这一项目式学习时,对"洋务运动是中国近代化的开端"这一问题理解起来有一定难度,于是,笔者为学生们提供相关材料,设计具有一定梯度、层次分明的问题,通过这些问题的解决来理解近代化的含义。具体如下:

1.阅读教材相关内容,利用表格列举洋务派创办的军事工业、民用工业、新式海军和新式学校。

2.阅读材料回答问题:

材料一:

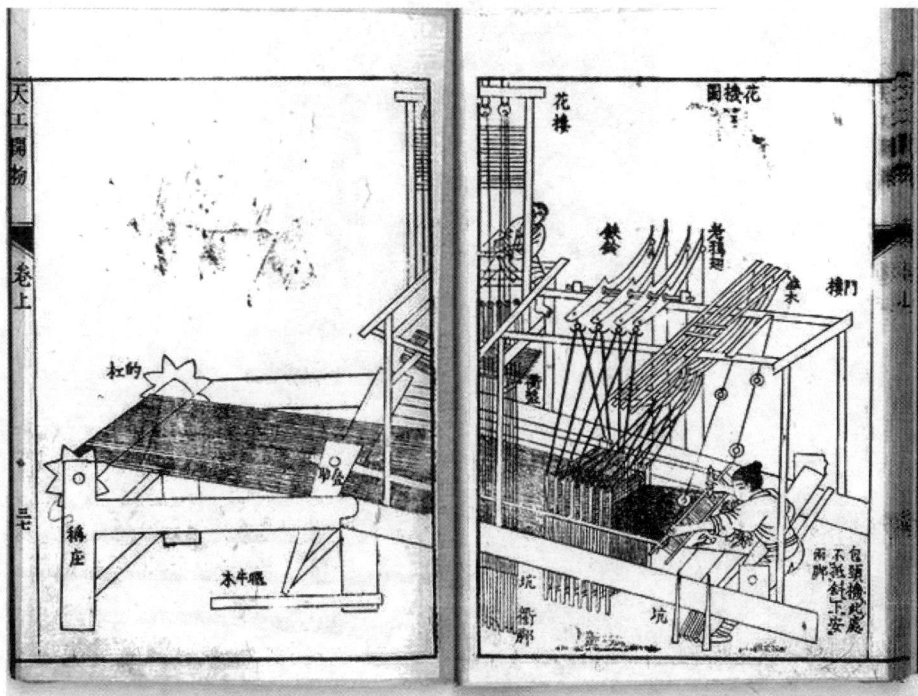

手工生产的图片

江南制造总局机器厂房

材料二：

清军戎装图

江南制造总局生产的枪、炮

材料三:唐胥铁路和胥各庄至芦台运河的通行,初步解决了开平煤外运的问题。使其能以较低的运费,抵达主要销地——天津,并迅速占领了天津的煤炭市场,排斥了日本煤炭。1882年后天津进口外煤数量逐年下降:1881年为17,445吨,1882年为5,416吨,1883年为3,785吨,1884年为1,296吨,1885年为566吨,1886年为301吨。

——刘佛丁:《开平矿务局经营得失辨析》

(1)结合材料一,思考洋务派创办的军事工业,生产方式有何变化?

(2)结合材料二,回答洋务派创办的军事工业生产出的兵器有何不同?

(3)结合材料三,指出开平矿务局创办后,天津市场发生了什么变化?开平矿务局的煤发挥了什么作用?

3.结合所学知识,思考:

(1)结合七年级学习的八股取士的考试内容,比较洋务派创办的新式学校"新"在哪里?

(2)结合两次鸦片战争的形势图,思考洋务派为什么创办海军? 这几支海军与以前的旧水师有何不同?

4.归纳总结洋务运动对中国的近代化产生了哪些影响?

这种任务的设计将洋务运动的内容这个大问题分解成若干个小问题,环环相扣,层次分明;既注意到了新旧知识之间的联系,又给学生留出了充分思考的空间;既涉及基础知识的掌握,又有史学方法与技能的培养(从史料中获取信息),更有潜移默化的情感态度和价值观的教育。这就使各个层次学生都积极地思考并参与其中。最后,笔者还在学生们回答的基础上引导他们总结:洋务派创办的军事工业和民用工业都采用机器大工业进行生产,标志着中国经济近代化的开始;洋务派创办的新式学校以学习近代的自然科学知识为主,标志着中国教育近代化的开始;洋务派创办的近代海军则是中国军事近代化的开端。通过这些层次分明的任务的设计与解决,学生们不但掌握了洋务运动的内容,理解了洋务运动是中国近代化的开端这一历史结论,而且使不同层次的学生都尝到了成功的喜悦,使他们在自己原有基础上得到不同程度的发展和提高。

通过这个教学案例,笔者进行了反思:在设计学习任务时既要关注学生的年龄特点、已有知识和经验,还要关注学生的个体差异,唯有如此方能较好地调动不同层次学生参与项目式学习的积极性,培养其分析解决问题的能力。项目式学习的开展既要让全体学生广泛参与,又要充分挖掘部分学生的潜力,使其学习能力和创新能力进一步提升。

（2）任务的设计要具有一定的探索性

教学中的学习任务是指学生觉察到的一种"有目的但不知如何达到"的心理困境,也就是说,学习任务是一种心理状态,当接触到的学习内容与原有认知水平不和谐、不平衡时,学生对疑难问题急需解决的这样一种心理状态。项目式学习中学习任务的设计要能引起学生认知结构上的不平衡,造成学生心理上的悬念,从而唤起学生积极思考的求知欲望,激发起学生学习的兴趣。作为历史教师,我们应该善于捕捉和选择这些有探索性的教学内容来设计项目式学习任务,或为学生提供相关材料,让学生自主创设问题情境,以此激发学生的求知欲,学生也就会自愿参与其中并做出某种有价值的发现,大大提高了项目式学习的实效性。此外,在问题设计时,要保留开放的状态,多提些开放的问题,给学生以充分发挥的余地。

案例链接

八年级学生在开展"近代化的探索"这一项目学习时,辛亥革命的历史意义这一内容极具探索性,笔者为全班同学呈现材料:胡锦涛《在纪念辛亥革命100周年大会上的讲话》(2011年10月9日)材料如下:

辛亥革命推翻了清王朝统治,结束了统治中国几千年的君主专制制度,传播了民主共和的理念,以巨大的震撼力和深刻的影响力推动了近代中国社会变革。虽然由于历史进程和社会条件的制约,辛亥革命没有改变旧中国半殖民地半封建的社会性质,没有改变中国人民的悲惨境遇,没有完成实现民族独立、人民解放的历史任务,但它开创了完全意义上的近代民族民主革命,极大推动了中华民族的思想解放,打开了中国进步潮流的闸门,为中华民族发展进步探索了道路。

通过阅读材料,同学们都能提取出关键信息"辛亥革命打开了中国进步潮流的闸门,为中华民族发展进步探索了道路"。

在此基础上,笔者为同学们设计了这样一个学习任务:"辛亥革命打开了中国进步潮流的闸门"这一结论的得出,依据是什么? 辛亥革命究竟给后世留下了什么? 请同学们以项目组为单位进行探究,并为同学们提供如下材料,让同学们从政治、经济、思想、社会生活四个角度去总结和思考,寻找当时中国发生的变化。

材料一:一九一二年一月一日,在南京成立的中华民国临时政府,是辛亥革命的胜利成果,是近代中国资产阶级民主革命运动的产物。它宣告了在中国延续两千多年的封建君主专制制度的覆灭,宣告了资产阶级共和国的诞生,因而成为中国人民反帝反封建斗争史上的一个重要里程碑,也是孙中山先生"在辛亥革命时期,领导人民推翻帝制,建立共和国的丰功伟绩"的最主要标志。

——摘自陈胜粦《论孙中山在创建南京临时政府时期的斗争》

材料二:1912—1919年,中国新建厂矿企业达470多家,投资近一亿元,加上原有扩建新增资本达1.3亿元以上,相当于革命前50年的投资总额。中国工厂使用的蒸汽动力,1913年为43448马力,1918年为82750马力,约增加一倍。

——摘自严中平《中国近代经济史资料》

材料三:出示袁世凯称帝后祭天和讨袁宣言的相关图片。

设问:为什么国人不能接受袁世凯做皇帝呢?

材料四:出示辛亥革命前后服装、缠足、称呼、头发等的相关图片

设问:这些变革反映了什么?

同学们在接到学习任务后,先是各自独立思索,在形成自己的初步认识之后交换意见。在彼此的交流中,他们不断完善自己的认识,同时也会不断产生一些新的想法并在交流和碰撞中共享他人的思维方法和思维成果。四个项目组最后各选出一名代表做总结性发言:辛亥革命的历史意义体现在以下几方面:政治方面——推翻清王朝统治和君主专制制度,经济方面——促进资本主义经济的发展,思想方面——使民主共和观念深入人心,社会方

面——推动了社会生活、习俗的变革。总之,辛亥革命为中国全面近代化打开了大门,中国终于主动与浩浩荡荡的世界潮流接轨,迈出了实现民族独立与繁荣富强的坚实一步。

这样的任务设计具有一定的探索性和启发性,这就最大限度地满足了学生作为一个发现者、研究者和探索者的心理需要,激活了学生的思维,促使学生主动地参与到教学活动中,同时由于问题的答案是结合政治、经济、思想、社会生活四个方面的变化而得出,这就调动了学生对各种自主学习策略的运用,对已有的知识和经验进行迁移,促进学生之间的讨论和师生的交流,使不同能力水平的学生可以从不同角度、不同侧面、不同层次、不同范围得出各种结论。这种具有探索性的学习任务能启迪学生的思维品质,真正激活学生的思维,使学生主动地学、积极地思考。对这些任务的解决,不但使学生得出了许多有价值的发现,其语言表达能力和历史思维能力也得到了不同程度的提高,项目式学习也取得了良好的效果。

(3)任务的设计应具有教育性

历史课程是人文社会科学中的一门基础课程,蕴含着丰富的德育内容,具有很强的思想性,对于青少年学生思想道德品质和科学文化素质的形成,有其特有的功能和优势。历史教师要发挥历史的思想教育功能,在项目式学习任务的设计和完成过程中,渗透给学生情感态度价值观和科学素养教育等内容,做到寓德于教。

案例链接

在九年级同学进行"日本印象"这一项目式学习时,为了引导同学们正确认识日本和中日关系,我将这一目标分解为不同的小任务,同学们用项目探究的方式去完成。

任务一:

1.以项目为单位,用历史坐标轴的形式梳理日本历史上的重大事件,如大化改新、明治维新、甲午中日战争、八国联军侵华、九一八事变、全面侵华等。

2.结合同学们所梳理的史实,讨论日本这个国家给你留下的最深刻印象是什么？请每个小组在讨论交流的基础上尝试用几个关键词概括,并用相关史实加以说明。

任务二:

结合所学知识,思考中国民众反感日本的历史原因是什么？现实原因又有哪些？

任务三:

中日两国之间关系的回忆中,难道只有矛盾、对抗,有没有友好、和谐的时刻？

同学们在对以上三个任务完成的过程中,对日本的印象不断加深,有了比较客观、全面的评价,也更清楚地认识了中日两国之间的关系既有历史上的友好与对立,又有现实中的依存与竞争。在倾听同学们讨论交流的过程中,笔者能感觉到他们看问题的角度在逐渐趋于客观、全面,对历史、现实与未来的思考在走向成熟。而笔者则在此基础上引导同学们正确认识历史、客观审视现实的目的在于积极地面向未来。最后,同学们用16个字对中日关系进行展望:前事不忘、后事之师、以史为鉴、面向未来。

这种学习任务的设计使学生通过历史课程的学习,了解和认识人类社会的发展历程,更好地认识当代中国和当今世界。初步学会从历史的角度观察和思考社会与人生,从历史中汲取智慧,逐步树立正确的世界观、人生观和价值观,提高综合素质,得到全面发展。项目式学习也在帮助学生掌握知识、发展能力的同时关注了学生情感的渗透,实现了其本应该秉持的价值追求。

总之,作为项目规划的重中之重,学习任务的设计是其取得良好应用效果的关键。任务的设计要具有科学性、探索性、教育性等方面的特征才能使学生自主、能动地参与教学,并进行深入的认识与探讨,通过分工、合作更圆满地完成任务。这样,历史项目式学习就不会徒有其形式而是能够取得实际的效果。

2.设计系列问题,促进学生与问题的互动

就教育策略而言,问题是信息加工过程中不可或缺的环节,它可以使诸

多联想向着指定的方向深入,推动学习者理出答案并为其学习的深化寻找新的途径。认识历史决不能局限或被缚于记忆现成的历史结论,而应积极思考并解决历史学习中种种新问题。因此,学科素养导向的初中历史项目式学习,要求教师在理顺教学内容的基础上,设计高质量的问题,将抽象、晦涩的历史知识具体化、形象化,通过赋予历史认识以情和境,为学生搭建利用已有知识解决新问题的平台,以此来启发学生的历史思维,训练和发展学生的历史学科的关键能力与素养。有学者强调:"历史是一门注重逻辑推理和严密论证的实证性人文学科。"①系列问题的设计除了难易适中,梯度分明之外,还应注意系统性和逻辑性。

案例链接

在设计和组织实施"经济体制改革"项目化学习过程中,笔者注意引导五个学习项目组结合研究主题和学习目标拟出具体问题,使学习过程成为历史问题的解决与关键能力的培养过程。五个项目组的探究问题如下:

第一项目组:围绕"问题与困惑"这一主题,在整理资料的基础上,拟出了"20世纪50年代初到80年代初我国人口数量和农产品产量呈现怎样的趋势? 如果将人口发展和农产品产量结合起来看,有什么新发现?""粮票的正反两面有哪些信息? 这些说明这张粮票的使用时受到了哪些方面的限制? 粮票的发行反映了当时人们怎样的生活状况? 从侧面又反映了哪些问题?""万里书记的调查反映了当时安徽农村怎样的生活状况?""在这样的时代背景下,我国的改革将在哪里突破? 以怎样的方式突破?"等问题。

第二项目组:结合小岗村"18个红手印的生死文书"图片和契约内容,提出了以下问题:"自行阅读材料,用四个字概括这份契约的核心内容是什么? 指出这种做法在当时是否符合政策规定? 为什么?""小岗村农民的这种做法在当时产生了怎样的反响? 农民是否搭上了身家性命? 中国的改革能否突破?"

第三项目组:利用20世纪80年代初天津国有企业改革的试点企

---

① 徐蓝.关于历史学科核心素养的几个问题[J].课程·教材·教法,2017(10).

业——天津手表厂在改革中的"阵痛与嬗变",设计了以下问题:"阅读材料,说出天津手表厂建立的前30年,产品在销售方面有何特点?""80年代初,企业遇到了什么麻烦? 为什么会出现这一麻烦? 天津手表厂为摆脱困境采取了哪些措施?"

第四项目组:通过阅读材料,解决下面的问题:"20世纪90年代初,农村、城市的改革出现了哪些新问题? 主要原因是什么?""如何突破改革中的瓶颈? 从'南方谈话'中,可以看出邓小平强调了什么? 为什么强调这一问题? 起到了什么作用?""社会主义市场经济体制的建立给人们的生活带来了哪些影响?"

第五项目组:在对40年改革历程进行梳理的同时,学习党的十九大报告的相关内容,产生了这样的疑惑:"结合今天所学,想一想是什么改变了人们的生活? 是什么带来了国家的发展?""改革是不是可以就此画上一个圆满的句号? 为什么?""十九大报告指出我国社会主要矛盾的变化,对党和国家工作提出了哪些新要求? 如何满足人们的新要求? 怎样才能实现更高质量的发展?"在认识到要继续改革,用更深入的改革来破解当下的难题时,同学们产生了新的思考:"回眸过去,是为了前瞻未来。40年的改革历程给我们今后的改革带来哪些启示? 我们深化改革要注意哪些问题?"

这些问题的设置,出于以下两方面的思考:

其一,问题的设置难易适中,梯度分明。既源于教材又高于教材,兼顾了八年级学生的"现有发展区"和"最近发展区",学生通过自主学习、同伴互助及教师引导能够解决问题,或者说是跳跃后能"摘到果子",这样学生自然愿意"跳",也乐于摘到"果子"。此外,这几组问题的设计层层深入,面向全体,又正视了差异,为每个学生提供参与的机会和平台,保证每个学生都能学有所得。

其二,问题的设计关注了历史学科特点,逻辑性强。这几组问题的设计不局限于经济体制改革的时间、地点、人物等要素,而是从改革进程中一系列相关历史事物之间的逻辑联系与学生历史思维的需求出发,力争使每个问题都能传递特定的历史逻辑元素,体现严谨的史证特性,一起构成对"经济体制改革"的历史解释。

在问题的驱动下,学生的探究活动不断深入。通过探究,他们对所学知识有了更深入的思考,对历史研究方法有了更深刻的感悟,对历史问题有了更为完整的认识,在这一过程中学生逐步建构起自己的认知体系。在自我探究和问题解决中,历史教科书中的相关内容得以激活,学生原有的知识局限被打破,历史知识的内在逻辑与联系得到比较充分的关注,历史现象背后的客观规律和本质内涵得以发掘,学生的学科素养则得到实实在在的历练。

3.教师指导学生完成任务,增加学生与教师的互动

在传统教学中,教师的角色更多的是知识的掌握者和传递者。我们评价一位教师的教学水平,主要的关注点是其讲课的科学性、逻辑性、清晰度和板书情况等。初中历史项目式学习以"建构知识、发展能力、培育素养"作为其价值追求,其教学过程不再是从知识符号到符号的单向传递,或是从教师到学生的单向关系,而将学生作为教学的主体,通过对历史知识的建构,超越浅表层教学的桎梏,帮助学生获取知识背后所隐含的对个体发展更深层次的意义,实现提升历史学科关键能力、培育学生历史学科核心素养的目标。

在项目式学习中,学生承担了比以往更多的学习责任,教师的角色发生了一些变化:他们既是学生学习的导师,也是同伴;既是学习活动的设计者,也是参与者;是学习过程的组织者,又是解决问题的指导者;既是学生学习资源的提供者,又是作业设计者。在整个项目学习中,教师和学生的深度互动非常重要。教师不是合作讨论活动的局外人,学生的整个学习过程都离不开教师适当的监控与适时的介入。在这一互动过程中,教师既要主导学生学习、探究的方向和基本进程,又要给学生留足尽可能大的学习空间。在学生分析问题、解决问题、交流研讨和成果展示的过程中,教师要做到以下几点:一是要适时点拨与调控,引导学生多角度思考问题并完善方案或拓展思路,或及时发现问题,抓住学生讨论的转折点,将讨论引向深入;二是提供必要的学习方法指导,或要借助问题或者资源搭设支架,帮助有困难的学生持续学习;三是指导学生厘清思路,提炼方法,完成作品等,促进其思维进阶发展。

案例链接

在规划"美国印象"项目时,笔者将"林肯竞选总统""南北战争爆发前美国南北方的矛盾""南北战争的经过""《解放黑人奴隶宣言》的颁布"四个内容关联化,指导学生搜集资料,录制微课,并借助其内部的因果关系,将其所涉及的知识点转变为一系列探索性的问题点、能力点,用问题链的形式展示出来,通过引导学生对知识点的设疑、质疑、释疑、激思,培养其关键能力和创新素质。重点内容如下:

一、战争的爆发

1.林肯在竞选中以绝对优势战胜了所有对手,当选为美国第16任总统,为何未得到南部10个州的任何选票?

2.美国南北两种社会经济制度在发展过程中存在哪些矛盾?

3.双方矛盾的焦点是什么?哪一事件使这一矛盾空前激化?

4.南北战争爆发的原因有哪些?根本原因是什么?

二、战争的经过、结果

1.南北战争的结果如何?

2.《解放黑人奴隶宣言》颁布的影响有哪些?

3.结合战争经过和《解放黑人奴隶宣言》颁布的影响,你认为北方胜利的原因何在?决定性因素是什么?

三、综合南北战争爆发的原因、经过、结果,联系美国独立战争的相关内容,你认为美国南北战争的性质和意义是什么?说明你的理由。

这些问题的设计,将看似零散的四个教学环节所涉及知识点的内部联系深化和关联化,引导学生通过自主学习分析美国南北战争的起因及由此决定的南北战争的性质、结局和影响,实现了对学习内容结构的整体把握。学生在学习过程中,能将相关碎片化的知识快速整合,形成对美国南北战争较为全面、客观的认识,建构起围绕这一教学主题相对完整的知识与能力体系。经过这样的学习,学生习得的碎片化知识逐步得到有序积累,对历史事件之间的线索和因果关系的认识逐步清晰,系统性知识结构逐步形成,综合运用所学知识的技能也得到相应的提高。

4.教师组织学生研讨和交流,增加学生之间的深度互动

与传统班级授课相比,项目式学习更强调互动,它将教学各动态因素之间的互动作为促进学生学习的主要途径。在重视师生互动的同时,项目式学习将互动的中心聚焦在生生之间关系的拓展上。学生们的身份相同、年龄相近,更加容易接受对方的观点。在参与项目活动的过程中,他们可以与同伴互相启发、开阔思路,表达和完善自己的观点。这就改变了传统班级授课下生生之间相互作用被忽视的局面,把教学建立在更加广阔的交流背景上,为学生提供了更多的主体参与机会。

历史学科是一个实证性学科。当项目学习任务和问题确定之后,就需要寻找解决问题的有效路径。作为历史教师,我们如果只是引导学生从教科书中找到答案,对于学生的思维发展和能力培养并没有太大意义。开展初中历史项目化学习,应将落点放在引领学生自主探讨历史问题的史证活动上,引导学生以材料作为研究历史的依据,通过对有价值的材料进行概括、分析、比较、综合等思维操作,尝试阐述自己对问题的认识与理解,生成对历史客观、公正的认识,这是初中历史项目式学习的必经途径。

案例链接

在设计和组织实施"经济体制改革"项目式学习时,五个项目组在教师的指导下,充分整合、利用搜集到的历史资源,并将符合史实的材料作为证据,对相关问题进行探究、分析与论证,逐步建构起自己对历史问题的理解。

如第二小组同学搜集到了小岗村农民"18个红手印的生死文书"图片,并通过自行阅读和观察,从图片的文字中提取关键信息,准确回答出契约的核心内容是"分田到户",并以"干部有坐牢杀头的可能"为依据,说明这种"分田到户"的做法在当时是违反国家政策规定的,对小岗村的农民来说,这份"包干契约"可以说是他们押上身家性命的"生死文书"。

那小岗村农民的这种包产到户的做法在当时有怎样的反响? 农民是否搭上了身家性命? 结果如何? 学生们又通过研读1979年3月15日的《人民日报》中的张浩来信——《"三级所有、队为基础"应该稳定》这一材料,提取出"继续稳定地实行'三级所有,队为基础'的制度","不能从'队为基础'

退回去,搞'分田到组'、'包产到户',"要求已经搞'分田到组'、'包产到组'的地方,应坚决纠正错误做法"等关键信息,说明当时反对单干的声音很强烈。通过观看《改革开放中的邓小平》中的一段视频,认识到安徽省委书记万里对小岗村民的做法持支持态度。这两则不同类型的材料使学生认识到在小岗村的实验正是在这种质疑、争论中坚持了下来。

通过这些材料的研读与论证,学生回到历史现场,去"体验"当事人的那种"壮举",感受小岗村村民签订契约时的复杂心情,从而体会历史每前进一步,都很艰难,往往阻力重重。然而正是当年小岗村农民写下的这一"生死文书",拉开了中国农村经济体制改革的序幕,从中体会小岗村村民"敢为天下先"的改革精神。这一过程,不仅可以培养学生阅读、理解、分析、综合等学习能力,还使学生在运用史料解释历史问题的过程中学会认识历史的重要方法,学会像一个历史学家那样去理解历史、构架自己对历史的解释,有助于他们初步形成历史的实证意识。

(五)教学研究的改进策略

项目式学习是学生基于学科又超越学科的学习,是以主题和项目为学习单元的学科内或跨学科的综合性学习和联系社会生活实际的学习,它是以核心素养为导向的教学,要求教师从关注学生学科知识获取到关注核心素养提升,从单一的考试评价到持续性评价,这都对教师素养提出了更多更高的要求。教师要达到这些要求,仅仅通过大学所学知识是远远不够的。这些都需要教师直面改革,主动学习,主动研究、主动实践,提升自己的专业水平,借以发展自身洞察问题、研究问题、解决问题的能力和勇气,进而顺应改革甚至引领改革。

当前教育教学改革向纵深发展,无论是理念,思维方式,还是技术、手段都在快速变革,这对教师提出了更高的要求。为更好地拥抱变革,担当起教育教学改革的重任,促进促进教师专业成长是当务之急。如何提高教师的专业成长呢?

一是学习。与其他课程相比,历史课程的一个重要特点是"课程内容随着时代而变化,培养时代需要的现代公民",这对教师的不断学习、充实提高提出了更高要求。历史教师要将理论学习作为重中之重,不仅要进一步学习教育学、教育心理学、教育管理学、课程论等现代教育理论,还要定期阅读历史教学的理论专著与刊物,加强历史学、历史教育学等专业知识学习,将泛读与精读相结合,使理论学习成为自己的自觉行动,从而丰富自己的理论素养,以构建起自己的教学理论认知体系,力争在理论方面不断得到提升。只有时时关注新成果、适时甄别新观点,才有能力主动的充实、丰富课程内容,并勤于设计与实践,优化教学方法、合理实施课程。

二是实践。课堂是教育教学的主渠道,课堂优施是学校课堂教学改革之主干。教师要提升自己的理论水平,但仅仅提高理论水平是远远不够的,还要用理论指导自己的实践。聂幼犁教授说过"如果说史学家研究的是历史本身,那我们教师是用史学家的成果来研究教学"。作为历史教师,应不断深入教育教学改革,尝试从教学目标、教学内容、教学过程、教学方法、课内与课外、传统与现代等方面对历史课程教学进行完善,将实践能力和水平提升到更高层次。在此强调,教师理论水平的提高与实践能力的提升,二者是相辅相成的。历史教师只有在长期、持续的研读中,才能学会思考如何在反观教材的基础上把读书成果转化为课程资源,并通过教学设计将其转变为独立的课程内容,让课堂展现独有的学术理解。即每一节历史课的设计都要注重从其自身的教学立意出发,突出教学主线的同时,援引与教学内容相关的学术成果,实现合理对接与拓展教材,使枯燥的历史知识变得生动、直观、形象,为学生认识历史提供多元视角。

在实践层面,教师不仅要做好常态化的历史教学,还要尽量将自己的教育教学工作与日常市、区、学校的教育教学活动相结合,定期参加历史学科分散教研、集中观摩、分组研讨等形式多样的研修活动。这既是对历史教育需求的积极回应,也是在积淀中丰厚教师、促进其专业成长的必然要求。

三是研究。苏霍姆林斯基说过,如果你想让教师的劳动能够给教师带来乐趣,就是天天上课,不至于变成一种单调乏味的义务,那你就应该引导每一位教师走上从事研究这条幸福的道路上来。我们常说,学、做、研是教师专业成长的基本途径。其中，学是前提，做是基础，研是保障。为什么研是保障呢？因为教师能够在研中思考、改进、创新、提升、收获。

1.教师在研中思考

一般来说，教师进行的研究主要包括基础研究、应用研究和开发研究三种。但不论是进行哪种类型的研究，都要在研究过程中经历选题、假设、实验、验证、得出结论、撰写论文和专著等环节，这一过程需要运用归纳、演绎、分析、综合等思维手段，揭示事物本质和规律，这种科学思考活动对于教师专业成长的促进作用是任何其他活动所不能替代的。

2.教师在研中改进

教师开展的教育科研活动往往是结合自身的教育教学实际进行的。有些教学研究是对教学中重点、难点的突破，有些教学研究是对亮点和问题的梳理，有些教学研究是对疑点的解决，这些基于实践的思考往往对教学方法的变革、教学方式的完善、教学措施的改进起着非常重要的作用。比如历史学科的材料教学对于提高学生的史料实证、历史解释等素养有着非常重要的作用。

3.教师在研中创新

创新是教育发展的催化剂。创新来源于反思。没有反思，就没有创新；没有创新，就没有改进；没有改进，就没有发展。教师从事的教育科研活动是一种科学探索活动，是一种科学实践活动，是一种科学认识活动。在科学探索、科学实践、科学认识的活动过程中，教师需要对自己的实践和理论探索进行认真反思，总结成败得失的基础上提出新的理论、新的观点、新的方案、新的方法，进而改进教学实践，提升教育教学的效率、效果、效益和效能。

4.教师在研中提升

教师要经过教育科研活动，使自己的教科研素养得到大幅提升。教科研素养是由理论素养、能力素养和道德素养组成的。其中理论素养包括教育科研的基本理论和知识、研究方法论和方法学、学科理论和相关学科理论；能力素养包括发现问题的能力、信息收集和处理的能力，科研规划的组织的能力，开拓创新的能力和撰写科研论文的能力；道德素养包括要求真务实、脚踏实地、严谨治学、一丝不苟,要尊重人格、作风民主,要批判继承、大胆创新等。教师在教科研中提高自身理论素养、能力素养和道德素养的过程,也是完善自己、提升自己的过程。

总之,读书是让历史回归真实的路径、实践是实现历史教育目标的阵地、成长是教师专业发展的追求,学习、实践、反思、研究是教师专业成长的路径。历史教师应在新育人观的倡导、学生的成长需求、教师的价值追求等因素的助推下不断提升教育理念优化运作方式、改善实践效果。

5.教师观念的转变

教师设计项目单元学习任务或活动时,首先要转变观念,教师要研究怎样选择好的情境素材？怎样设计与学习目标、学习内容相符的学习任务？怎样预测学生完成任务的过程中可能会遇到的问题,课程会生成的问题？怎样引导学生从关注实践经验本身上升到关注思维方法？应该给予学生什么样的学习支持,这样的学习效果怎么样？如何进行评价？如何反思调整和改进教学？在变革时代,面对教育改革外在的压力和挑战,教师首先应该转变观念,把变革当作自身教育教学知识重构,提升育人素养的契机。学生观、教师观、教学观、课程观的转念是教师教育教学实践切实的宝鉴。

一要关注学生立场,落实科学的学生观,切实做到发挥学生主体性地位。学生观是指教育者对学生的基本看法,是对学生的本质属性及其在教育过程中所处的地位和作用的看法。学生观支配着教师的教育行为,决定着他们的工作态度和工作方式。新课改以来,这样的观点一直为广大一线教师所熟知:传统学生观把学生视为被动的客体,是教育者管辖的对象,是装知识的容器;现代学生观则认为学生是积极的主体,是学习的主人,是正在成长着的人,教育目的就是育人。过去是教师中心,强调以教定学;今天是学生中心,强调以学定教。教师应该关注学生的思维品质,尤其思维发展情况,同时更关注教学中的互动生成。历史教师一定要放权给学生,把课堂作为学生表现的空间,把课堂上学习的时间、空间、权利还给学生,而不是教师展现个人才华的舞台。给学生充分表达自己思维的机会,让学生说出心中所想,问出心中疑惑,议出是非曲直。让学生放开讲,甚至可以把讲台交给学生。当然,这种放权是有前提的,即学生的充分准备和教师的指导及对学生的信任。整个过程要避免学生兴奋过度或活动过量,具体说怎样放,怎样收;何时放,何时收,都要因人因事而异。

二要角色意识转换,树立发展的教师观,切实做到以专业化为追求。社会的高速发展,技术的迭代进步,使学生的学习从倾听记忆模仿和练习为主的复制型学习向以实践体验理解和迁移为典型特征的深度学习转变。教师不能满足于让学生对知识进行重复记忆和浅层理解,而应指导其要在原有知识的基础上,将所学的新内容与原有知识建立关联,并通过实践和应用达到对知识更深层次的理解,并能够主动建构知识体系,提高在真实情境中解决复杂性、综合性问题的能力。作为教师,一是要认真解读课程标准和教材;二是要基于学生立场,认真解读学生。以学生实际状态作为教育教学的起点和出发点,成为教学目标制定的依据,例如学生已有什么? 学生缺什么? 困难和障碍是什么? 差异是什么? 三是关注学生的发展需要,要求教师教学设计时考虑的要更加长远。教师的教学观念及教学行为的转变至关重要。教师要树立发展的教师观,切实做到以专业化为追求。

三要重构课堂点滴,落实有效的教学观,切实做到深化教与学方式的变革。什么是有效教学? 主要是看学生,看学生变化了没有,发展了没有。要想使学生发展,关键要给学生自主解决问题的机会,让学生接受挑战;要引导学生找到解决问题的突破点,突破难点和障碍点;要引导学生在解决问题的同时找到提升空间,在原有基础上进行提升。在项目式学习中,教师指导学生完成任务的过程,就是解决一个个问题的过程。在分析和解决问题的过程中,教师的指导使学生的讨论、反思、评价、纠错、改进、优化等学习行为得到优化,使他们的认识和理解从模糊到清晰,从分散到系统,加深对所学内容的理解,这是实现生长的必经阶段。

四是研究课程开发,落实全面的课程观,切实做到以学生的成长需求为归宿。课程是学校实施教育教学的核心。作为教师,我们必须着眼未来,立足实际,思考自己能为学生提供什么样的课程;这些课程对学生今后的发展起到什么样的作用,把目光从原来的只关注学科教育,向关注课程设置、学习方式和评价方式变革,以及向学生的终身发展上转移。强化课程意识,提高课程建设与课程开发的主动性,明确处处是课程、时时有课程的观念。明确本学科课程建设与课程开发的方向,形成具体实施方案。

通过对国家课程的开发和学校课程的建设,系统开发满足学生需求、充分落实学校培养目标的校本课程。从学生需求出发,课程为学生而设计,提供适合学生发展的课程体系,"让每一个学生清楚自己的跑道"、给学生选择和尝试的机会,"在选择中发现学生的潜能"、发现学生学习链条上的关键点,"在最近发展区发生学习"。在孩子们的学生时代,就为他们未来的所有可能做好一切准备,相信并能帮助他们成为他们最想成为的自己。

第二章　初中历史项目式学习中学术类项目的设计与实施

一、何谓初中历史项目式学习中的学术类项目

初中历史项目式学习中的学术类项目(以下简称"学术类项目")属于学科内的项目化学习,它是在初中历史项目式学习中,以课程标准为依据,以现行部编版义务教育历史教科书的内容为载体,聚焦历史学科的核心知识与关键能力,教师通过对现有历史课程材料的问题性、项目化转化,形成学生对某个主题学术性挑战的一类项目。

此类项目的设计主要立足于历史学科,教师将历史学科内容设计成多元化的主题,作为实际教学活动的主线内容。学生通过对重大的历史人物、历史事件、历史现象和历史线索的学习和思考,在获取历史知识的同时,把握历史发展阶段特征,揭示历史发展规律,形成自己的历史认识,并从历史中汲取智慧和营养。这也有利于充分发挥历史学科独特的育人功能,培育学生在历史学科方面的必备品格与关键能力。学术类项目涉及内容一般集中于某一本或几本历史教科书。项目任务的完成指向学生对所学内容的理解和历史学科关键能力的培养,旨在落实历史学科课程标准的同时,发展学生积极建构学习、合作解决问题的能力。此类项目的具体实施,需要师生在通览教科书内容的基础之上,立足项目学习的主题和目标,分析、比较、选用教科书中的相关知识,进行细化与深化,融会贯通,将其整合到项目探究内容之中。

二、学术类项目的设计原则

(一)整体化原则

初中历史项目化学习不同于传统教学中知识点的教学,它指向对历史知识的本质性理解,让学生全面、充分地认识某一历史事件或历史现象的本质特征,在不同的情境中丰富对历史知识的认识,通过构建历史知识之间的关联性,引导学生在时空背景、因果关系、逻辑联系中实现对知识的有序积累和对知识结构的整体把握,并且为学生提供利用历史知识解决问题的机会,进而梳理历史发展的线索,探究历史发展的真相,认知历史发展的规律,总结历史的经验教训,提高综合思维能力和学科核心素养。为此知识点就需要升级。学术类项目的开展需要明确该项目主题概念的内涵和外延,以此为聚合器,不断地聚集更多的历史信息,将众多事实性历史知识以一种有效的方式整合起来。这就要求教师深刻"领会课程标准的课程定位和学习要求",[①]从历史课程的逻辑性和完整性出发,重新整合与梳理知识之间联系,充分关注前后知识的衔接、局部知识与学科架构的勾连,站在育人的高度、课程的深度和学生发展的角度来看待和处理教学内容和要求,强调对课程资源的开发、整合与利用,对探究主题进行整体化设计。这是初中历史项目式学习主题设计的基本原则,也是历史学科核心素养培育的应有之义。

案例链接

在"苏联模式的社会主义探索"这一项目式学习开展过程中,笔者首先引导学生认识探究主题为什么要加"苏联模式"这样一个限制,"加"和"不加"这两个课题背后的差别是什么。在学生认识到其最大的差别就是对社会主义建设的理解不同(斯大林模式是建设社会主义的唯一模式还是一种模式)后,笔者将探究主题分成战时共产主义政策、新经济政策、斯大林模式三个子项目,让学生以项目组为单位,探究苏联探索社会主义的三大实验,

---

① 徐赐成.论历史教科书的学术性——以《中外历史纲要》教科书为例[J].天津师范大学学报(基础教育版),2019(04).

认识苏联社会主义建设从追寻理想(按马克思的构想进行)到正视现实(列宁从国情出发进行)再到回归理想(斯大林模式形成)的过程。

这种项目的规划,不是要求学生获取碎片化的、零散的、杂乱无章的信息,而是帮助其掌握有逻辑、有结构、有联系的知识体系。学生也不是孤立地学习知识,而是在教师的引导下,在与同伴的互助下,根据活动开展和任务完成的需要去联想、调动、激活以往的经验,以融会贯通的方式对相关学习内容进行组织,建构起自己新的知识结构。学生在构建历史事件、历史现象之间的联系,全面梳理苏俄(联)模式社会主义探索过程的同时,将自己与知识建立意义关联。在这一学习过程中,学生对战时共产主义政策、新经济政策、斯大林模式的背景、特点、内容有了更清晰的了解,对社会主义、斯大林模式等核心概念有了更深刻的认识,对苏俄(联)社会主义改革的脉络、成就和主要问题有了更准确的把握,更好地认识东欧的剧变和苏联的解体,只是社会主义一种已经僵化的模式的失败,并非整个社会主义制度的失败。中国的社会主义建设从全面学习苏联到独立探索走中国特色的社会主义道路,正是中国共产党坚持把马克思主义基本原理与中国实际相结合,逐步摆脱模仿苏联模式的传统思路,成功开辟中国特色社会主义道路的过程。由此,学生对社会主义发展史有了更准确的把握,对中国共产党在科学社会主义新发展中的历史贡献有了更深的感悟。

案例链接

又如在学习"列强的侵略与救亡图存的探索"这一项目时,由于时间跨度大,涉及的知识要点多,如果按照部编版历史教科书的编排顺序,按部就班地呈现各课与各目内容展开教学,只能让学生粗略地了解晚清时期一些重要历史事件的关键点,形成一些肤浅的认识,很难形成更深刻的理解。基于以上认识,笔者在设计教学时,以时间为序、逻辑为纲、因果为索,用时间轴的形式将这一时期的重大历史事件串联在一起,向学生展现一幅更加广阔的历史画卷。并让学生以项目组为单位展开探究,引导学生自主发现和真正理解。时间轴如下:

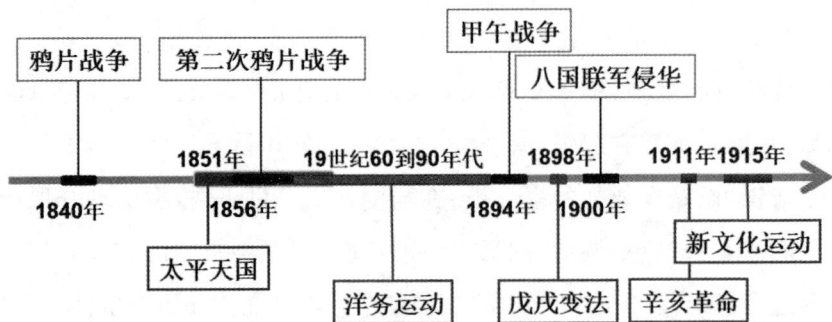

这一学术类项目的设计和知识结构的构建,抓住历史事件之间的因果关系和内在联系,以西方对中国的冲击为因,以中国对此作出的反应为果,把晚清时期大量分散的、相对孤立的历史事件、历史概念用一条线串联起来。学生按因果关系找到历史事件、历史人物、历史现象之间的关联性,在此基础上对晚清这一时空框架下的历史事件作出合理解释,学着从历史表象中发现问题,有理有据地表达自己的看法。帮助学生明晰本项目相关教学内容的内在结构,深刻认识历史发展的趋势,进而学会以全面、客观、辩证、发展的眼光加以看待和评判现实社会与生活中的问题,逐步形成对历史和现实的认识与理解。而这正是历史教育的核心价值所在。

(二)深度化原则

所谓深度,是指触及事物内部和本质的程度,深度化原则是相对于浅层教学而言的。这一原则要求教师立足于历史学科和历史教育本质,围绕教学目标和教学主题,合理构建教学内容,精心创设问题情境,通过史料研习和自主探究的教学活动,促进学生深度参与,"在准确把握学科本质和知识内核的基础上,旨在触及学生情感和思维的深度,引导学生自主发现和真正理解。"①它不同于传统课堂中仅侧重于初中历史教科书基本内容的记忆性、机械性教学,也不是简单地增加历史教学难度,无目的地扩大知识的深度、

----

① 李松林.深度教学的四个着力点——兼论推进课堂教学改革的实质与方向[J].教育理论与实践,2014(31).

广度,而是在教学中引导学生深刻把握历史知识内涵,帮助其掌握本质化、逻辑化和系统化的历史知识,并在应用、分析、评价及创新中切实体悟历史知识的价值意义,自主建构历史知识的意义系统,以此培养学生的历史学科核心素养以及学科情感。

学术类项目的开展,不同于针对历史知识记忆和非批判性接受的浅层学习,而是深入历史学科的本质,触及历史知识的内核,充分关注历史学科教材与实际教学内容理解的应有深度,引导学生全面地从历史的整体和局部、现象和本质、前因和后果、偶然与必然等诸多方面多层次、多角度地认识历史、解决问题,通过对所学知识的同化顺应建立自己的知识结构,达到对知识的真正理解,知其然,亦知其所以然。因此,无论是从历史演进的必然,还是从项目开展与目标达成的实然,抑或是从学生历史学科核心素养培育的应然,都要求学术类项目的规划不能脱离深度化这一原则。

(三)可行性原则

初中历史项目化学习作为一种以学生为中心设计、执行的教与学方式,强调通过学生的活动和参与来学习,而非通过教师的讲解与传授;强调必须通过一定的过程和完成一定的任务进行学习,而非直接从教材上找到现成的结论;强调学生切身的体验和感悟,而非单纯追求形式上的热热闹闹。其目标的达成需要以学生身体、心理、情感的全面参与为前提。这就要求学术类项目的确定必须遵循可行性原则。

1.符合学生的最近发展区

最近发展区理论的提出者是维果斯基。这一理论认为学生的发展有两种水平:一种是学生的现有水平,另一种是学生可能的发展水平。前者指学生独立活动时所能达到的解决问题的水平,后者是通过教学所获得的潜力。两者之间的空间就是最近发展区。这要求我们在日常教学中为学生设置带有一定难度的教学内容和学习任务,调动学生的积极性,发挥其潜能的同时,超越其最近发展区而达到下一发展阶段的水平,然后在此基础上进行下一个发展区的发展。学术类项目的规划亦不能脱离这一原则,所探究主题必须难度适中。问题太容易,学生会产生轻视和厌倦的心理;问题太困难,学生则望而生畏,因难而退。所谓难度适中,即接近学生的"最近发展区",让学生"跳一跳,摘得到果子",从而使独立思考与合作探究成为可能。

2.关注学生的兴趣

从教育心理学的角度而言,学习兴趣是一个人倾向于认识、研究获得某种知识的心理特征,是可以推动人们求知的一种内在力量。在教学过程中,我们不难发现,学生对某一学科有兴趣,就会持续地专心致志地钻研它,从而提高学习效果。那如何提高学生的学习兴趣呢? 关注学生的思维状态,培养其独立思考能力非常关键。历史的整个学习过程都应该是一个思考的过程。苏霍姆林斯基强调,让学生拥有可以自由支配的时间是个性发展的一个重要条件。培养学生独立思考能力,应给学生留出充足的时间,以确保多数同学对提出的问题做深入分析,充分调动自己已有的知识和经验,将自身置于历史真实中,让思维在广阔的时空中穿梭,从而使课堂的知识容量与思维容量和谐匹配,使学生的知识水平和思维能力同步发展。

3.考虑项目的可操作性

学生以项目式学习的方式完成一项学习任务,需要诸多前提条件,包括在项目活动中需要运用的知识、技能、工具和方法,使项目能够在有限资源限定条件下,实现或超过设定的需求和期望。这就要求教师在做项目规划时对达成一系列目标、解决项目的问题或达成项目的整体需求进行评估,并做好相关工作,使项目具有可操作性。

案例链接

在规划"中国古代朝代的更替"这一项目时,笔者首先引导学生以单元为序对教材知识进行了梳理,引导学生了解了不同朝代的起止时间和阶段特征,把握了历史演进的大致线索,为项目的开展做了知识方面的铺垫。其次,对学生做了相应的学法指导,指导学生绘制历史时间轴,以图文并茂的形式将各朝代的起止时间、重要历史人物、历史事件和历史现象梳理在时间轴上,展示朝代更替的历史。在此基础上,指导学生分析历史人物、历史事件和历史现象等历史知识之间的因果关系和逻辑联系,并对历史时间轴进行个性化的解读与展示,以现场展示或录制讲解微视频的形式进行展示交流,充分调动其学习的主动性和积极性,引导学生深入参与其中并获得更多有价值的发现。

这一项目的设计注重手脑并用、学思结合、知行统一,强调学习结果的展示,并兼顾对探究过程的指导,项目的规划充分考虑到了七年级学生的已有知识,考虑中学生在注意、思维和想象等方面认知发展水平和学生的实际操作能力,充分照顾到了学生的兴趣点和参与项目的意愿,并进行了相应的学法指导,使学生深入参与其中并获得更多有价值的发现。

三、学术类项目的流程设计

(一)确定项目主题

初中历史学术类项目是依据系统论的整体原理,将初中历史教学作为一个系统进行规划设计。在这个设计系统内,包含若干问题,问题之间是结构性和逻辑性的递进关系。其中,项目主题的规划是这一设计系统的起点,也是项目深入的关键。项目式学习强调课程资源的重要性,但并不意味着可以抛弃教材。"历史教材是贯彻党和国家的教育方针、落实立德树人根本任务的重要载体,体现着国家对培育具有社会主义核心价值观的合格公民的意志,体现着时代发展和社会前进的需求,也承载着青少年自身成长和全面发展的需要"。①教科书是历史教师开展教学活动最重要的资源。学术类项目的设计一般局限于历史学科内部,以历史教材为依托,合理把握历史学科的核心概念,建立从历史课程目标到历史学科的核心概念再到具体的知识点体系,是学术类项目主题确定的基础,也是促进学生进行深度思考和提高理解能力的前提。知识体系的构建可采用以下三种策略:

1.以单元为序进行历史知识的梳理

一般来说,历史知识由历史人物、历史事件、历史现象,以及历史发展的

---

① 徐蓝.谈谈义务教育部编历史教材落实立德树人的问题[J].历史教学(上半月刊),2017(12).

基本线索构成。从"点—线"结合的呈现方式上看,历史人物、历史事件、历史现象即具体的点,历史发展的基本线索即清晰的线。历史学习过程要展现出一个个"点",以及"点"与"点"联系的基础上呈现出"线"的发展状况。以单元为序进行历史知识的梳理,是从教材"点—线"结合的呈现方式上出发,结合具体的历史人物、历史事件、历史现象,即具体的"点",梳理历史发展的基本线索,即清晰的"线"。教师通过梳理展现出历史学习过程中一个个"点",以及"点"与"点"联系的基础上呈现出"线"的发展状况,帮助学生在掌握历史事实的基础上理解历史发展过程,总体把握历史发展的线索,夯实基础知识。

案例链接

九年级上册的第一单元"古代亚非文明"主要学习古代亚非地区的文明古国及其创造的辉煌灿烂的文明成果。通过这一单元的学习,同学们应该知道人类最早的文明产生于适合农业耕作的大河流域,亚非地区的尼罗河流域、两河流域、印度河流域和黄河流域、长江流域是人类文明的重要发源地。古代亚非地区的文明古国创造了辉煌灿烂的文明成果,如古埃及的象形文字和金字塔、古代两河流域的楔形文字和《汉谟拉比法典》、中国的甲骨文和青铜器、古代印度的梵文和佛教等,为世界文明的发展做出了杰出的贡献。

第二单元"古代欧洲文明"主要讲述了古代希腊和罗马的文明。通过学习,学生认识到古代希腊是欧洲文明发源地,公元前8世纪古希腊建立了城邦国家,最强大的是斯巴达和雅典。雅典通过民主改革,建立了奴隶制民主政治。在伯里克利时期,它的政治、经济和文化上达到鼎盛。公元前509年以罗马城为中心,罗马共和国建立。罗马通过对外战争,统一意大利半岛,到公元前2世纪成为地中海霸主。公元前27年,罗马进入帝国时代。

第三、四单元学习的是封建时代的欧洲和亚洲。其中第三单元"封建时代的欧洲"主要学习了基督教的产生、发展和向外传播,以及西欧封建社会的到来。从封建庄园经济、教会神学对文化的绝对控制、西欧城市重新兴起、大学的纷纷出现等几大方面帮助学生认识欧洲封建社会。

第四单元"封建时代的亚洲"主要内容是日本和阿拉伯的历史。具体内容包括5世纪大和政权统一日本,7世纪中期,日本通过大化改新建立中央集权的封建国家,进入到封建社会。

7世纪初,穆罕默德在阿拉伯半岛创立伊斯兰教,推动了阿拉伯半岛的统一和阿拉伯国家的建立。穆罕默德去世后,其继承者完成了统一事业,并不断向外扩张,建立了地跨欧亚非的大帝国。阿拉伯人创造了独特的伊斯兰文化,还为保存和传播古代文化,沟通东西方文化做出了重要贡献。

九年级上册第五至七单元讲的是16世纪初至19世纪末的世界近代史。

这一时期,世界各地区前资本主义文明的相对孤立和相互隔绝状态,被日益发展的资本主义世界市场和血腥的殖民扩张所打破,人类逐渐步入相互联系、相互依赖的阶段,进而产生了真正意义上的世界历史。

第五单元"步入近代"主要学习资本主义社会的到来。

14—15世纪西欧资本主义工商业萌芽并逐步发展,欧洲开始酝酿一场重大的变革。文艺复兴是资本主义经济发展在精神文化领域的反映,它极大地促进了人们的思想解放,推动了资本主义经济和政治的发展。手工工场和租地农场的出现,促进了西欧经济和社会的发展。

新航路的开辟,以及欧洲殖民者在美洲、亚洲和非洲的殖民掠夺,促进了资本主义的发展,打破了世界各地区相对隔绝的状态,为世界市场的形成创造了重要条件。

第六单元"资本主义制度的初步确立"共三节课,主要学习17—18世纪资产阶级革命时代来临。在欧洲,英国资产阶级革命为资本主义制度的确立开辟了道路;法国大革命摧毁封建统治,资产阶级开始掌握政权。

在北美,英属殖民地人民通过反抗英国的殖民统治建立了美利坚合众国。美国独立战争既是一次民族解放战争,也是一场资产阶级革命,对法国大革命和拉丁美洲的独立运动产生了深远影响。

第七单元"工业革命和工人运动的兴起"主要讲述了18世纪60年代,英国开始的工业革命,及其向欧洲大陆、北美传播,后来又扩展到世界其他地区。工业革命不仅是一次技术革命,也是一场深刻的社会革命,它对人类社会产生了深远的影响。

随着工业革命的深入发展,资本主义制度的弊端也逐渐暴露。广大工人为了改善恶劣的劳动和生活条件,同资本家展开了多种形式的斗争,工人运动逐渐兴起,为科学社会主义理论的创立提供了必要的条件。19世纪40年代,马克思主义诞生,从此无产阶级斗争有了科学理论的指导,社会主义运动蓬勃发展。

2.以时间为序进行历史知识的整合

历史学科最突出的特点是它的时空性,任何历史事件都是在特定的历史时间和空间条件下发生的,只有将历史事件置于具体的时空条件下考察,才能显示出它们存在的价值和意义。以时间为序进行世界历史知识的整合则是依据时间顺序,把一方面或多方面的历史事件、历史现象串联起来,以直观、系统的方式加以呈现,形成相对完整的知识体系。在这一过程中,可指导学生通过制作历史时间轴进行知识的整合,在此基础上进行更为深入的探究。在具体学习过程中,可指导学生制作以下四种类型的时间轴。

(1)通史性时间轴:通史性时间轴将中国史和世界史上重要的历史事件、历史现象以时间为序、用时间轴形式梳理出来,达到贯通古今、关联中外的目的,实现通史和中外历史的整合和重组。

这种时间轴有利于培养学生的通史思维、时空能力和整体观念,帮助他们了解同一场域,不同时域社会历史形态的更替、历史事件的发生、发展的连续性(纵向联系);以及在同一时域,不同场域中历史事件、历史现象之间的差异性和关联性(横向联系)。

案例链接

下图是一个古代中国与世界的时间轴。

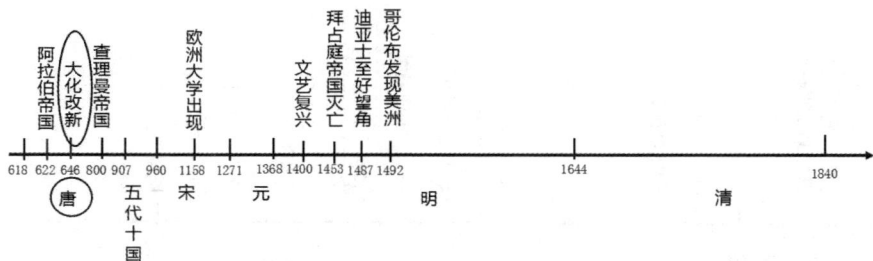

古代世界与中国时间轴

借助这张古代中国与世界的时间轴,笔者引导学生找出大化改新这一发生在日本历史上的重大历史事件,及其所对应的时代中国的唐朝。通过回顾、整合所学过的古代中国和日本的历史,学生认识了同一时域中不同场域之中发生的历史事件之间的联系。通过更详细的梳理中国唐朝时期的对外交流,尤其是遣唐使、鉴真东渡等中日交流的历史事件,更深刻地理解大化改新是日本仿效唐朝的典章制度进行的一系列封建化改革。

下图是两个近代世界与中国的时间轴。

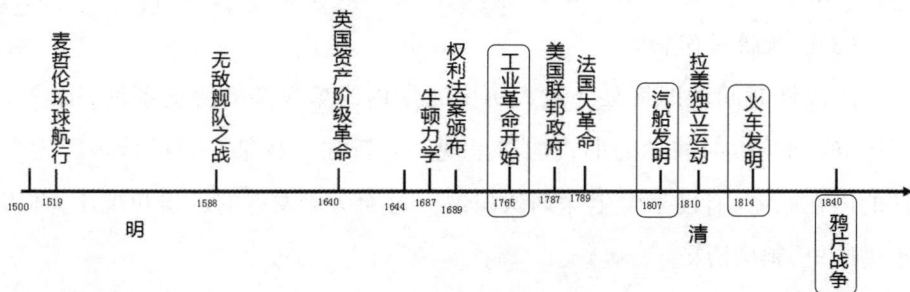

近代世界与中国时间轴(一)

借助这张近代世界与中国时间轴,笔者引导学生将工业革命开始、汽船发明、火车发明等一系列英国工业革命历史上的重要事件与时间轴下方中国近代史的开端鸦片战争整合,更好地理解这一时期鸦片战争爆发的必然性,即英国工业革命的完成,对原料、市场的需要,急需打开中国的市场。

此外,借助通史性时间轴,还可以通过对知识的整合更好地认识中国历史与世界历史的联系,整体与局部的关系。

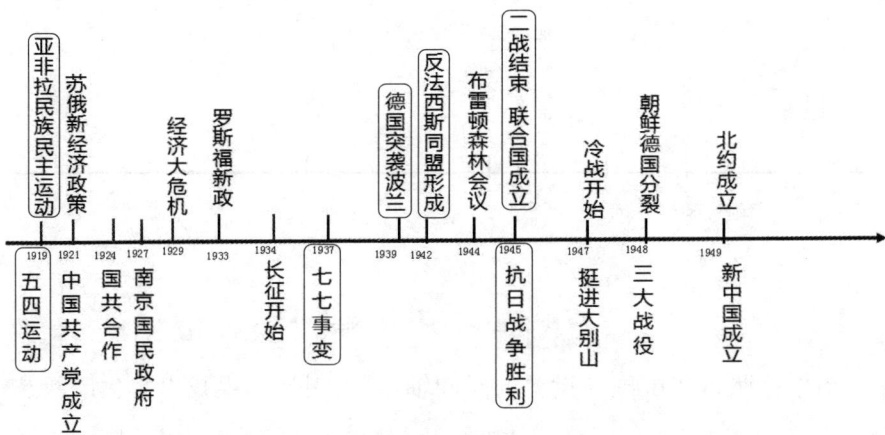

近代世界与中国时间轴(二)

利用这张近代世界与中国时间轴,引导学生将七七事变,抗日战争等历史事件与德国突袭波兰、反法西斯同盟形成、二战结束等历史事件结合起来,这样就能更好地认识抗日战争是第二次世界大战的组成部分,将五四运动和亚非拉民族民主运动结合起来,更好地理解五四运动是在一战后亚非拉民族解放运动高涨,这一大的时代背景下发生的。

(2)阶段性时间轴

阶段性时间轴即将某一重大历史时期内纷繁复杂的历史事件,用一根线串联一起,以时间轴的形式加以呈现。它旨在寻找某一时期众多历史事件的内在联系,有助于学生深刻认识这一时期历史发展的进程和规律,真正走进历史、领悟历史。

案例链接

在复习前工业革命时期的世界历史时,笔者构建了下图前工业革命时期历史时间轴。

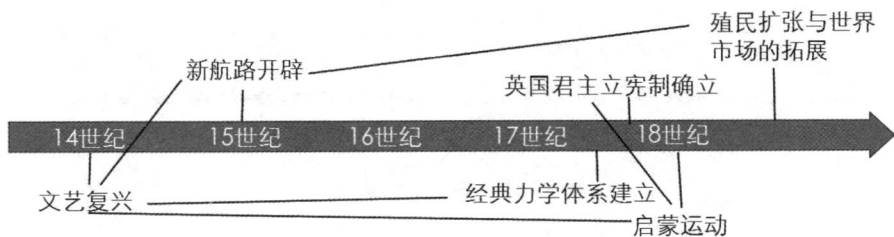

前工业革命时期历史时间轴

在此基础上,笔者引导学生进一步分析这一时期各个历史事件之间的内在关系,并从这一串历史事件中抽象出一系列规律性认识。

文艺复兴促进了近代自然科学的产生,而经典力学体系的建立正是近代物理学发展的重要成果。文艺复兴的核心是人文主义,为开辟新航路提供了强有力的精神支持。通过新航路的开辟,资产阶级将自己的活动范围拓展至全世界,并向世界各地进行殖民扩张,资本主义世界市场开始形成。作为一次思想解放运动,文艺复兴又为资本主义社会的到来奠定了思想文化基础。英国资产阶级革命逐渐建立起君主立宪制,确立了资产阶级统治地位,为资本主义的发展创造了条件,英国资产阶级革命实践中产生的启蒙思想,成为欧美资产阶级革命的理论武器。而启蒙运动作为欧洲近代史上第二次思想解放运动,又是对文艺复兴运动的继承和发展。通过这样的分析,学生就更清晰的了解了这段时间的历史。

（3）主题性时间轴

主题性时间轴,即以某个主题为核心制作的时间轴。它侧重对历史的纵向认识,对学生掌握历史现象的发展线索,即同一事件的产生、发展和演变过程有较大的帮助。一般可以分为两类:一是以某一时期政治、经济或思想文化为主题制作时间轴;二是以重要的国家或地区的历史发展为线索,如近现代英、美、法、德、日、俄等国发展中的重大事件。

案例链接

复习苏俄(联)社会主义建设时,笔者制作了下面的主题性时间轴:苏俄(联)社会主义建设。

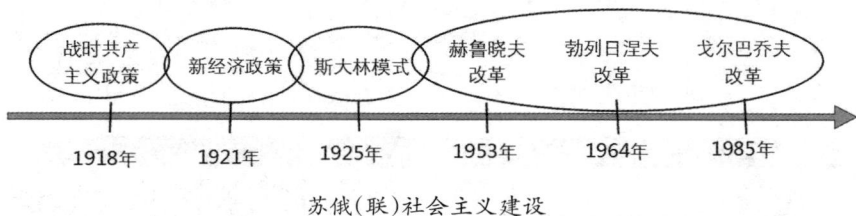

苏俄(联)社会主义建设

利用这一时间轴,笔者一方面帮助学生对战时共产主义政策、新经济政策、斯大林模式等不同阶段的经济政策进行比较,在认识其联系的同时,正确理解与把握这些经济政策的进步性和局限性;另一方面方便他们认识赫鲁晓夫改革、勃列日涅夫改革、戈尔巴乔夫改革的得与失。更好地了解这一时期苏联历史发展的基本线索和发展脉络。

(4)综合性时间轴

综合性时间轴是借助时间轴归纳某一时期内的政治、经济、思想、文化、科技等不同领域之间的内在关系。它对历史发展过程中的背景、作用和意义(影响)方面的分析,以及同一时期不同历史现象的比较有很大的帮助。

案例链接

在梳理世界古代、近代历史的过程中,可制作综合性时间轴,见下图:综合性时间轴。

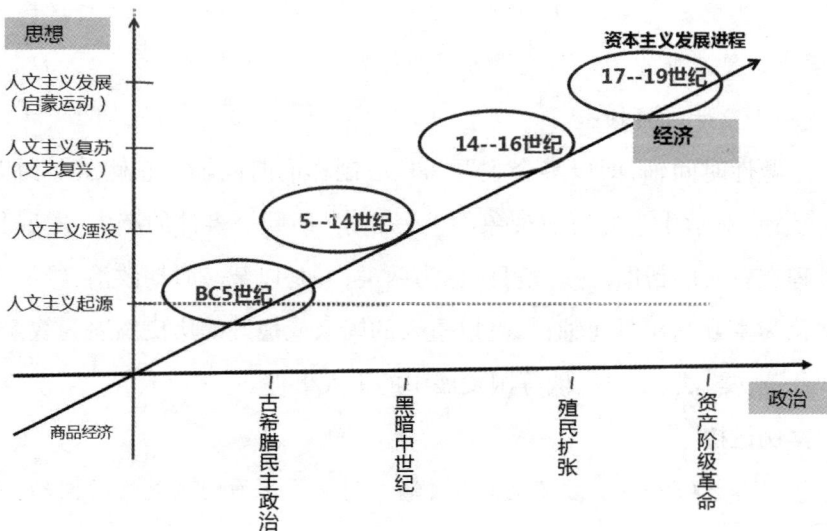

综合性时间轴

在此基础上,笔者对时间轴所涉及的不同时间段的不同领域之间的联系进行分析,指导学生更好地建构知识体系。

在这一时间轴中,横轴代表政治,纵轴代表思想,斜轴代表经济。

公元前5世纪前后,环海多山的古希腊各城邦以商业立国,商品经济发达,逐渐形成了以民主、自由、平等、协商为内容的人文主义思想。这种思想折射到政治上,又为古希腊民主政治的实行奠定了基础,更促进了古希腊文化的繁荣,这种思想对后世影响深远。

5至14世纪,近千年的欧洲,被称作黑暗的中世纪,基督教神学居主导地位,统治着人们的思想,人文主义思想日渐湮没,商品经济发展不活跃。

14世纪,随着资本主义萌芽的产生和发展,一场打着以复兴古希腊罗马文学艺术为旗号的思想解放运动应运而生,以"强调尊重人的尊严,肯定人的价值"为核心内容的人文主义思想的复苏,为新航路的开辟和殖民扩张活动提供了理论支持。

17至19世纪,随着资本主义经济的发展,资产阶级革命爆发。在英国资产阶级革命实践中逐渐形成的启蒙思想,强调理性,社会契约论、天赋人权学说等观念为资本主义社会设计了美好蓝图,以启蒙思想为精神武器,资产阶级掀起了资产阶级革命的浪潮,如美国独立战争、法国大革命、拉美独立运动等等。启蒙思想影响深远,在世界范围内推动了各地区的民族民主运动发展,如日本的明治维新、中国的辛亥革命。

通过这种纵横比较,就能实现不同领域知识的交叉渗透与链接,完整地分析某一历史阶段及其特征。帮助学生形成有组织的、完整的历史知识结构,培养解决问题的能力。

3.以专题为序进行历史知识的重构

以专题为序进行历史知识重构,主要是将历史学科知识条理化、系统化、立体化。它不同于针对知识的简单梳理与识记,而是强调深入历史学科的本质,从多方面、多层次、多角度地建构历史,达到对知识的真正理解。

以专题为序进行历史知识重构首先要确定专题。相对于传统的仅侧重于教材章节教学而言,它能帮助学生对教学内容进行关联、建构和整合。

即：强调历史知识的关联而不是孤立，强调学生对历史知识的重组而不是机械记忆，强调以主题为纲的统整而不是简单的拼盘。引导学生在知识建构的基础上，注重提高学生独立思考和创造性思维的能力，既对学生进行历史学科知识教学，又强调思想情感、理想信念和价值观教育。

案例链接

以世界历史知识重构为例，笔者进行了如下设计。

第一步：确定主题。

对世界近、现代历史的重构，可以打破教材原有的章节体系，按主题事件的内在联系将其知识结构概括为三条主线、三大格局、三次科技革命、两次世界大战，并由此设多个专题。

这里的三条主线：分别是资本主义制度确立、巩固、扩大及进一步发展的历史；国际共产主义运动及社会主义国家的发展史；西方国家的殖民掠夺、殖民地人民的抗争史以及亚非拉国家的独立和振兴。学习中可归纳为3个专题。

三大格局，即"20 世纪以来三次世界政治格局的演变"："一战"后的世界格局——"凡尔赛—华盛顿"体系；"二战"后的世界格局——"雅尔塔"体系下的两极格局；"冷战"后的世界格局——"一超多强"的局面，并向"多极化"方向发展。学习中可归纳为1个专题。

三次科技革命，即工业革命、第二次工业革命、第三次科技革命。学习中可归纳为1个专题。

两次世界大战，即第一次世界大战、第二次世界大战。学习中可归纳为1个专题。

第二步：梳理知识。

以专题为序进行历史知识的重构要求在确定主题之后，教师就要通览不同年级的历史教材，立足专题复习的需要，将相关知识整合到专题复习内容之中。

以近代资本主义的建立与巩固这一专题为例做一说明。

专题确定后要做好以下几个方面的工作：

一是明确该专题所涉及的资本主义发展阶段：资本主义的确立、巩固和扩大、进一步发展等。

二是明确资本主义发展不同阶段的历史事件，梳理这一主题发展的线索。

资本主义的确立阶段可以选取：文艺复兴、新航路的开辟、英国资产阶级革命、美国独立战争、法国大革命等历史事件。

巩固和扩大阶段可以选取：美国南北战争、俄国农奴制改革、日本明治维新、德意志统一等四个历史事件。

进一步发展阶段则可将着眼点放在美、德、英、法、日、俄等主要资本主义强国相继过渡到帝国主义阶段。

第三步：回归教材，将这些历史事件的要素梳理出来，制作下列表格。

近代资本主义的建立、巩固和扩大及进一步发展

一、资本主义的确立

	条件	文艺复兴	14至16世纪兴起于意大利的文艺复兴，推动了欧洲文化思想领域的繁荣，为欧洲资本主义的产生奠定了思想文化基础
	原因	新航路开辟	新航路的开辟，打破了世界各个地区彼此隔绝和孤立发展的局面，殖民扩张和侵略活动由此开始，促进了资本主义的产生和发展
		封建专制或殖民统治，阻碍着资本主义经济的发展	
确立	表现	英国资产阶级革命	英国1689年颁布《权利法案》，确立了议会在国家政治生活中的最高地位，逐渐形成了君主立宪制
		美国独立战争	1776年7月4日《独立宣言》发表，宣告北美13个殖民地脱离英国而独立， 主要领导人：华盛顿 影响：美国独立战争结束了英国的殖民统治，实现了国家的独立，确立了联邦制的政治体制，有利于美国资本主义的发展，对以后欧洲和拉丁美洲的革命也起了推动作用
		法国大革命	重要文件：《人权宣言》 影响：法国大革命摧毁了法国的君主统治，传播了资产阶级自由民主思想，对人类社会产生了深远的影响

二、资本主义的巩固和扩大

巩固和扩大	原因	工业革命的进行与拓展	
	表现	美国南北战争	时间：1861到1865年； 重要人物：林肯； 重要文件：《宅地法》和《解放黑人奴隶宣言》； 作用：是美国历史上第二次资产阶级革命，废除了奴隶制度，维护了国家统一，促进了资本主义发展
		俄国农奴制改革	概况：1861年，沙皇亚历山大二世颁布废除农奴制的法令 作用：俄国废除农奴制，缓解了国内的社会矛盾，避免了人民革命的发生，使国家走上了发展资本主义的道路
		日本明治维新	概况：1868年明治政府推行一系列资产阶级性质的改革 作用：日本走上了发展资本主义的道路，实现了富国强兵，开始跻身资本主义强国之列，是日本历史的重大转折点
		德意志统一	概况：1864--1871年俾斯麦先后发动三次王朝战争 作用：实现国家统一，开拓国内市场，促进了资本主义的快速发展

三、资本主义的进一步发展

进一步发展	原因	在第二次工业革命的影响下，生产和资本高度集中产生了垄断组织
	表现	美、德、英、法、日、俄等主要资本主义强国相继过渡到帝国主义阶段
	影响	随着政治、经济发展不平衡性的加剧，后起的帝国主义国家要求重新分割世界，出现了列强争霸的局面，三国同盟和三国协约两大军事集团的形成与对抗，最终引发了第一次世界大战。

　　通过对教材内容的梳理、整合与重构，笔者在实践中开发了一系列项目探究主题，下面以项目库的形式对实践过的主题进行梳理。当然，根据学情的变化和实践的需要，这些项目的具体内容会进行相应调整。

　　初中历史"项目式学习"中学术类项目库

适用年级	具体项目
七年级	1.中国古代朝代的更替 2.中国古代疆域的演变 3.中国古代经济的发展 4.中国古代政治制度的巩固完善 5.民族交融与中华民族的形成 6.中外文明的交流 7.中华传统文化的传承 8.历史杰出人物的贡献

八年级	1.列强的侵华 2.近代中国人民的斗争 3.中国共产党的百年奋斗 4.中华人民共和国70年的发展历程 5.社会主义革命和现代化建设的探索 6.建设有中国特色社会主义道路 7.改革开放40多年的探索
九年级	1.古代亚非文明和古代欧洲文明 2.封建时代的欧洲和亚洲 3.资本主义制度的确立、巩固、扩大以及进一步发展 4.社会主义的发展 5.西方国家的殖民掠夺、殖民地人民的抗争史以及亚非拉国家的独立和振兴 6.20世纪以来三次世界政治格局的演变(三大格局) 7.三次科技革命 8.两次世界大战 9.世界从分散走向整体的发展过程

这些项目主题的确立基于教科书,又高于教科书。在尊重历史发展时序、不打乱每个年级历史教学的前提下兼顾专题,对每个学年的历史教学进行整体规划,既突出了历史发展的阶段特征,又凸显了历史学科的横纵联系,帮助学生从整体上把握知识。如七年级的两册教材是中国古代史的内容。它以传承中华优秀文化和独特文明,以及历代基本特征为核心,注重统一多民族国家的形成与发展过程,同时重视中外交流的发展。[①]在学习中国古代史内容时,一个核心目标就是要引导学生更好地理解中华民族多元一体的发展格局,认识中国古代史阶段特征及发展趋势。

项目库中中国古代史的八大项目正是立足"趋向统一"这一核心概念,在对促进统一进程的要素进行分析的基础上规划而成。这八大项目相互关联、密不可分,从不同层面影响着统一的趋势,共同谱写着中华民族走向统一的进程。这种整体性的规划,既可以让学生看到较为完整的中国古代的王朝更迭和各个朝代的基本特征,又能看到统一的多民族国家的发展;既能看到中华优秀文化及独特文明的传承,又能看到中国与世界其他地区交往的不断扩大,在认识中华民族多元一体的发展格局是历史发展结果的同时,

---

① 徐蓝.谈谈义务教育部编历史教材落实立德树人的问题[J].历史教学(上半月刊),2017(12).

了解中国对世界文明发展的贡献。这一项目化学习的规划设计不直接指向知识点,但其学习、探究和完成作品的过程包含知识点,通过这一过程实现高阶学习带动低阶学习,达到提升能力和素养的目标。

如在"中国古代政治制度的巩固完善"这一项目中,笔者将"专制主义中央集权制度的发展与演变"作为项目探究的主题,指导各项目组从秦汉时期、隋唐时期、宋元时期、明清时期等四个阶段探究这一制度演变的历程,制作从秦到清专制主义中央集权制度形成和发展的简表,绘制从秦到清专制主义中央集权制度形成和发展的示意图,梳理君主专制的发展、中央集权制度的演变和选官制度的变革,并绘制从秦到清专制主义中央集权制度形成和发展的时间轴,把相关内容与朝代一一对应起来,明确这一制度演变的时空定位。

通过这一项目式学习主题的探究,学生以简表、示意图、时间轴、文字梳理等多种方式将教材中与"专制主义中央集权制度形成和发展"的相关内容进行立体整合,构建完整的知识体系,在此基础上分析这一制度下相权不断削弱、皇权不断加强,地方权力不断削弱、中央集权不断加强的演变趋势,更好地理解这一制度出现的原因和影响。

八年级两册教材,分别是中国近代史和中国现代史的内容。

中国近代史的四个学术类项目以列强的侵略,中华民族对外反抗帝国主义侵略,对内反对封建专制独裁统治的救亡图存为主线,兼顾现代化因素。这样的规划,有助于学生充分认识和理解外部世界给近代中国带来的变化和对中国历史发展产生的影响,更好地理解近代中国的民族苦难是国内的专制统治和外国列强的入侵造成的;认识捍卫国家主权和民族尊严是中华民族的优良传统;知道救亡图存和实现现代化是近代中国人民奋斗的基本目标;了解民族民主革命的艰巨性;知道没有中国共产党就没有新中国的道理,从而坚定为中华民族复兴而奋斗的信念。

在中国现代史七个学术类项目,引导学生在分析中国社会主义初级阶段基本国情的基础上,认识社会主义现代化建设是一个曲折漫长的过程;从社会的不断进步和发展中体会必须坚持中国共产党的领导,坚定建设中国特色社会主义的信念;同时了解中国与世界的联系日益密切、中国不断融入世界、在世界上发挥重要作用的史实。

九年级两册教材,是世界史的内容。

世界古代史两个项目的规划注重反映多元文化和历史发展的多样性,以及欧洲、亚洲、非洲之间不断进行的交往。让学生感悟人类文化的多元性、共容性和各地区发展的不平衡性,树立民族自信心,培养理解、尊重、吸收其他民族文化精华的开放心态。

世界近、现代史七个项目,注重揭示资本主义产生和发展历程、马克思主义诞生和殖民地人民对资本主义殖民扩张的反抗、资本主义世界市场的不断扩大和世界各国各地区之间联系的不断加强,注重揭示社会主义、资本主义和新型民族独立国家(发展中国家)发展的历史进程,以及世界日益联系成为一个密不可分的整体,构成了世界各国相互依存、相互竞争、相互影响的复杂局面。

通过对项目的探究,学生不仅要认清近代史上资本主义在欧美日的发展,社会主义运动的高涨和马克思主义的诞生,殖民地半殖民地的民族解放运动蓬勃发展,也要注意资本主义发展对世界其他地区的影响;注意世界各地区前资本主义文明的相对孤立和相互隔绝状态,随着新航路的开辟,被日益发展的资本主义世界市场和血腥的殖民扩张所打破,人类逐渐步入相互联系、相互依赖的阶段。

了解世界现代史中,资本主义危机所引发的两次世界大战和美苏对峙的冷战、社会主义制度从理想变为现实、社会主义国家在改革中曲折前进、世界殖民体系瓦解、世界经济在和平的环境和高科技的推动下迅速发展、社会生活发生巨大变化,以及人类面临的各种严重问题等重要内容,有意识地了解当代世界已经形成一个息息相关的、多样性的整体,构成了世界各国既相互依存又相互竞争的复杂局面,世界多极化、经济全球化、社会信息化和文化多样化的趋势在曲折中发展,和平与发展仍然是时代的主题,合作与共赢是各国人民的共同追求,从而以开放的心态和开阔的视野看待世界。

(二)细化项目活动目标

教学目标是教育目的的具体化,是教学活动的出发点和最终归宿。在学术类项目实施中,学习目标是项目活动得以开展、项目评价得以实施的依据。历史学科是立德树人的重要学科。学术类项目实施的最终目的并不仅仅是掌握已有的历史知识,而是在掌握知识基础之上的关键能力与必备品格,使其能够在将来参与社会历史实践,并创造美好的未来生活。具体包括能灵活应用相应的知识、技能、策略,掌握能反映历史学科本质及思想的方法,具备分析和解决问题的能力,经历一定的学习过程之后学生获得的心理感受,以及对历史学习深入开展的好奇和期待。这要求历史教师在设置学术类项目的活动目标时,既要充分考虑项目活动顺利开展的需要,又不能脱离历史学科素养培育这一核心任务,把握好二者之间的内在联系,帮助学生积极主动地参与项目学习活动的同时获得应有的发展。

案例链接

在"中国古代疆域的演变"这一项目式学习中,笔者将具体活动目标设置如下:

1.通过中国古代疆域图梳理中国历代疆域发展过程,增强时空观念,从历史发展的角度认识中国疆域的变化。

2.对不同朝代的疆域图进行比较,说出疆域的变化,认识中国古代疆域在历史进程中的联系、延续和发展,提高观察能力和识图能力。

3.通过对台湾、西藏、新疆等中国重要边疆地区的历史考察,加深对这些地区的认识,知道其是中国固有的领土。

4.观察中国古代疆域图中天津的地域、名称等变化,了解天津的历史发展过程。

根据活动目标,笔者将这一项目主题分成了三个小项目:(1)结合秦汉、隋唐、宋元、明清四个统一时期的疆域图分析统一多民族国家的发展;(2)在古代疆域图中找出西藏、新疆、南海诸岛、台湾及其附属岛屿,梳理中国古代对这些地区进行有效管辖的史实,从历史的角度认识这些地区是中国领土不可分割的一部分;(3)以"从地图中探寻天津的历史变迁"为题,了解家乡的历史沿革及变迁。

笔者将执教班级的全体学生纳入,分成三个项目组,从不同角度入手,开展一系列相关的历史考察、资料搜集、信息处理、分析研究,探究中国古代疆域演变的历史。

三个项目组通过对中国古代史中每一时期疆域图的梳理和比较,尤其是对秦、汉、唐、元、明、清历代"大一统"王朝疆界的划定,对中国疆域的发展变化及清朝所达到的稳定的最大疆域有了更深刻的认识,对台湾以及钓鱼岛、南海诸岛、西藏、新疆等作为祖国领土不可分割一部分的历史渊源有了更切身的感悟,对自己生活的地区和城市的发展演变有了更多的了解。

这种学术类项目的规划和学习目标的设置,将历史教科书中抽象的历史知识与直观的疆域图相结合,通过学生的自主、合作、探究,实现对所学内容的自主与协同建构,形成有利于学生自身理解和掌握的知识内容和知识形式。在项目开展过程中,学生通过对不同时期疆域图中信息的获取、甄别、考证、分析、比较及在此基础之上对祖国疆域何以如此演变的解读与解释,获得"历史学科特有的探究历史问题的思想和方法",[①]实现知识的"流动生成"与"意义增值"的同时,获得了具有历史学科特征的关键能力。

这样的学习目标源于学科,又超越学科,兼顾了活动开展和学生素养提升等方面的需求,为学生的主体参与和素养培育提供了广阔的空间。学习目标的达成需要"以时空观念和史料实证为切入点,以唯物史观为统领,着力提升学生的历史解释能力与家国情怀品质,既不再追求知识与能力、过程与方法、情感态度与价值观等单项目标的逐个达成和简单拼接,也不以知识、过程、方法为终极目标"。[②]这就为项目活动循序渐进的开展奠定了基础。

(三)设计项目驱动问题情境

初中历史项目式学习中,学生历史知识和关键能力的获得不同于传统

---

① 郑林.促进学生历史学科能力发展的教学设计[J].历史教学 (上半月刊),2016(09).
② 王生.教学目标设计应体现核心素养的"涵蕴性"与"层级性"[J].历史教学(上半月刊),2017(04).

课堂中的知识传授,而是来源于对驱动问题的探究和解决,通过问题引发学生对核心概念的思考和探索。在学术类项目开展的过程中,一系列好的驱动问题,能够提供给学生一个广阔的、多向度的探索空间。这不仅能激发学生参与项目的主动性和积极性,也能提纲挈领地引导学生持续思考、自我探究的方向。学术类项目中的驱动性问题情境,一般是涉及历史学科本质的问题。这种本质问题一般都具有一定的开放度,能够起到一个聚合的作用,激发学生自己搜集和处理信息资源,帮助学生将历史教材中零散的孤立的知识和技能整合起来,形成稳定的关于此问题的知识结构,通过对这一本质问题的回答实现对历史学科核心知识和本质问题的真正理解和应用。

案例链接

在"古代中国的对外交往"这一学术类项目中,笔者要求几个项目组从两汉时期、隋唐时期、宋元时期与明清时期四个阶段梳理古代对外交流的史实,用所在项目组擅长的方式制作项目作品进行展示。并要求其展示作品的内容必须涵盖对以下问题的解决:

1. 与中国古代交往国家和地区有哪些,中国与这些国家和地区的往来涉及哪些领域?

2. 古代中国的对外交往在明朝中期前后有何明显的不同? 原因是什么?

3. 你认为影响古代中国对外交往的因素有哪些? 古代中国的对外交往有何特点? 对外交往的影响有哪些? 对今天的对外开放有何启示?

通过对项目相关内容的重构和这一系列驱动问题的解决,学生对中国古代史中"对外交往"这一概念的内涵和外延有了更准确的界定,尤其与"民族关系"的概念进行了准确的区分,对两汉、隋唐、宋元和明清四个时期古代中国与日本、朝鲜、欧洲等国家与地区的主要交通路线、交往中重要的人物和事件(经济与技术、思想与文化、政治)有了更清晰的认识,对"古代中国对外交往"的历史背景、主要特点、历史影响有了更深刻的解读,对今天的对外开放有了更多的思考。学生认识到古代中国因生产力的发展而引发与世界其他地区交往的不断扩大,感悟到中国对世界文明发展的贡献,激发了他们的民族自豪感和对祖国历史文化的认同感,加深对当前对外开放政策的理解。

(四)重构项目学习内容

学习内容是学习活动展开的条件,也是学习目标达成的重要载体。从信息加工理论视角来看,在学习情境中,学习的知识被学习者内化为理性信息,学习情境刺激进入学习者头脑转化为感知信息;在学习过程中理性信息和感知信息建立了联结。①这给我们的历史教学带来一定的启示,找到知识之间的关联性,能帮助学生在有限的时间内习得更多的历史知识。如果想把这种关联性在学习中的价值最大化,就要对学习内容进行整合与重构,构建一个完整的知识体系。学术类项目的开展中,学习内容以某一主题为中心,其构建必然打破教材原有的"章""节"编排,站在项目实施与学生发展的角度来看待和处理教学内容和要求。这要求教师从课程的逻辑性和完整性出发,引导学生重新整合与梳理知识之间联系,充分关注前后知识的衔接、局部知识与学科架构的勾连,防止知识的孤立化、片面化。

案例链接

"中国古代经济的发展"这一项目中"经济重心南移"这一历史现象分布在七年级上、下两册不同的章节,如果以章节为序,按部就班地组织教学,学生这节课学一点,几周后又学一点,虽然突出了"经济重心的南移"过程中某一局部内容的关键点,但却通常会让学生觉得这些内容空洞、乏味,很难想象这些"关键点"综合起来的样子,不能形成对"经济重心的南移"这一历史现象完整而充分的认识。在学术类项目开展之前,教师从以下三个方面引导几个项目组重新梳理、整合学习内容:

第一,对"经济重心的南移"这一历史现象的内涵进行界定,认识"经济重心的南移"是中国古代经济由"北强南弱"到"南强北弱"转变的经济发展现象。这一现象是中国古代经济发展中值得研究的一个重大课题。

---

① 李虹,曲铁华.信息加工理论视域下教师实践性知识的生成机制探析[J].教育理论与实践,2018,38(07).

第二,明确这一转变过程所涉及的四个关键时期,分别是秦汉、魏晋南北朝、隋唐、宋朝。通览七年级上、下两册教材中四个时期的历史,尤其是关于经济发展情况的介绍,对相关内容进行整合。梳理经济重心南移的过程,分析这一经济现象发生的原因、影响。

第三,设置以下问题:除了教材中的内容,"经济重心南移"还有没有其他原因? 以项目组为单位,进行学习资源的搜集和整理,并与教材内容相结合,形成研究报告等作品。

这一学术项目的开展,根据项目任务完成和问题解决的需要对七年级教材的内容进行了整合与重组,并根据目标达成的需要对教材内容进行了适当拓展,系统掌握历史学科知识的同时融入其他学科内容。通过这种知识的组织与重构,学生既体会到历史学科在整体项目完成中的独特价值,又能认识它与其他学科不可分割的相互关联。此外,这样的学习内容既包含外在于学生的客观存在,又加入了学生在项目学习过程中生发的新内容,其学习过程不再是教师预设的流程,而是学生在完成任务的过程中生成的现实过程,学生的学习体验不再囿于教案,而是更多体现出随机、丰富又复杂的特征,为学科能力和素养的培育提供了多个生发点。

(五)明确项目作品类型和要求

项目作品是指学生在项目学习结束时产生的成果,其类型和要求根据项目主题、项目活动目标和驱动型问题不同而不尽相同。学术类项目的活动目标,不仅是要求学生掌握教材中事实性的历史知识与内容,更要提高运用知识解决复杂问题的关键能力;不仅关注学生学习的结果,更重视学习探究的过程;不仅关注学生当下的成功体验,更着眼于培养具备决策和规划能力的自觉和持续进行终身学习的学生。这是学术类项目规划的逻辑起点,也是制作项目作品理应遵循的重要依据。这要求教师在学术类项目规划之初就要根据目标达成的需要考虑可能的成果方向、类型和评价点,并提供给学生,但这并不意味着给学生提供明确、具体的作品模型,避免限制学生的思考和想象。

案例链接

在规划"中国古代朝代的更替"这一项目时,笔者对项目作品的类型和方向进行了一定的考量,指导学生可以采用时间轴、历史图表,制作PPT,撰写历史小论文等多种作品呈现方式,但作品必须包含以下特征:一是必须指向驱动性问题的解决,体现搜集、处理、整合与重构信息的过程;二是成果必须指向对"统一多民族国家的建立、巩固、发展"这一核心知识的深度理解;三是不仅要呈现具体的作品形式,还要有这个产品内在设计理念与制作过程的相关说明;四是必须在包含团队成果的同时兼顾个人成果。在明确以上要求的同时,制定具体的评价量规保证项目作品的质量。

这种对项目作品类型和要求的设计明确了项目推进的方向,体现了成果评价和学习目标的一致性,指向对历史学科核心知识与本质问题的理解,关注学习结果的同时兼顾学习体验过程,大大提高了学术类项目的实效性。通过对中国古代史的一些重要历史人物、历史事件和历史现象的时序性梳理,学生了解了中国古代历史发展的基本线索,完整的认识中国古代的王朝更迭和各个朝代的基本特征,认识到中国古代历史,统一与分裂的局面交替出现,但统一是历史的方向。掌握了绘制、讲解时间轴、历史大事图表,制作PPT、微视频,撰写历史小论文等历史学习的方法和技能。认识到:"在漫长的历史进程中,我国各族人民密切交往、相互依存、休戚与共,形成了中华民族多元一体的格局,共同推动了国家发展和社会进步,增强民族自信心和自豪感……认识到国家统一、民族团结和社会稳定是中国强盛的重要保证,初步形成对国家、民族的认同感,增强历史责任感。"①

四、学术类项目实施中应处理的三对关系

学术类项目的有效实施离不开教师的精心设计和组织。在初中历史项目式学习开展过程中,教师要基于对历史学科本质、历史教育功能、项目式学习关键环节的把握,处理好以下三对关系。

① 中华人民共和国教育部.义务教育历史课程标准(2011版)[M].北京:北京师范大学出版社,2012.

（一）项目式学习与传统教学方法的关系

既有关于项目式学习在历史教学中的应用研究，普遍认为项目式学习可以作为历史课堂教学补充或应用于某个个案。笔者认为，项目式学习与传统教学是一种相辅相成、互为补充的关系，它在实践层面是将项目式学习的理念、方法与历史课程教学相融合的一种教育实践形态，能与传统的历史课堂教学共同促进学生的发展。

比如，对于七年级学生而言，历史学科是初中阶段的起始学科，学生在小学阶段没有进行过历史学科的系统学习，对于历史学科的学科属性、目标要求、学习内容都不是十分了解，如果在开学初就全面规划和实施学术类项目，学生一定会表现出无所适从的状态。对于教师而言，可利用传统的历史课堂教学引导学生加深对这门课的认识，并指导其首先以单元为序对七年级的历史教学内容进行梳理，了解基本的历史人物、历史事件、历史现象和历史发展的基本线索。在此基础上进行学术类项目的规划，并辅以相关学习方法的指导，通过系统地开展项目式学习，理解和深化相关知识，并以此为载体，提高能力，提升素养。

（二）教师与学生之间的关系

在传统的历史课堂教学中，教师是历史知识的传授者和历史学习的指导者，更多扮演的是专家的角色；学生的任务则是历史知识的接收者，并在规定时间完成历史作业，巩固课上所学知识。项目式学习中，教师既是学习资源的提供者，又是学习活动的参与者，主要的职责是给学生建议，或者进行学法指导，引导其借助一定的资源和工具，通过自主、合作、探究完成学习任务。学生在项目开展的过程中，处于主体地位，既是学习计划的制定者，又是学习任务的执行者，学生在学习中，不再是被动接受历史知识，而是通过主动探究和问题解决，发现学习知识，进行历史解释。这就要求教师自觉地进行角色转换，主动承担项目式学习赋予自己的新职责，做好项目规划的同时，将学生置于课程实施的主体地位，指导学生根据具体的研究主题，合理规划学习时间,科学制定行动计划,自主选择研究方法,自主行动实施计划,并对项目实施过程进行科学监测、指导和评价,推动学习、探究过程的持续深入。

(三)课内时间与课外时间的关系

当前的历史课堂教学,以班级授课制为主要组织形式,每节课固定45分钟。在有限的教学时间里,教师完成预设的教学任务。而学术类项目是以某一主题作为框架,以驱动性问题为核心来组织的学习单元,整个项目的完成都应以问题解决为导向,以此推动学生通过持续的探究理出答案,并为其学习的深化寻找新的途径。这一针对某一主题的学习和探究活动非单个学时可以完成,而是需要一定的时间跨度,可能会持续2到3周,或者可能持续整个学期的学习。这种学习突破了单课时制,这是项目式学习与传统课堂教学的区别之一。这一特征要求教师对学术项目单元进行整体规划的同时,合理安排项目学习的时间。不仅要对一个学期,甚至一个学年的历史教学时间进行整体规划,还要指导学生对课内时间和可支配的课外学习时间进行协调,并根据项目任务的进展情况做好时间分配工作,以确保每个项目团队都能形成高质量的项目成果。

总之,学术类项目的设计与实施是一个系统工程,在规划阶段,需要教师充分认识项目特点,明晰设计意图和规划原则,合理进行流程设计。在项目实施中充分认识项目实施的前提条件、影响因素,正确处理各种关系,合理控制影响因素,形成良性的互动关系。

第三章　初中历史项目式学习中实践类项目的设计与实施

在今天这样一个时代,仅仅在一个孤立的学科领域中教育学生是不够的,学生需要在情境中学习,超越学科界限,联结各种学习,在各学科之间建立联系,将各个学科中学到的内容整合起来,学以致用,知行合一。

一、何谓初中历史项目式学习中的实践类项目

初中历史项目式学习中的实践类项目(以下简称"实践类项目")是初中历史项目式学习中学生以项目组为单位开展的有组织、有计划、有目的的校外参观、调查等实践活动,它是一种综合性、活动性的教育实践形态。其设计着眼于历史教学与社会实践的结合点,打通校内和校外知识,将社会实践作为项目达成的载体,以学生亲身实践、自我体验、情境感悟为特征,引导学生在与情境的互动中加深对历史知识的理解,并做出正确的解释和判断,形成正确的情感态度和价值观。其特点表现在主体的自主性、内容的开放性、方法的探究性和取向的实践性上。[①] 其重视知识习得的同时,关注经验的获取,而素养在知识与经验的转化中生成。

此类项目的设计与开发,既要立足历史学科,又要关注社会实践,其涉及内容一般会突破历史学科。具体实施中,需要师生通览不同知识,立足项目学习的主题和目标,分析、比较、选用历史教材中的相关知识,适当融入其他学科内容,进行细化与深化,融会贯通,将其整合到社会实践内容之中。注重学习与实践相交融,知与行相统一,"强调学习过程的实践化、学习内容

---

① 丁运超.研学旅行:一门新的综合实践活动课程[J].中国德育,2014(09).

的综合化及学习评价的多元化。"①

二、实践类项目的规划原则

(一)活动化原则

实践类项目强调历史教学的活动化,尤其强调通过学生的外在活动和内在活动、学生的感性认识和理性认识来达到历史教育的目的。这里的活动从历史教学的角度讲,蕴含着以下三层含义:一是强调教与学方式的转变,即不是由教师的讲解和传授获得知识,而是通过学生的亲身参与来完成学习过程;二是强调知识获取渠道的转变,即不是直接从历史教材上获得现成的结论,而是必须经历一定的学习过程、完成一定的项目任务进行学习;三是关注活动过程中学生的体验和感悟,强调在体验和感受中激活历史知识,完成对历史学习的建构和价值生成意义。这要求教师在规划此类项目式时,强调手脑并用,学思结合,知行统一。

案例链接

在"百年中山路的变迁"项目式学习中,笔者一改传统历史课堂中教师讲、学生听的教与学方式,而是将学生置于历史课程实施的主体地位,引导各项目组围绕其具体的项目主题,走进天津市河北区中山路,对当地的街区建筑进行了深入详实的调查,并走入中山公园(劝业会场),领略近代天津和中山路的发展历程,通过走访掌故老人梳理历史的沧桑;借助网络进行相关信息的搜索,查阅《天津百年老街中山路》《造币总厂》《经纬天地》《走进海河之北》等相关的历史资料,在重现历史真实的过程中,让学生体验学习历史的态度与方法。

在广泛调查的基础上,学生们对收集到的文字、图片、音频、视频等各种史料信息进行甄别、辨析、筛选、整理、归纳,得出初步结论和认识,并撰写出调查报告,进行班级展示,尝试以各类史料为依据,以历史理解为基础,对中

---

① 董艳,静宇,王晶.项目式学习:突破研学旅行困境之剑[J].教育科学研究,2019(11).

山路的历史变迁进行理性的分析和客观评判，经历一个史料实证过程的体验及严谨科学态度的熏陶。

通过这样的活动，学生亲自体验了收集和处理多种史料信息的过程，经历了分析问题、撰写出调查报告、进行班级展示的活动体验，尝试了借助史料分析、评判历史问题的逻辑训练，感受了天津历史发展和演变历程。

（二）有效性原则

这里的"有效性"是指通过实践类项目的设计与实施使学生获得应有的发展。这里的"发展"是就其内涵而言，不仅包含历史学科核心知识与关键能力、学习过程与学习方法、情感态度与价值观念的协调发展，还包含合作沟通、实践创新、思辨表达等跨学科的素养的形成。这就要求教师在进行项目的规划时，立足社会实践与历史教学内容的结合点，打通校内与校外，融合知识与经验，关联历史与其他学科，将理论与社会实践有机结合，通过实践加强学生对历史知识的理解与内化，借助历史学科的思维方式和研究方法提高学生社会实践活动的有效性。

案例链接

在"探访天津觉悟社旧址"这一项目式学习中，笔者首先引导学生自主学习教材中与五四运动的相关知识，了解这一爱国运动爆发的原因、经过、结果等相关内容。并对活动的开展做了周密的组织，引导学生梳理觉悟社的创办过程，讲述觉悟社创办中的故事，引导他们认识这批先进的青年是由于共同的觉悟，共同的使命走到了一起；在此基础上认识觉悟社的性质，感受五四运动这场如火如荼的爱国学生运动，使人们的思想发生的急遽的变化，体会革命先驱发愤图强、磨砺不息的战斗历程。通过对这一红色遗迹的整理与寻迹，培养学生爱国爱党爱人民的高尚情感，培育学生艰苦奋斗、自强不息、开拓创新的民族精神与时代精神。

这样的实践类项目将社会实践活动的内容与历史教材知识相结合，活动目标与历史课程的教育功能相整合，活动探究与知识内化相融合，让历史教学焕发了生命的活力，项目开展的有效性也大大提高。

（三）可行性原则

与学术类项目不同，实践类项目的开展要从有限的教学空间拓展到无限自然和社会中，很多环节是需要在校外进行的，涉及的知识往往会突破历史教材，关联其他学科和领域，学习方法包括调查、参观等。影响实践类项目成功实施的因素主要包括：交通的不便，缺少学校相关职能部门的支持，学校课程实施缺乏灵活性，教师对活动的组织不利等。这就需要教师在活动开展之前进行多部门协调，关注更多的实施细节。一是要充分考虑校外实践场所的选择及影响因素，做好项目开展的风险评估；二是根据学生的需求和活动目标设计出严谨周密的项目实施计划；三是做好与学校其他职能部门的沟通与协调。

案例链接

在组织学生开展"参观中共天津市历史纪念馆"这一场馆项目之前，笔者做了以下三方面的工作，确保了活动的顺利开展。一是对中共天津市历史纪念馆进行实地考察，与纪念馆领导和工作人员进行面对面沟通，介绍学校开展此次项目活动的目的和安排，说明活动开展需要得到的相关支持，寻求纪念馆对活动的最大支持。二是与教学部门领导沟通，进行活动时间的安排，与德育处、团委等部门沟通，共同组织此次项目活动，并对学生活动过程中的要求和出行方式进行合理的安排，确保学生的安全与活动的顺利开展，具体活动开展过程中还要寻求班主任老师的配合。三是将学生进行合理的分组，明确活动目标和要求，制定活动具体方案，并做好相应的学法指导，确保了活动安全、有序、高效的开展。

三、实践类项目的流程设计

（一）寻找历史教学与社会实践的结合点，规划项目主题

实践类项目是初中历史项目式学习的一种实践样态，它围绕历史教学与社会实践活动的结合点进行设计，其突出特点是主体的自主性，内容的开

放性,方法的探究性和取向的实践性。它以外显的参与性的历史实践活动为载体,以学生在经历和体验中的学习为形式,重视学生在参与实践的过程中完成历史知识的学习和相关体验,具有综合性和实践性。在中学阶段,学生的社会实践活动多种多样,但并不是每一类活动都可以开发成为初中历史项目式学习的实践类项目,而是要选取与历史学科相关的社会实践活动,将其作为历史课堂延伸和落实历史学科核心素养的必要手段,并借此进行项目主题的规划。

根据笔者日常教学的实践,实践类项目的规划可以选择博物馆、纪念馆等封闭环境,也可以选择遗址公园等半封闭环境,还可以选择风貌街区等(如五大道)这种开放的环境。以下是笔者根据日常教学实践制作的实践类项目单元。

案例链接

实践类项目库

类型	具体项目	适用年级
遗址遗迹类	文庙、挂甲寺、独乐寺、大悲院、海津镇牌坊、黄崖关长城	七年级
	静园、小站练兵园、吕祖堂、大沽口炮台、近代名人故居	八年级
风貌街区类	古文化街、鼓楼、水西庄、问津园	七年级
	五大道、意式风情区、北洋金融街	八、九年级
文化场馆	元明清天妃宫遗址博物馆	七年级
	天津博物馆、平津战役纪念馆、时代记忆展馆、国家金融博物馆、梁启超纪念馆	八、九年级
红色遗址	觉悟社、中共天津历史纪念馆、周邓纪念馆	八、九年级

(二)着眼核心素养确定活动目标

实践类项目的开展以外显的参与性的历史实践活动为载体,以学生在经历和体验中的学习为形式,重视学生在参与实践的过程中完成历史知识的学习和相关体验,具有综合性和实践性。开展过程中最容易出现的问题就是形式化,只注重活动的热热闹闹,缺乏深层次的教学目标的达成。这就要求教师在项目开展之前就要围绕实践主题,进行严谨的学习设计,不仅要有清晰的活动目标,还要对目标中的核心知识,高阶认知策略有准确的定位,明确活动的结果要素要指向丰富的学习成果。随着一系列任务的完成和问题的解决,学生不仅习得与事件相关的历史知识和关键能力,还要着眼于学生合作和学习能力的提高,并运用到终身学习当中。

案例链接

下面以组织学生开展"参观中共天津历史纪念馆"这一场馆项目为例做一说明。

项目开展之前,笔者首先要求学生明确活动的目标:一是要了解天津地方党史的基本知识,知道天津地方党组织及广大党员和人民群众在新民主主义革命、社会主义建设和改革开放的进程中创造的成就,培养热爱党、热爱祖国、热爱人民,继承红色基因,弘扬民族精神,树立为中华民族伟大复兴贡献力量的伟大理想;二是要了解和践行场馆的参观规则,学会通过参观和收听讲解提取关键信息,并利用场馆资源解释问题,完成项目任务。

在此基础上,设计驱动问题,将其作为隐形线索贯穿在场馆项目开展过程中,引导学生在参观中体验,在体验中思考,在思考中实现情感的升华。

参观结束后,还要组织学生通过合作交流制作项目作品进行展示和评价,引导学生对活动过程与结果进行系统的再思考和加工,形成更为深刻、稳固的理性认识。

通过这样的设计,借助立体真实的场馆情境,将场馆展示和讲解内容作为活动资源和学习内容,引导和指导学生带着问题和任务去观察、聆听、触摸、体验,形成直接的刺激与感性认识,加深情感体验。同时,通过体验—整理—展示—反思的活动路径,充分发挥身体与心灵的协同作用,实现社会资源和校内资源有效统整的同时,帮助学生真正理解历史和感悟历史。

(三)立足项目开展与目标达成的需要设计驱动问题

实践类项目中的活动是初中历史项目式学习实施中的一个必备要素,是实现历史课程目标的手段或实现形式。要想达到预期的活动目标,教师要引导学生在项目开展之前围绕实践主题和项目开展意图,设计和布置一系列的驱动型任务和问题,并以此作为活动任务的聚焦点,推动实践项目的开展和深入,这是实践类项目成功的关键。实践类项目中的驱动性问题应具有以下特点:一是围绕历史学习与社会实践的结合点,指向历史学科的核心知识与本质问题;二是问题具有一定的复杂性和开放度,能激发学生探究的欲望;三是不能脱离实践主题。

案例链接

在"参观饮冰室"这一项目活动中,笔者设计了以下驱动问题:

1."饮冰室"中"饮冰"一词源于何处? 这一书斋名称与哪一历史事件相关? 体现了梁启超怎样的心情?

2.梳理梁启超一生中经历了哪些对中国近代史有重大影响的历史事件? 梁启超在事件中扮演了怎样的角色? 其思想和行动如何?

3.纵观梁启超的一生,我们可以发现贯穿其终身为之奋斗的思想主线是什么?

4.你认为梁启超最可贵的精神品质是什么? 处在当今社会,我们如何继承和发扬这些可贵的品质?

这样的驱动问题将实践活动与教材中的中国近代史的相关内容紧密结合,与学生的校内学习紧密相关,由历史学科内容驱动且对教材内容进行了很好的补充,既是学生感兴趣的问题,也是教师希望学生掌握的内容,更好地诠释了实践项目的活动目标,完善了项目的总体设计。在这一系列问题的驱动下,学生对梁启超故居所蕴含的资源进行深入挖掘,与小组成员展开深入的互动探究,实践与学习实现了平衡、交融和一体化。通过触摸真实的历史资料,学生获得感官上的刺激,得到心灵上的震撼,借助对问题的深入思考与分析阐释,将感性认识与理性思考相结合,尝试对历史事件进行更合理的解释和对梁启超的正确评价,形成了对于"心中有信仰,脚下有力量"的认同。

(四)根据考察结果和学生实际制定活动计划

与学术类项目不同的是,实践类项目的开展往往需要走出学校,走进社区、街道、场馆等,进行调查、研究和体验,这就需要教师在对实践场所进行充分考察的同时,引导学生制定科学的合作探究计划,做好充分的准备。具体包括对项目任务的分解和项目组成员的分工、活动流程的规划、调查表和访谈提纲等工具的制作、出行方式的确定与具体安排等。这一系列的准备工作需要学生亲自完成,但也离不开教师的适时指导与帮助,尤其是要"引导学生查阅与探究过程和方法技巧相关的知识技能,为学生创造合作探究的机会并提供支持",[1]引导并促进学生在实践类项目式学习过程中进行深入挖掘,开展深度探究。

案例链接

在"静园的前世与今生"这一实践类项目开展之前,笔者多次走进静园,对其历史和现状进行了深入详实的调查;翻阅近代天津和静园发展历程相关的文献资料、实物图片,了解近现代历史中静园的发展情况;与静园的工作人员多次沟通,为学生参观活动的展开进行规划。在此基础上,笔者引导学生将"静园的前世与今生"分为1921至1929年、1929至1931年、1931至2007年、2007年至今4个阶段,将全班36名学生分成4个项目组,分别选取其中某一个时间段,展开调查、分析、研究、总结,探究这一历史风貌建筑背后的历史。同时,做好了方方面面的准备。如准备好拍照、录像的电子设备,进行人物访谈的提纲,实践开展的时间和出行方式安排,探究任务和具体问题梳理,等等。

正是在充分的考察和准备基础上,几个项目组开展了深入的调查和研究,通过文字、图片、音频、视频等各种史料信息的收集、整理和归纳,得出了初步结论和认识。在此基础上撰写调查报告,"尝试以各类史料为依据,以历史理解为基础,对静园的前世与今生进行理性的分析和客观评判,经历一个史料实证过程的体验及严谨科学态度的熏陶。"[2]实现了对项目的深度探究。

---

① 董艳,和静宇,王晶.项目式学习:突破研学旅行困境之剑[J].教育科学研究,2019(11).

② 田红彩.基于学科素养的"初中历史项目式学习"实施策略——以"北洋金融街的变迁"项目式学习为例[J].人大复印资料·中学历史、地理教与学,2018(7).

四、实践类项目实施中应注意的几个问题

项目库的规划和流程设计属于初中历史项目式学习的规划阶段,实践类项目的具体开展还需要考虑具体的实际,注意以下四点:

(一)让学生成为实践类项目实施的主体

实践类项目是初中历史项目式学习的一种实施样态。它以实践活动为载体,以问题解决为核心,以实现学生的发展为目的,强调利用真实的情境,借助丰富的社会资源,让学生在参与社会实践,解决实际问题中,实现对历史学科相关知识的学习,完成学生头脑中对于历史知识意义的建构,达到知识建构与能力提升,从而实现全面发展和综合素质的提高。这也突出了学生学习的自主性和能动性。这一特征要求教师在实践类项目活动的开展过程中,充分发挥出学生的主体作用,让学生全程、全身心地参与活动的每一个环节,并在活动结束后回归课堂,进行成果展示并开展相应的项目活动的总结和反思,实现从感性认识到理性认识的升华。

案例链接

在"时代记忆纪念馆"参观这一实践类项目中,学生们在气势恢宏、象征长征精神的时空隧道中体验中国共产党28年的革命历程,借助高清LED巨屏梳理毛主席从1921年至1949年的丰功伟绩,通过展馆中展出和陈列的照片资源和各类红色纪念品,感受革命的艰辛与曲折。回到学校后,他们将纪念馆中收集到的资料进行筛选、分类、处理,与八年级历史教材所学内容建立起联系,在形成自己的观点之后,与同伴进行交流与互助,在观点的碰撞、交融与修正中完善自我的认识和理解,在与同伴的互助与交流中解决疑难问题,制作项目作品。并通过成果的展示汇报,尝试运用史料进行历史解释,并与他人分享自己的学习成果。

在这一项目的研学过程中,学生始终是学习的主人。通过场馆内的参观与体验,以及在此基础上的问题解决,课下的探究与课堂上的展示交流相结合,学生学习的过程实质上成为以学生为主体、以知识建构为主要内容的

自主学习、合作探究、内化输出的过程,成为一种创造性地解决实际问题的过程。学生从真实的情境中获得学习经验,掌握相关知识与概念,不仅有利于提升学生分析问题、解决问题的能力,还提高了学生的动手操作、协作学习以及创新思维等能力。

(二)让教师成为实践类项目的促进者

初中历史项目式学习凸显学生的主体地位,但并不意味着对教师的要求降低,反而更高。实践类项目的实施中,教师虽不再承担传统教学控制者和历史知识传递者的角色,但由于初中生在身体、心理和知识储备、生活阅历方面都有一定的局限性,教师不仅要成为实践类项目的组织者,还需要成为学生实践活动的参与者、指导者。在实践类项目开展之前,教师要指导学生做好相关的活动设计与规划;在项目推进中适时为学生提供相关调研方法、历史研究方法等方面的关键指导,引导学生获取知识、应用知识的同时做好团队管理、时间管理、专家引进、修正建议等过程管理。在实践活动结束后,教师要为学生提供展示学习成果的机会并给予积极的评价反馈,引导学生对实践活动进行深入的反思与总结,对实践内容进行深化与升华,保证项目活动的实效性。除此之外,教师还要在活动中为学生提供脚手架,帮助学生将历史知识进行重构,生成有意义的知识体系。

案例链接

在"中华百年看天津"这一实践类项目开展之前,笔者引导学生回顾了中国近代史的发展线索,重点梳理了教材中天津近代史的相关知识。并提示其根据博物馆的讲解顺序,从抵御外辱、政治变革、经济发展、文化交融和中国共产党领导的新民主主义革命五个方面归纳天津人民在争取民族独立,实现国家富强的历史进程中所进行的艰苦卓绝的探索和不屈不挠的奋斗,撰写相关的研究报告,并以项目组为单位进行展示。对于初次撰写研究报告的学生,笔者从问题的提出、研究方法、研究内容、研究结论等方面介绍其基本流程,并对资料的获取、筛选、整理等相关的历史研究方法进行指导,引导学生学会在社会实践中获取知识、应用知识。

通过经历这一教师指导下的探究活动过程,学生对于天津发展成为中国北方最大的工商业城市和中西文化交汇前沿这一曲折过程有了更清晰的认识,对于天津和中国近代历史的内容有了更深刻的理解,认识近代天津在百年中国的历史地位的同时,培养了家国情怀。

(三)让家长成为实践类项目的参与者

实践类项目的开展,让项目式学习突破了教室的界限,拓宽了学生学习的实践场域。其实施需要打通校内与校外,调动多种学习资源。这里的资源具有丰富性和多元性,既包括与实践活动紧密相连的物质资源,也不乏项目所涉及的问题领域中"以家长为中心"的人力资源。家长的参与不仅可以减轻其对学生安全问题的过分担心,同时还可提升其对于学生成长的参与感,减轻教师负担的同时,为学生的实践活动提供必要的支持。除此之外,还可结合家长的工作背景、已有知识和经验,邀请其成为某次实践类项目活动的志愿者,承担实践类项目中适当的工作。

案例链接

在组织"中华百年看天津"这一实践类项目活动时,班级某一同学的家长正是天津博物馆的工作人员,在组织这一活动的过程中,家长帮助学校多次与博物馆进行沟通,联系组织博物馆参观等事宜,并对班内其他的参与活动的志愿者家长进行培训。参观之前,所有接受培训的家长志愿者,对参观的同学进行分组培训,讲解参观的规则和注意事项,适时回答学生提出的疑问。参观过程中,学生们遇到困难时,家长志愿者可以提供支持和帮助;学生遇到困惑时,家长认真倾听和解答,一定程度上分担和缓解了教师繁重的培训和组织工作。参观结束后,家长以观看学生成果展示和参与问卷调查的形式,参与到活动的评价中,切实感受此次活动对学生的教育效果。

(四)注重实践类项目活动材料的留存

过程性材料是体现学生实践类项目收获的宝贵财富。这些过程性材料不仅包括项目作品,也包括活动过程和作品制作中教师指导和学生参与等材料。前者反映的是项目学习的结果,主要包括调查报告、历史小论文、PPT、微视频等能代表学生学习获得和学习质量的成品;后者记录的是具体的学习过程,包括项目实施中的行动计划、访谈提纲、观察结果、活动记录和活动反思等能展示项目进程的关键材料。这些材料既能在关键时候为学生在已有经验基础上理解建构历史知识提供必要的支持,又能为教师和学生反思项目开展的效果提供依据,为后续的项目的实践提供必要的参考。为了更准确、全面地收集这些资料,教师在实践过程中需要有意识地参与到活动的规划和实施中,通过帮助学生规划项目活动目标、设计驱动问题、观察学生学习行为、监控学习过程、指导学习深入、提供成果展示平台等方式促进学生过程性和结果性材料的生成。

案例链接

在"百年中山路的变迁"这一实践类项目的实施中,学生通过走访金钢桥到北站,这一历史上称为"大经路"的历史街道,并重点考察沿途中达仁堂、造币总厂、李叔同碑林、觉悟社旧址、劝业会场(今中山公园)、革命烈士纪念碑、扶轮中学、北宁植物园(今北宁公园)等多处重要的历史遗留,以拍照、走访当事人和调查问卷的形式,收集和保留了大量的过程性资料,并以项目组为单位,按照街道变迁的时间顺序对这些过程性资料进行共享、分类、汇总、筛选和处理,以撰写阶段性调查报告的形式呈现和展示每个项目组的研究结果,并最终汇总成"百年中山路的变迁"这一总结性的研究报告,加以存留。

五、总结与反思

在总结初中历史项目式学习中实践类项目的规划设计,反思其实施过程中,笔者有以下三点认识。

第一,实践类项目是初中历史项目式学习中立足历史教学与社会实践的结合点进行规划与实施的一种实践样态,其改变了原有的历史课程实施形态,并以历史学科的核心知识打通了原有的课程结构,有利于深化历史课程改革,也为项目式学习在历史教学中的应用研究提供较好的切入角度。

第二,实践类项目的开展以社会实践活动为载体,以学生亲身实践、自我体验、情境感悟为特征,以历史学科核心知识与关键能力的习得为价值追求,其规划需要遵循活动化、有效性、可行性等原则,围绕以下四个方面进行流程设计:一是寻找历史教学与社会实践的结合点,规划项目主题;二是着眼历史学科核心素养和跨学科素养,确定活动目标;三是立足项目开展与目标达成的需要,设计驱动问题;四是根据考察结果和学生实际,制定活动计划。

第三,实践类项目的有效实施需要处理与教育环境中其他因素的关系,尤其要对教师与学生进行准确的角色定位,同时调动家长等社会资源,做好实践类项目活动材料的留存。

第四章　初中历史项目式学习中生活类项目的设计与实施

一、何谓初中历史项目式学习中的生活类项目

初中历史项目式学习中的生活类项目(以下简称"生活类项目")是通过创设和生活相关的具有一定挑战性和复杂性的问题情境,将学生的历史学习和生活相联系,让学生在实际体验、自主探究、内化吸收的过程中,以合作形式完成相关任务,并达成最终学习目标的一类项目。这类项目从学生日常生活的源头汲取活水,酌定项目主题,并由学生亲身参与、挖掘、选择和利用各种学习资源,在体验、合作、探究中完成一系列相互关联的历史学习任务,深化和升华课内所学知识,形成并逐步提升对社会和自我之内在联系的整体认识,有利于充分发挥历史学科独特的育人功能,有利于培育学生历史学科的必备品格与关键能力。

此类项目的最大优势是实现校内生活与校外生活的有机链接,项目主题很多都与学生的生活息息相关,是他们日常学习和生活中的所见、所闻或所感,抑或是着眼于学生生存的社会环境,选取社会热点问题。与教师独立规划的探究主题相比,这类主题往往更为生动和鲜活,也更有利于引发学生对项目开展的共鸣与参与。在这种项目参与式的学习过程中,学生由个体的被动学习转向协同的能动学习,由表层学习转向深入学习。"通过这种'听+看+做'结合或'亲身实践'式的学习",[①]其内在的学习主

---

① 王晓波,陈丽竹.重识"项目式学习"——访北京师范大学教育技术学院副院长董艳教授[J].中小学信息技术教育,2017(06).

动性得到了调动,探索性的学习不断深入。学生作为历史结论的发现者、综合者和陈述者,能动性得到了充分的体现,学科素养也在这个过程中得到潜移默化的养成。

二、生活类项目的设计与实施原则

(一)活动化原则

生活类项目的开展蕴含着一系列历史学习所需要的,且和学生生活息息相关的一系列认知的、社会的和行为的活动。从教学的角度讲,这一系列的活动蕴含着这样三层意思:第一,不同于传统历史课堂上由教师进行直接的讲解和传授,它强调通过学生的活动与参与来进行学习。第二,重学习结果,但更重过程。强调任务驱动,即通过经历一定的过程和完成一定的任务进行学习并获得知识,而不是直接从教材上获得结论。第三,重视学生在活动中的体验和感悟。学生的体验和感悟是活动的内涵和本质特征,也是激活知识的主要渠道。

在具体操作环节,教师为调动学生的学习兴趣,可采用任务分割的方式,即把一项和学生生活相关的历史学习任务分割成若干部分,每个项目组负责一个部分,作为子项目。项目组中每个学生负责一项具体工作。先把各个项目组中承担相同任务的学生集中在一起,使他们形成一个专家团共同去研究这项任务。然后再分别回到各自的小组中,把自己掌握的那部分与同组同学分享,以达到对学习任务的全面掌握。具体环节如下:

一是确定一个包含若干子课题的学习主题,为每个项目组分发一套资料。项目组成员在通读材料的基础上进行组内分工,每个组员承担一个子课题。

二是不同项目组承担同样子课题的学生聚在一起,形成专家组,在课后查找资料,并调动自己的经验、认知和创造力,围绕问题进行独立的阅读思考,提取有关信息,在此基础上进行合作讨论,并撰写总结报告或制作课件。

三是每个专家组成员回到原项目组中展示自己的总结和课件,在组内进行相互学习与交流。每个学生都要针对所讨论的问题提出自己的观点、看法,边讨论边记录,通过群体思维的碰撞形成项目组的统一观点,达成各项目组的合作学习成果。

四是对外发言人代表项目组在全班进行展示、汇报学习成果,进行组间交流,质疑和答辩。

五是组内自评,组间互评,教师发表意见,总结提高。

这种策略是针对项目式学习中的主体参与的不平衡性提出的,它的任务关联性很强,将个别学习与互换学习相结合,每个学生都要依赖本组其他成员提供的信息才能完成学习任务,这就促进了项目组成员之间的互帮互教,实现了共同参与。此外,这种学习方式打破了项目组界限,包含了两次合作学习的机会,生生之间交往与互动的范围扩大,给予学生向他人讲述的机会,充分体现了他们的主体地位,使他们充分地参与到教学中来。

案例链接

下面是八年级学生在开展"人们生活方式的变化"这一项目学习时,采用任务分割方式推动项目式学习的案例。

第一环节:笔者提前一周时间向学生布置预习课文,并为他们提供相关的资料,在此基础上把"衣食住行的变迁"这一大课题分解为四个子课题,学生按兴趣分成六个项目组(每组八名同学),每组都有同学分别负责从衣、食、住、行四个方面进行调查(调查和资料搜集对象可以是自己家庭、社区或由教师提供的互联网站)。

第二环节:各个小组中承担相同任务的学生聚在一起,形成衣、食、住、行四个专家组,准备资料,互相交流,撰写总结报告并制作了课件。

第三环节:每个专家组成员回到原小组中展示自己的总结和课件,为其他同学讲解自己负责的那部分内容,其他同学则针对所讨论的问题提出自己的观点、看法,在组内进行深入学习与广泛交流,形成小组的统一观点。每个项目组在教师的指导下结合课下通过互联网、教科书或课外读物等搜集的与课文有关的材料,写出相关调查报告,制成多媒体课件,课堂备用。

第四环节:每组同学结合课本相关内容和合作学习成果,分别选出一名代表为全班同学做展示、汇报,进行组间交流,质疑和答辩。

第五环节:组内自评,组间互评,教师发表意见,总结提高。

这样,整个项目学习过程就成为一个学生独立思考、交流合作、全面参与的活动过程,一个有意义的解释过程。这样活动化的教学设计,使历史学习成为一个问题磁场,强烈地吸引着学生,同时又潜移默化地培养学生的思维能力,使学生积极发现问题,解决问题,使他们都能体验到自己亲自参与掌握历史知识的成功与快乐。

(二)教育性原则

历史课程是人文学科中的一门基础课程,对学生的全面发展和终身发展有着重要意义。历史教育对提高学生的人文素养有着重要的作用。义务教育阶段的历史课程,在唯物史观的指导下,弘扬以爱国主义为核心的民族精神和以改革创新为核心的时代精神,传承人类文明的优秀传统,使学生了解和认识人类社会的发展历程,更好地认识当代中国和当今世界。义务教育阶段的历史课程在基础教育中占有重要的地位。历史教师应根据学科特点,学段特征和学生发展需求,充分关注挖掘历史学科所蕴含的,学习过程中所包含的思想道德教育要素,引导学生在生活中学习,在学习中思考,在思考中进行价值判断,潜移默化地对学生进行世界观、人生观和价值观的引导。

案例链接

"我们的节日"项目选取学生非常熟悉的清明节、端午节、中秋节等传统节日作为探究主题,学生以项目组为单位对相关资料进行搜集梳理,展开研究,以不同形式展示研究的成果。通过这一活动过程,了解传统节日的起源和演变等知识,提高整理分析资料的能力,沟通和表达能力,并从传统节日中理解中华民族的道德观和价值观,提高文化素养。

(三)可行性原则

生活类项目的开展虽不直接指向历史知识点的习得,但其学习、探究和完成作品的过程离不开知识点,初中历史项目式学习正是通过这一过程实现高阶学习带动低阶学习,达到历史学科关键能力和素养提升的目标,一定程度上解决目标达成浅层化的问题。

　　义务教育阶段7—9年级的历史课程的实施应从基础性出发,根据学生的心理特征和认知水平,以及普及历史常识为主,引领学生掌握基本的、重要的历史知识和技能,逐步形成正确的历史意识,为学生进一步的学习与发展打下基础。生活类项目的开展对于初中生有一定的难度,为了提高其开展的有效性,教师可引导学生制作一些学习工具,用来辅助活动的开展,如下图的访谈记录表就在"北洋金融街的变迁"项目学习的人物专访环节起到了重要作用。

"社会调查——北洋金融街的交迁"访谈记录表						
调研题目			访谈时间		访谈热点	
访谈专题			访谈人员			
访谈方式	电话(　)书信(　)电子年件(　)工使(　)其他(　)					
访谈对象简况						
姓　名		性　别		年　龄		职务	
单　位			邮　编		电话	
访谈纲要: 1. 2. 3.						
访谈记录:						
访该附录:原第记录(　)书刊(　)资料(　)照片(　)录音(　)录像(　)						
需要说明的问题:						
访谈所用时间		访谈记录者			填表人	

三、生活类项目的设计流程

生活类项目的开展与其他类型的项目式学习一样,都应该有一个流畅、完整的操作流程。这种方式是把一项和学生生活相关的历史学习任务分割成若干部分,每个项目组负责一个部分,作为子项目。项目组中每个学生负责一项具体工作。学生先在自己所在的项目组参与探究,并将自己所负责任务的完成情况在项目组内进行汇报,项目组负责人汇总,并集思广益形成本组的项目作品,和其他项目组一起在某个公开场合进行汇报。其有效实施要求教师完成从关注三维目标到立足核心素养的转变,实现历史教学从学科本位、知识本位到育人本位、学生素养发展本位的转型。在具体的实施过程中,主题规划得当、目标设置贴切、内容整合科学、过程推进合理是其流程。

(一)依据学科素养规划项目探究主题

和其他类型的项目式学习一样,在生活类项目设计系统中,确立探究主题是项目式学习的起点。基于发展学生历史学科核心素养的需求,结合生活类项目的特点和育人价值,生活类项目主题的确定应满足以下三方面的要求。其一,所选主题必须是与现实生活紧密关联的实际问题,能将教科书上抽象的历史知识与尽可能真实的历史情境结合起来,使学生的学习和生活建立起联系,从而使学生愿意去探究、去合作、去参与、去学习。其二,主题的选择要明确指向历史课程学习的目的和价值,紧密围绕历史学科的核心概念和原理,实现项目学习与历史学科知识学习、能力提升、素养发展的有机整合,而非支离破碎的知识片段或零散的任务点。其三,所选主题应具有探索性、开放度,有持续探讨的意义和价值。

在"北洋金融街的变迁"这一项目学习的设计上,笔者选择天津金融老街的变迁作为学生学习探究活动的主题或载体,出于以下几个方面的考虑。

1.立足今昔事件的结合点

2017年第十三届全运会在天津市和平区的火炬接力传递选取了解放北

路路段,而这一路段正是北洋金融街的中心区域,笔者在中国金融博物馆看到对这条老街的相关介绍,在与博物馆工作人员的交谈中了解到其多元文化融合的特征,并被其历史的厚重感所吸引,因为这条街道的历史变迁正是近现代天津历史、中国历史乃至世界历史的缩影。

2.关注学生生活的熟悉点

笔者所任教的学校地处天津市和平区,所教授的学生也大多是这一区域的学生,这条老街是学生日常生活中经常途经的道路,大部分学生对其并不陌生,研究这条既熟悉而又富于历史奥秘的街道,必然能够引起他们的共鸣。于是"一条街道折射下的近现代历史发展"项目式学习主题由此酝酿而生。

3.寻找学科素养的生发点

由于学生所要了解的北洋金融街历史变迁的过程,在教材上并没有涉及,因而在完成这一任务过程中需要通过多种渠道寻找相关的课程资源,并根据项目完成的需要将这些资源与课内所学知识进行合理整合,构建一个更为宏观的、多层次的学习内容体系,为学科核心素养的培育找到多个立足点。

首先,为了理解"北洋金融街变迁的节奏性",学生需从几个时间节点进行推进,来理解北洋金融街是在更为广阔的时代背景中形成的,是在世界、中国、天津的历史发展进程中演变的。"通过对'时间节奏性'的历史解释,学生的思维被提升到追根溯源、归根结底的理性认识高度,通过解释历史变迁的因果关系,获得对历史规律性的认识,学会阐释历史意义。"[①]

其次,学生需要从世界历史、中国历史的演变中认识北洋金融街变迁中的关键点,了解同一场域、不同时域社会历史形态的更替、历史事件的发生、发展的连续性,以及在同一时域、不同场域中历史事件、历史现象之间的差异性和关联性,培养时空意识和整体观念。

再次,为了诠释这条街道不同阶段发展变化的原因和影响,学生需将每

---

①夏辉辉.围绕素养立意的历史课堂建构——例谈对"一节好的历史课"的再思考[J].历史教学(上半月刊),2016(12).

个阶段的发展折射到教科书的相关章节，从教科书的投影中加以咀嚼、内化。然而，受编写体例所限，教科书并没有针对此问题的专题叙述，相关内容散见于多本教科书之中。要完成这个项目学习，必须将历史学科知识进行整合，将不同学科知识进行融合，将课内外知识进行结合。通过这样的整合梳理过程，学生掌握的不再是显性的、事实性的历史知识和结论，而是自觉运用历史研究方法去探讨、解决历史问题，这正是历史学科赋予学生的学科素养和终身学习的能力。

正是在发展学生历史学科核心素养的课改理念下，笔者确定了"北洋金融街的变迁"这一项目探究主题，并设计了一个看似宏观、博大，但却生动、具体的问题情境："2017年第十三届全运会在和平区的火炬接力传递选取了解放北路（北洋金融街）这一路段。这是一条怎样的街道？如何摇身一变成为'北洋金融街'的？迥异的街区风貌背后，究竟有着怎样的前世与今生？"这一情境向学生呈现了明确的学习任务，学生的主题探究从问题开始。

（二）依据学科素养确定项目活动目标

教学目标是教学活动的出发点和最终归宿。历史学科核心素养的提出为广大一线教师重新理解历史课程目标、重新构建历史教学目标提供了一种全新的理论体系与实践路径。项目式学习与传统的课堂教学相比，在学习目标上的着力点、侧重点"不是掌握事实性、结论性的知识和内容"，[①]而是强调理解和运用已有知识和经验解决实际问题的能力和过程，这与历史学科能力培养与素养熏陶的新课程理念相契合。生活类项目式学习在设置活动目标时，既要充分考虑项目活动能够顺利开展的需要，又要深刻领会历史学科核心素养的内涵，把握好二者之间的内在联系，使项目学习活动的开展始终贯穿发展学生历史学科核心素养这个核心任务。在"北洋金融街的变迁"这一项目式学习中，笔者正是在反复考量项目顺利开展和学生学科素养培育双重需要的基础上，酌定了具体的活动目标，并根据目标达成的需要，

① 胡佳怡.项目式学习的本质、模式与策略研究[J].今日教育,2016(04).

将探究主题按时间顺序划分为6个子项目,将执教班级的全体学生纳入6个项目组予以实施。

1.确定该项目式学习的活动目标

"北洋金融街的变迁"项目式学习的活动确定了三个主要目标。一是调查了解北洋金融街变迁的历史,归纳概括不同时间段北洋金融街的发展情况,梳理其变迁的历程。二是在社会调查的基础上,分析北洋金融街不同时段发展变化的历史原因、条件及影响,认识北洋金融街的变迁是天津历史、中国历史、世界历史发展的缩影,并在此基础上形成对北洋金融街未来发展的合理性建议,懂得研究历史、回眸过去是为了前瞻未来。三是学会展开社会调查的基本方法,能够根据自己的调查统计,尝试写出调查的分析报告,并与同学进行交流,展示和共享研究成果。

2.确定达成该项目式学习活动目标的策略

关于"北洋金融街的变迁"这一项目学习主题,笔者确定了6个子项目供学生去调研、分析和研究:1860—1894年的北洋金融街、19世纪末20世纪初的北洋金融街、20世纪40年代的北洋金融街、20世纪50年代的北洋金融街、20世纪80年代的北洋金融街、北洋金融街的未来规划。这种活动目标和围绕目标的活动设计向学生呈现了一个综合性、完整性、现实性的任务,兼顾了活动开展和学生素养提升等方面的需求。

学生要想达成上述活动目标,就要依据任务要求拟出需要解决的系列问题,并通过自身的探究去分析和解决问题,以此来推动项目学习的深入开展。这个活动目标的设计源于学科又超越学科,为提升学生的历史学科素养提供了广阔的空间。活动目标的达成需要"以时空观念和史料实证为切入点,以唯物史观为统领,着力提升学生的历史解释能力与家国情怀品质,既不再追求知识与能力、过程与方法、情感态度与价值观等单项目标的逐个达成和简单拼接,也不以知识、过程、方法为终极目标"。[1]

第一,在"了解北洋金融街的变迁历史,归纳概括不同时间段北洋金融

---

[1] 王生.教学目标设计应体现核心素养的"涵蕴性"与"层级性"[J].历史教学(上半月刊),2017(04).

街的发展情况"这一任务目标的驱动下,学生需大胆尝试用社会调查等基本方法去研究历史问题,用史料实证等历史研究方法去解决现实问题,在探究的过程中形成自己对历史的正确认知。

第二,在"分析北洋金融街不同时段发展变化的历史原因、条件、影响"时,学生要将"北洋金融街的变迁"这一现象镶嵌在相对宏观的历史视野下,充分调动和迁移教材中所学到的中国乃至世界近现代史的相关知识,从多种视角、多种层面、多种联系中分析现象背后的原因,认识北洋金融街的变迁是天津历史、中国历史乃至世界历史发展的缩影。在认识这一街区变迁时代特征的同时,学会把握不同历史事件之间的联系,认识历史发展中全局与局部的关系,这有利于拓展学生的历史视野,发展历史思维,培养学科素养。

(三)依据学科素养建构项目式学习内容

教学内容作为教学过程中师生发生交互作用、服务于教学目标达成的媒介、素材和信息,既是教学活动展开的条件,也是"培育和生成学生学科核心素养的重要载体"。[①]初中历史项目式学习的内容应该在顶层设计上努力为学生提供结构化的学习情境,通过内容的整合、重组与呈现,进行系统设计,激发学生学习历史的主动性和探究兴趣,为发展学生的学科素养提供丰富的互动依托和拓展的空间。

1.围绕目标选取教材知识,整合学习内容

义务教育部编历史教材"在内容的呈现方式上,强调历史学科的时序性和系统性",各年级教材内容的编排和选择,"既突出了历史进程的时序性,又凸显了历史发展的主线,使学习内容依据历史的发展线索循序渐进地展开"。[②]项目式学习需要围绕项目主题进行,学习内容是为达成活动目标服务的,其涉及的知识决不仅限于教材某一章节。教师在学习过程中需引导学生通览不同年级的历史教材,立足项目主题和活动目标,分析、比较、选用

---

① 辛涛,姜宇.基于核心素养的基础教育评价改革[J].中国教育学刊,2017(04).
② 徐蓝.谈谈义务教育部编历史教材落实立德树人的问题[J].历史教学(上半月刊),2017(12).

教材中的相关知识,融会贯通,将其整合到项目学习内容之中。

2.立足学情,依据学习逻辑理顺学习内容

传统的课堂教学内容有其自身的结构体系和取材角度,往往注重教师"教",难以兼顾学生"学"。基于发展学生历史学科核心素养的初中历史项目式学习要求教师在选择和确定学习内容时既要遵循历史学科的特点,也要考虑学生学科核心素养培育的要求,改变传统的教师教的逻辑,强调遵循学生学的逻辑。同时,教师应努力使学习内容"由封闭走向开放,由资源的提供者、结论的呈现者,转而成为学生主动建构知识、自主获得认识和结论的历史学习情境的营造者和引领者"。①

3.挖掘丰富资源,拓展学习内容

社会生活是历史教学内容的源头活水,它的丰富多彩是篇幅有限的教材所无法囊括的。项目式学习与学生的实际生活紧密相关,学生要在规定时间内实现特定目标,解决实际问题,往往需要拓宽历史课程资源的渠道,适当设计发散性的活动内容,实现历史知识的融通与灵活运用。同时,这类学习活动更倾向于由学生个体探究完成,结论往往具有开放性,可激发学生在需要的时候通过多种途径去探究、寻找和补充信息材料,依据任务完成的需要来丰富学习内容,确保精选的内容同时具备最大的历史学科价值和促进学生核心素养发展的价值。

在"北洋金融街的变迁"这一项目式学习中,参与活动的几个项目组在教师的指导下,紧紧围绕项目主题和各自的探究方向、活动目标,充分挖掘和利用天津地区所特有的历史文化资源,将探究的视角从教材和课堂投向更为广阔的"新时空场"——社区、网络、金融博物馆、图书馆等。他们在这个新的时空场中开展了多样的观察、调研、分析、研究,在此基础上形成各组的调研报告。各项目组搜集、精选的材料主要包括下面六个方面:一是对当地街区建筑进行实地考察的照片资料,二是走访金融老人和城市规划专业人员所搜集的文字、音频、视频等访谈记录,三是中国金融博物馆《老天津金

---

① 石鸥,张文.学生核心素养培养呼唤基于核心素养的教科书[J].课程·教材·教法,2016(09).

融街》等金融文献和实物、模型照片,四是《天津通志·金融志》《金城银行档案史料选编》等相关的历史资料,五是天津市规划展览馆与这一街区相关的规划方案,六是《五大道》等相关纪录片及与北洋金融街有关的电子版材料。

在搜集、处理信息的同时,学生们梳理、回忆所学知识,将教材相关内容与自己调查、探究所得的结论之间建立起联系,并进行了有效整合。通过对所学知识的重组,构建起了一个新的学习内容框架体系,使得历史学科核心素养在这一体系中找到落脚点。如第四项目组为探究20世纪50年代的北洋金融街,进行了人物专访,访谈对象是年逾90岁的王钟声老先生。王钟声老先生1943年进入天津金融系统工作,绝大部分时间在解放北路银行工作,是北洋金融街变迁的历史见证者。为了获得最佳的访谈效果,学生制定了以"20世纪50年代北洋金融街上银行的经营状况"为中心内容的访谈提纲,并在征求王老先生同意的前提下对其访谈进行了录音。他们反复学习录音资料,对1949—1956年解放北路上银行的经营状况做了简单梳理:1949年天津解放后,中国人民银行天津分行成立,金融街上还有十几家银行,以私营银行为主。1952年底,私营银行都改称公私合营银行天津分行。1955年,公私合营银行天津分行并入中国人民银行天津分行储蓄部。

那么,这一系列的变化是怎样发生的?学生们回顾了中华人民共和国成立初期的经济形势和政策措施,查阅了《天津通志·金融志》,在将课内外知识进行整合、梳理的前提下做出如下分析:

新中国成立后,中国共产党和中央人民政府采取了一系列恢复发展国民经济的有效措施,并于1953年制定了过渡时期总路线,实行"一化三改",这对天津的金融界、对北洋金融街产生了影响。

天津市军管会和市人民银行及时采取措施,废除外国银行操纵外汇的特权,接管官僚资本金融机构,对私营金融业进行改造。1952年,私营银行在联营、合营的基础上组成全市性公私合营银行天津分行。随着三大改造的深入,1955年初,公私合营银行天津分行并入中国人民银行天津分行储蓄部。1956年,外商银行相继结束业务。自此,多种金融机构合并成统一的中国人民银行天津分行,形成"大一统"的银行体制。

这种资料的搜集、处理与学习内容的整合将校内学习与校外生活、历史往事与现实生活、历史教材与课外资源进行了有机的衔接与统整，不仅改变了传统的学习方式，而且拓宽了资源渠道，增强了学习内容的广度和深度，为学生历史学科核心素养的提升提供了多个生发点。学生们在搜集、利用历史资料对现实问题解决的过程中，培养了史料实证意识；在辨析、领悟和综合历史信息的过程中，加深了对历史的理解；从对这条老街演变历史的梳理与探究中，体悟到家国情怀；在历史往事与现实问题的结合中达到以史为鉴、学史明智的学习目的，认识到学习历史就是要认识时代，增加人们的智慧，让人们更自觉地认识历史，看清社会前进的方向。①

（四）依据学科素养实施项目学习过程

历史学科核心素养从学生的全面发展角度考量，意在使学生通过课程学习生成适应个人终身发展和社会发展需要的具有历史学科特征的必备品格与关键能力。它关注学生的真实需要，强调学生的主体地位，要求教师把教育教学的主体地位还给学生。教师把学生置于项目实施的主体地位，指导他们围绕所在项目组的具体研究主题，自行设定学习任务，自行制定行动计划，自主选择研究方法，自主行动实施计划，使学习过程成为学生自主探究、问题解决、知识建构的过程，通过驱动式项目的合作探究，来实现历史学习能力和综合素养的提升。

在"北洋金融街的变迁"这一项目学习的实施过程中，各项目组在教师的引导下，紧紧围绕课题和各自的探究问题，积极参与制订主题探究计划，规划工作步骤和程序，合理分工搜集资料、分析相关数据和信息，完成了任务。下面以第二项目组的探究过程为例展示项目式学习的过程。

1.围绕项目任务，开展实地考察

第二项目组探究的主题是"19世纪末20世纪初的北洋金融街"。为了解这一时期解放北路的发展情况，项目组同学走进解放北路开展实地调查，进

---

① 参见白寿彝. 白寿彝史学论集[M]. 北京:北京师范大学出版社,1994.

入中国金融博物馆搜集资料,归纳这一时期解放北路的发展,尤其是银行的开设情况。通过对所搜集材料的梳理,他们了解到这一时期外国银行陆续进驻天津,在解放北路先后开设了麦加利银行、花旗银行等十余家外资银行,一些较大的洋行和保险公司也争先在这里开展业务。后来,不少中资银行也选址于此。19世纪末20世纪初,解放北路成了中外银行的集中地。1937年以前,这条街已成为北方著名的金融中心,有"东方华尔街"之称。

在这个探究过程中,学生产生了这样的疑问:这些银行到底是何时在解放北路开设分行的? 由哪些国家出资兴建? 具体地址在哪? 为了更详细地了解这些银行,第二项目组同学在金融博物馆工作人员的推荐下,阅读了天津人民出版社出版的《老天津金融街》。他们分工合作,对这本书中所介绍的银行进行了分类,对这一时期解放北路上开设的部分外资、华资银行用表格形式来进行总结,表格内容涉及了银行名称、创办国家、创办时间、地点等诸多方面。

2.依托重大问题,探究发展原因

在梳理北洋金融街发展概况和诸多老银行的过程中,同学们产生了这样的疑问:为什么这一时期解放北路上的中外银行突然多了起来? 在老师的引导下,他们翻阅了历史书籍,梳理了所学过的知识,并在网络上进行了搜集,对这一时期解放北路的发展变化形成了更为清晰的认识。以下是学生呈现的关于外资银行开设原因的材料:

1894—1895年,日本发动了侵略中国的甲午中日战争,并强迫清廷签订了《马关条约》。条约第四款允许日本在华投资办厂,其他列强引用"利益均沾"的条款,争先恐后在中国开设工厂,正是在外商企业的刺激下,外资银行纷纷进驻天津,在解放北路开设了分行。

此时华资银行的大量出现又是何原因? 学生在查阅资料中看到了这样的记载:

民国初年,经济社会趋于新式,国人均以发达工商业为职志。其时适欧洲大战期中,银涨金跌,各外商银行因资力及战事关系,均无暇经营中国事业,而中国工商业也有勃兴之势。平津一带,产业渐兴,需要金融机关,于是商业银行遂应运而生。

——金城银行档案《行史稿》

由此他们得出了结论:在第一次世界大战期间,中国民族工商业的发展对银行资金的需要,是刺激金城等华资银行创立的主要因素。

3.拓展延伸材料,分析深远影响

在了解了北洋金融街发展概况和银行大量涌现的原因后,学生们又有了新的问题:"这些银行的出现在当时有何影响?"这个问题引导其探究性活动继续深入。他们尝试利用网络资源寻找答案。对于外资银行的设立,他们在百度上进行了搜索,了解到此时的外资银行操纵着天津乃至华北地区的金融业,它们通过支持洋行垄断天津的进出口贸易,为本国商人的进出口生意提供方便,通过钱庄向中国商人贷款,推销外国商品,廉价购买原材料。其入驻使中街成为帝国主义国家对中国进行疯狂经济掠夺的大本营,大量黄金和白银从这里源源不断地流出。

那么,此时大量银行的出现有没有积极作用?学生翻阅了相关书籍,尝试用下面的数字做出解释:

据统计,(此时)金城银行对工矿企业的放款从1919年的83万,到1923年增至700万元,增加了近八倍,在五类放款对象中占居首位。金城放款的工矿企业有100多家。

——中国人民政治协商会议天津市和平区委员会等编:《老天津金融街》

由此可以看出金城等华资银行的出现在很大程度上促进了民族工业的发展。

在第二项目组的研学过程中,学生亲历整个学习过程并在学习互动中始终占据主体地位。通过对"北洋金融街"变迁历史的调研、探究,以及在此基础上对其发展变化的原因、影响分析、课下的探究与课堂上的展示交流相结合,学生对历史有了新的认识,对历史研究方法有了切身的体会,对自己生活的城市、街区有了更多的了解与期待,对现实社会与生活中 的问题有了更多的思考。而"只有经过学生的历史思考,特别是经过历史思维训练、运用历史方法和程序的思考,历史才会变得鲜活起来,对于学生而言历史和历史教学才会有意义"。①

---

① 邓凌雁.像历史学家那样思考——美国中学历史教学新理念研析[J].历史教学(上半月刊),2014(06).

第五章　初中历史问题类项目的设计与实施

一、何谓初中历史问题类项目

问题类项目是初中历史项目式学习中，围绕学生学习中生成或现实生活中遇到的历史问题设计与实施的项目式学习样态。与学术类项目、实践类项目、生活类项目侧重教师规划项目主题不同，问题类项目是由学生在历史学习中产生的真实问题转化和提炼而成的。

学生学习中的生成性问题是学生积极参与历史教学、主动学习并思考的突出表现，也是历史教学中最珍贵的资源。因为它往往最能体现学生当时对所学内容的理解水平，也更寄托着学生对教学的兴趣点和参与热情。然而，这种资源又有很强的偶发性和随意性，它经常如昙花一现，稍纵即逝。有时就被教师轻描淡写地一带而过。这不仅扼杀了学生的求知欲，对其学习历史的积极性和信心也是沉重打击。在初中历史项目式学习中，教师及时抓住这些随机生成的问题资源，根据项目开展的需要，对其进行有效的加工、整理和再创造，最终将其改造成稳定的项目探究主题，引导学生开展更为深入的探究，促进全体学生更加积极地参与到项目活动中，使项目式学习更具生成性，从而更加丰满。

二、问题类项目设计与实施的原则

（一）深度化原则

问题类项目中的深度，强调学生学习中生成的问题要深入历史学科的本质,触及学科内容体系的核心。问题类项目的开展要帮助学生习得具有历史学科特点的关键成就,不能只停留在学科表层,而应深入学科本质。这就需要对学生生成的诸多问题进行筛选,选取那些能够兼顾历史学科知识与学科思想方法,凸显历史知识与学科思维同步发展的历史问题,将其规划为稳定的项目。

案例链接

九年级学生在学习"社会主义的发展与挫折"时,提出了这样的问题:"老师,苏联的解体是不是意味着社会主义失败了呢?"面对这一突如其来的生成性问题,笔者在感受到学生思维活跃的同时,意识到了学生对"斯大林模式"和"社会主义"两个核心概念的理解出现了混淆,如果不进行及时的引导和深入探究,学生很难对相关世界历史真正理解,甚至影响其坚定建设中国特色社会主义的信念。鉴于此,笔者首先肯定了学生积极思考、敢于质疑的精神,并将"苏联社会主义道路的探索""中国特色社会主义道路的探索"作为两个项目探究主题,引导学生全面认识社会主义从空想到科学、社会主义制度从理想变为现实,以及社会主义国家在改革中曲折前进的历程,并在分析中国社会主义初级阶段基本国情的基础上,认识社会主义现代化建设是一个曲折漫长的过程,能从社会的不断进步和发展中体会到必须坚持中国共产党的领导,坚定建设中国特色社会主义的信念。

(二)开放性原则

初中历史项目化学习不是简单地重现历史,也不要求学生记忆现成的历史结论,而是强调用具有挑战性的问题创造高阶思维的情境和学习的内动力,在积极思考和问题解决中掌握历史知识,构建自己对历史的解释。问题类项目中的问题要成为启发学生历史思维、训练和发展学科关键能力与素养的平台,不能只是拘泥于特定的、零碎的知识点,或者直接能找到结论的事实性问题,而应具有一定的探索性和开放度,借助对问题的持续探讨打通知识之间的内部联系,实现对高阶思维能力的培养。

案例链接

八年级学生在学习辛亥革命这一内容时,通过影视作品和教材内容对辛亥革命的概况有了一定了解,但对辛亥革命的历史意义认识不足。在学习中,学生提出了这样的问题:"老师,洋务运动是中国近代化的开端,戊戌变法也推动了中国政治领域的近代化,为什么说'辛亥革命打开了中国进步潮流的闸门'? 是因为辛亥革命推翻了清王朝的统治吗?"从学生的这一困惑不难看出,他们对中国的近代化问题有了一定的认识,尤其对洋务运动、戊戌变法、辛亥革命等近代化过程中的历史事件有了基本的了解,但还没有理解辛亥革命在推动中国历史发展进程中的作用。笔者在反复考量之后,决定将这一问题作为问题类项目的探究主题,主要出于以下几方面的考虑:

第一,辛亥革命作为20世纪中国第一次历史性巨变和中国近代史上第一次完全意义上的近代民族民主革命,是中国近代化艰难探索进程中的里程碑。它上承洋务运动和戊戌变法,下启新文化运动、五四运动,由此近代中国各种政治力量追求近代化的脚步急促而悲壮,中国人民革命洪流汹涌澎湃。同时,辛亥精神更是辛亥革命留给后人宝贵的精神财富,是中华民族前进的重要力量源泉。这一问题不解决,学生很难理解救亡图存和实现现代化这一近代中国人民奋斗的基本目标,也很难认识民族民主革命的艰巨性,不利于树立为中华民族复兴而奋斗的信念。

第二,这一问题的解决需要将学生的思维卷入辛亥革命的准备、发生、发展、结果这一充分而丰富的历史背景,然而又不是简单地重现历史,而是学生对历史知识进行自觉的、高层次的理解和掌握。它需要学生将孙中山的主要革命活动、武昌起义、中华民国成立等史实作为支撑,通过展开独立而充分的思维活动来获得历史知识,能够像一个历史学家那样去理解历史、构建自己对历史的解释,构建完整的知识体系,并逐步学会用历史的观点客观评价历史问题。

第三,这一问题具有一定的探索性和开放性,仅仅通过识记某些零碎的知识点是不足以解决问题的。其探究过程中会"刷"出一大片知识,涉及政治、经济、思想、社会生活等不同领域。此外,学生在解决问题过程中还需要经历资料搜集、文献阅读、信息处理、批判性思考与讨论等环节。在此过程中,学生所习得的知识不仅来自教师,也来自其他很多渠道,"学生要对不同来源的知识和信息的可靠性进行比较分析",①经历一系列的批判性思考与判断,最终得出对历史问题的合理解释,这有利于其高阶思维能力的培养。

(三)意义化原则

人是历史教学的对象,也是历史教学的目的。历史课程属于人文社会科学的课程,其意识形态属性非常强。历史教育在落实立德树人根本任务中承担着非常重要的职责。初中历史项目式学习的开展"要牢记立德树人根本任务,着力发挥历史学科的教育功能,用心研究和解决'培养什么人,怎样培养人'的问题",②问题类项目的开展要在引导学生探究解决项目任务的同时,对所学内容有更上位的思考和深层的认知,引导学生思考学习历史有什么意义。这就要求教师在问题类项目规划中,必须选取学生提出的蕴含丰富育人价值的问题加以转化,借助项目的开展和历史知识的整体建构,使学生在接受历史知识的同时洞察世事,感悟人生,形成正确的价值判断。

案例链接

八年级学生在学习"经济体制改革"一课时提出了这样的问题:"老师,'家庭联产承包责任制'是农村改革的主要形式,'把原来单一的公有制经济,发展为以公有制经济为主体的多种所有制经济;对国有企业实行政企分开,逐步扩大企业的生产经营自主权,实行经营责任制;实行以按劳分配为主、多种分配方式并存的制度。'是城市经济体制改革的内容,'社会主义市场经济体制的建立'是经济体制改革的内容吗?"很显然,学生的这一困惑反映出他们并没有真正理解中国经济体制改革的内在逻辑,思维链条存在明显的缺失。对这一问题的理解和掌握关乎着学生对经济体制改革本质的把握,关乎着对全面深化改革的现实问题的认知,关乎着他们对未来的思考。鉴于此,笔者将这一问题规划为项目主题,以"四十年经济体制改革"作为探

---

① 夏雪梅. 项目化学习的实施策略[J]. 湖北教育,2019(10).
② 叶小兵. 历史教育在落实立德树人根本任务中的重要作用. 历史园地公众号,2018-07-16.

究的主要内容,引导学生通过对这一项目的探究理解改革因何而生发? 因何深入? 因何继续? 等一系列问题。

三、问题类项目的设计流程

(一)选取适切的问题规划项目主题

问题类项目强调对历史教学中的生成性资源的利用,但是并不是所有的历史教学中产生的问题都能规划为问题类项目。初中历史项目式学习以提升学生历史学科关键能力和素养为价值追求,这就要求其选取的问题必须深入历史学科的本质和内核。

案例链接

在学习"文艺复兴"这一欧洲近代第一次思想解放运动时,学生通过课堂学习了解了文艺复兴的时间、地点、指导思想、代表人物、代表作品和影响等结论性的知识点,但并没有真正理解"人文主义"这一文艺复兴的指导思想,这与本课教学的初衷显然是背道而驰的。为了解决学生学习中这一困惑,笔者将"人文主义思潮的复兴"作为项目探究的主题,引导学生搜集文艺复兴时期文学、艺术等作品的图片和文字资料,让学生在与历史、与同伴、与教师的多重对话中理解和体验文艺复兴的精神内涵和价值,感悟伟大艺术家破除基督教神学文化对人的禁锢的勇气,体验人的解放对人的价值所在,以及对社会发展的重大意义。

(二)围绕项目主题设计项目学习任务

问题类项目的实施绝不仅仅是为了让学生记忆现成的答案,而应通过项目学习任务的设计引导学生向着指定的方向深入思考与探究,推动其理出答案并为其学习的深化寻找新的途径,在这一过程中实现对知识的理解与情感的升华。问题类项目能否顺利而深入地开展,并促进学生问题的解决,很大程度上取决于教师能否立足项目主题,建立起知识间的相互联系,并在此基础上设计出具有逻辑性的系列任务,引导学生超越原有对知识的

"点"式识记,从更高一层的"网"的角度进行灵活的判断和理解,以此来启发学生的历史思维,训练和发展具有历史学科特点的关键能力与素养。

案例链接

在设计和组织实施"辛亥革命"这一项目学习的过程中,笔者将这一探究主题分为重温辛亥革命、体味辛亥精神、追寻辛亥理想等三个子项目供学生去分析和研究,将执教班级的全体学生纳入三个项目组予以实施。三个项目组的探究任务如下:

第一项目组:梳理辛亥革命的准备、经过、结果的基础上从政治、经济、思想、社会生活四个角度去寻找当时中国发生的变化。探究:辛亥革命究竟给后世留下了什么? 得出"辛亥革命打开了中国进步潮流的闸门"这一结论的依据是什么?

第二项目组:寻找身边和孙中山相关的种种要素,并利用网络进行搜索,通过一幅幅图片联系现实,让学生直观感受到今天我们仍在用种种方式缅怀纪念伟大的孙中山先生,纪念辛亥革命。在此基础上思考:辛亥革命在推动中国发展进步的同时,还为我们留下了什么?

第三项目组:介绍中国共产党在民族复兴之路上不断实现和发展着孙中山先生和辛亥革命先驱的伟大抱负,领导中国人民夺取了新民主主义革命的胜利,建立了新中国,并团结带领全国各族完成了从新民主主义到社会主义的转变,推进了改革开放和社会主义现代化伟大事业,取得了举世瞩目的巨大成就。

这一系列任务层层递进,学生在重温辛亥革命历程的基础上分析辛亥革命的意义,体味辛亥革命的精神,追寻辛亥革命的理想。项目任务的设计既注重了知识的有效落实,又注重学生学习过程和方法的指导,更注重彰显历史教育的人文性。通过这些任务的解决,学生既要全面地梳理辛亥革命的相关知识,思考革命给中国带来的全方位的变化,又有利于体味和发扬伟大的辛亥精神,树立沿着前人的脚步继续去追寻,为实现中华民族的伟大复兴而贡献力量的信心和责任感。

（三）立足项目任务搜集活动资料

当项目主题确定之后，就需要寻找解决问题、完成任务的有效路径。"历史是一门注重逻辑推理和严密论证的实证性人文社会学科。对历史的探究是以求真求实为目标，以史料为依据，通过对史料的辨析，以符合史实的材料作为证据，进而形成对历史的正确、客观的认识。"①因此，项目任务的解决往往需要借助大量的历史材料加以展开。在问题类项目的开展过程中，搜集和处理与项目任务相关的历史资料是问题解决的必经途径。但是，初中学生在学习能力上较小学阶段虽有所提高，但理性思维能力、分析问题能力依然比较欠缺。加之历史学科又是初中阶段的起始学科，学生缺乏必要的资料搜集、筛选、整合等能力，需要教师进行以下三个方面的指导。

1.做好材料的需求评估

教师首先要让学生明确资料搜集的目的是为项目任务的解决服务，为达成活动目标服务。因而在选取史料时要指导其从项目开展的实际需求出发，明确课程资源开发的目的性，避免"为了用资源而开发资源"。具体可引导学生思考问题的解决需要从哪几个方面着手，某一方面需要哪些材料，在此基础上做好需求评估，挑选那些有利于达成项目组活动目标和项目顺利推进的内容作为探究的材料，这些材料要观点鲜明，论述清晰，能直接抓住所要解决问题的核心所在。

2.注意材料的科学性

历史最讲究言而有据，可如果这个"据"不是真实的，则无异于无据。学生在选择资料的过程中首先要注意其科学性。在此，教师指导学生选择一些正史史料，或者是经过考证或二重证据法证实的史料，且在使用时要注明史料的出处。特别需要指出的是，近年来历史题材的影视音像作品大量增加，成为一种非常重要而且容易获取的历史课程资源。但是学生对其缺乏一定的分辨能力，这就要求教师进行具体的指导，引导其重点选择和利用能

---

① 徐蓝. 关于历史学科核心素养的几个问题[J]. 课程·教材·教法，2017(10).

够具体、生动地再现历史史实的文献纪录片,或者比较接近历史实际、与课程内容有密切联系的历史题材的影视作品。

3.注意资料的多样化

历史资源有些是文字,有些是图片,有些是实物,还有示意图等。单纯地应用某一种类型的材料存在着一定的弊端。对于初中生来讲,过多的文字资料会让其产生视觉疲劳,失去研读的兴趣;过多的图片资料则会让学生眼花缭乱,影响学生注意力的集中。这就需要对诸多历史资料进行精挑细选,注重材料类型的多样化和相互印证。此外,选择史料还要注意多维度,一方面利用不同维度的材料强化对所要论证历史问题的说明,另一方面也可以让学生学会更全面的分析问题,形成辩证的历史思维能力。

案例链接

在设计和组织实施"辛亥革命的历史意义"这一问题类项目的过程中,三个项目组在教师的指导下,充分整合、利用搜集到的历史资源,并将符合史实的材料作为证据,对相关问题进行探究、分析与论证,逐步建构起自己对历史问题的理解。

第一项目组从政治、经济、思想、社会生活四方面入手,选取了以下材料:

材料一:南京临时政府成立。

材料二:清帝退位图片。

材料三:1912—1919年,中国新建厂矿企业达470多家,投资近1亿元……相当于革命前50年的投资总额。

——摘自严中平《中国近代经济史资料》

材料四:辛亥革命后袁世凯只做了八十三天的皇帝就在人们的唾骂声中忧愤而死,而张勋的复辟闹剧只有十二天就收了场。

材料五:出示辛亥革命前后服装、缠足、称呼、发型等的对比图片。

第二项目组搜集了中山公园、中山路、中山装图片,介绍孙中山以各种方式活在全世界华人的心里。为了对辛亥精神有一个更全面的阐释,他们选取了以下材料。

材料一:《武昌起义》视频。

材料二:林觉民《与妻书》节选内容。

材料三:《中华民国临时约法》内容节选。

"中华民国人民一律平等,无种族、阶级、宗教之区别""人民有保有财产及营业之自由""人民享有人身、居住、财产、言论、出版、集会、结社等自由"。

材料四:袁世凯称帝后,孙中山立即发表《讨袁宣言》……接着孙中山发表《第二次讨袁宣言》,号召人民将反袁斗争进行到底。不久,袁世凯在绝望中死去。

——大洋网

第三项目组搜集了中国共产党诞生、新中国成立、改革开放、"三个代表"重要思想、和谐民生、十八大、十九大的图片,以及中国共产党领导中国人民夺取了新民主主义革命的胜利,建立了新中国。团结带领全国各族人民完成了从新民主主义到社会主义的转变,推进了改革开放和社会主义现代化伟大事业,取得了举世瞩目巨大成就历史进程的相关史实。

这些材料的选取不仅是为了论证历史史实,也是为了发现历史问题、解释历史问题,培养学生的历史思维能力。

(四)开展多重对话,探讨项目问题的解决

初中历史项目式学习的过程是一个学生与材料对话、与同伴交流、与教师互动的对话过程。通过多重对话,学生能更深入地参与到教育教学中,有利于对历史事件的深刻理解和对历史观点的精准把握,长此以往,才能将日常积累的历史知识真正内化为自己的历史观。

在问题类项目具体的实施过程中,当材料搜集整理之后,就应将落点放在引领学生自主探讨历史问题的史证活动上,引导学生以材料作为研究历史的依据,通过多样性的对话方式和对话内容帮助学生进行学习内容的理解和掌握。

案例链接

"人文主义思潮的复兴"这一问题类项目的探究任务如下：

第一项目组的任务是赏析并介绍《最后的晚餐》。具体任务如下：

一是介绍这一作品的历史背景、取材和主要内容。

二是欣赏《最后的晚餐》，指出"画作中谁是出卖耶稣的叛徒？谁是犹大？"请说出你的判断依据。

三是与中世纪的《最后的晚餐》的作品对比，达·芬奇的《最后的晚餐》有什么特点？

第二项目组的任务是对拉菲尔《西斯廷圣母》的赏析和介绍，具体任务如下：

一是搜集以"圣母圣子"为题材的中世纪画作。欣赏的同时回答以下问题：你认为作品中的圣母和圣子看上去像母子关系吗？谈谈你的感受？

二是了解自己的父母在自己出生时的感受，以访谈的方式与父母交流，询问他(她)们当时怀抱你的感受。与同学交流你对父母的访谈记录。

三是教师结合自己的切身感受为同学们解读初为人母时怀抱自己孩子的感受，激发学生主动在日常生活中寻找母子亲情的点滴表现。

四是《西斯廷圣母》描绘的是一个怎样的故事？观察圣母怀抱圣子的姿势和人物表情，并说出圣母当时的心理感受。

这样的探究任务激发了学生参与的广度和兴奋度，在了解了《最后的晚餐》这一作品的取材和内容后，第一项目组每个成员都在寻找自己认为的"叛徒"，并结合自己独特的生活经验去解读。以下是几位同学的发言：

同学一：我极度怀疑是画面上左三，因为他在极力地向众人表白自己不是叛徒。对此，我不屑一顾。

同学二：我认为是画面上左五，因为此人眼露凶光。绝非善类。

同学三：我认为叛徒是画面上右四，因为他内心有鬼，却故意表现出一种很无辜的样子，表里不一。

同学四，我认为是画面左四，因为此人手中手握钱袋，我刚刚在百度百科上看到了这个作品的简介，出卖耶稣的犹大应该是手握钱袋的。请大家仔细看看图中是不是只有左四手握钱袋?

从解读中不难看出,学生作出判断的依据就是作品中人物的表情和肢体语言。

在学生们充分讨论发表意见后,笔者引导学生将达·芬奇的《最后的晚餐》与另一位画家的同名画作进行对比,感受达·芬奇的作品充分注重了对人物个性的刻画,人不再是千篇一律的符号。并总结同学们能提取出这么多信息,也恰恰说明了达·芬奇对人物个性的刻画是鲜明的,而同学们对作品的解读也是精彩纷呈和富有个性的,这正是艺术作品的魅力,也是文艺复兴时期所有文学和艺术作品所体现的时代精神:关注人,凸显人的个性。

第二项目组学习任务的设计与学生的生活实际相联系,大大提高了学生参与的热情。他们认识到中世纪宗教画中圣母圣子表情呆板,人物关系僵化,脱离生活实际。在此基础上,学生们主动到日常生活中寻找母子亲情的点滴表现,尤其是了解了自己父母亲初为人父母的感动和幸福。以下是三位同学的发言:

同学一:妈妈说,这是我出生后她第一次抱起我的照片。她说当时她落泪了,她原本以为自己会很平静地对待我的出生,但是那一刻的感受很出乎她的意料,她当时大脑中一片空白,只是泪水猝然涌出,觉得心里软软的。"

同学二:爸爸说他当时很紧张,将我的头放在臂弯里,用肘部紧紧护着我的头,另一只手托着我的尾股和腰部,生怕一不小心掉在地上摔坏了。

同学三:妈妈说当时我紧靠在她的胸部,软软的,感觉很温暖。同时也很紧张,生怕把我弄疼了。

在学生代表们发言之后,笔者从一个妈妈的角色向同学道出了为人父母的感动和幸福,并适时出示了拉斐尔的《西斯廷圣母》,引导学生观察圣母怀抱圣子的姿态和表情,和学生共同体会此时圣母复杂的心情。接下来,用俄国作家赫尔岑的一段话进行总结,了解作家眼中的《西斯廷圣母》,加深认识。

圣母好像在说:"请你们抱去吧,他不是我的。"但同时又把他紧贴在怀里,好像如果可能,她就带着他逃到个遥远的地方去,用自己的奶来喂养这个并非救世主,而是自己儿子的普通婴儿。

——(俄)赫尔岑

在与文艺复兴时期的文学艺术作品深入对话后,笔者引导学生归纳这些作品所蕴含的时代精神,并以关键词的方式进行归纳。学生的归纳超出了我的预期:人、人性、幸福、现世、个性、情感、自由等。在这一过程中学生不但掌握了"人文主义"这一文艺复兴的指导思想,也深刻体会到与时代精神诉求相对抗的基督教会封建神学束缚,从而认识到文艺复兴时期的反封建都带有明显的反教会特征。

通过这一个问题类项目式学习的片段不难看出,借助多重对话有助于加深学生对历史知识点的理解和认识,有效达成教学目标。多重对话在凸显学生主体地位的同时,也对教师提出了更高的要求。在对话过程中,教师主要发挥如下三个方面的作用:一是综合考虑学生知识技能背景、历史学科教育功能、课程标准具体要求和项目顺利开展的需要,设计有价值的历史对话话题,创设有利于导入多重对话的问题情境。二是在对话推进中及时给予学生相关对话的技巧与方式上的指导,巧妙引导学生的对话走向深入。三是在对话结束后要将多重对话生成的成果进行总结提升,引导学生的思考不断深入,思维不断拓展,学会客观全面地认识历史并从多个角度去解决问题,有效提升其学科素养。

后　记

　　项目式学习的思想源于杜威"做中学"的经验学习及其弟子克伯屈的设计教学法。近几年,随着素养研究在世界范围内的兴起,项目式学习作为培育素养的一种重要手段重新回到广大教育者的视线,也成为我国基础教育领域研究和实践的热点。在深化教育领域综合改革的背景之下,国内外研究者和广大一线教师对项目式学习可能有着不同的理解。

　　我对项目式学习的理论探索与学科实践始于七年前。2014年,《教育部关于全面深化课程改革落实立德树人根本任务的意见》出台,"核心素养"一词首次出现并被置于深化课程改革、落实立德树人根本任务的首要位置,成为研究制订学业质量标准、修订课程方案和课程标准的重要依据,核心素养也由此进入我的视野。如何在学科教学中培养学生的核心素养? 我像很多中小学教师一样,开始比较系统地关注各种模式的项目式学习实践和理论研究,尤其是各阶段、各学科的项目式学习实证、应用研究。在此基础上,我探索项目式学习对核心素养培育的独特价值,并对项目式学习有了初步认识:要想通过项目式学习发展学生核心素养,必须将项目式学习与学科教学进行深度融合。

　　七年来,我对项目式学习的理论研究与学科实践走过了一段艰辛的探索之旅。本书立足于初中历史课程教学,在理论探索的基础上,根据项目规划路径的不同,重点介绍了学术类、实践类、生活类、问题类等四类项目式学习的分类实施,并辅以详实的案例,承载着我二十多年对课堂教学、课程实施与育人模式的探究与反思,希望能为中学历史教学与其他教育同仁提供借鉴和参考。

目前,书稿已基本完成,深感欣慰的同时,我更心怀感激。

我要感谢天津市和平区教育局和天津市未来教育家奠基工程工程办对我的培养,让我在脚踏实地的同时学会了仰望星空。

我要感谢多年来给予我极大支持与帮助的岳林、陈光裕两位导师,她(他)们引领我走上了学习、实践、反思的专业成长之路。

我要感谢天津市第十九中学历任领导,他们为我搭建了历练的平台,让我站在不同的层面和角度思考教育教学,不断拓展自己的研究与实践领域。我要感谢我亲爱的同事们,他们的包容和信任给我增添了不断突破自我的信心。

当然,本书出版发行得以实现,离不开众人多方的积极参与和共同努力,天津人民出版社的领导和编辑吴丹老师对本书的编写和出版给予了大力指导和帮助,对文稿的校对与修改提出了诸多宝贵意见,在此一并致谢。

最后,我要说的是,虽然对于项目式学习的理论与实践探索取得了一些阶段性的成果,积累了一定的经验,但是由于时间、条件等多方面因素的限制,研究还处于初步探索阶段,尚有些不尽如人意之处,在今后的实践推进过程中,还会不断的完善和改进。

由于时间仓促、水平有限,本书难免有疏漏,不妥之处,敬请读者提出宝贵意见。

田红彩

2021年9月于沽上